Couvertures supérieure et inférieure manquantes.

ESSAIS
DE PHILOSOPHIE RELIGIEUSE

L'auteur et l'éditeur réservent tous droits de traduction et de reproduction.

Cet ouvrage a été déposé, conformément aux lois, en juin 1903.

ESSAIS

DE

PHILOSOPHIE RELIGIEUSE

Par le P. L. LABERTHONNIÈRE

DE L'ORATOIRE

> La Philosophie est un art. — Le Dogmatisme moral. — Eclaircissements sur le dogmatisme moral. — Le Problème religieux. — L'apologétique et la méthode de Pascal. — Théorie de l'éducation : Rapport de l'autorité et de la liberté. — Un Mystique au XIXᵉ siècle.

PARIS (VIᵉ)

P. LETHIELLEUX, LIBRAIRE-ÉDITEUR

10, RUE CASSETTE, 10

Au T. R. P. Nouvelle

*Hommage de respect, de reconnaissance
et d'affection filiale.*

LETTRE DU T. R. P. NOUVELLE

SUPÉRIEUR GÉNÉRAL DE L'ORATOIRE

Mon cher Père,

En relisant vos Essais, je me suis affermi dans la conviction qu'à se pénétrer profondément de la pensée maîtresse qui les a inspirés et qui en forme le lien on y trouvera très grand profit, profit pour soi, profit pour ceux que l'on a mission d'aider dans la formation ou le développement de leur vie morale et religieuse. Aussi voudrais-je que votre livre fût entre les mains de toute personne de culture suffisante pour le comprendre et ayant charge d'âmes : parents, éducateurs et éducatrices, prêtres surtout.

Il me paraît difficile en effet d'exposer avec plus de clarté, de force et de chaleur persuasive la méthode à suivre pour arriver à la connaissance réelle et vivante de Dieu, de soi-même et des autres, sans laquelle tout le reste est vain.

Dès l'origine, sans qu'on en eût fait la théorie, cette méthode a été pratiquée par « la génération de ceux qui, de toute leur âme, ont cherché la face de Dieu ».

Elle est donc essentiellement chrétienne. Le Nouveau Testament y ramène sans cesse; et au fond, comme vous le dites, les docteurs et les grands mystiques n'ont jamais préconisé qu'elle.

Il restait seulement à en faire la théorie, à en instituer la science.

L'état des esprits, dans notre siècle, celui des incroyants tout d'abord, mais aussi, et dans une très large mesure, celui des croyants, rendait ce travail nécessaire.

A ceux en effet que la philosophie séparée a profondément troublés, il était urgent de montrer que l'abîme prétendu infranchissable entre le phénomène et la réalité peut être franchi, et comment il peut l'être; comment nous pouvons arriver à affirmer Dieu et nous-mêmes et les autres; comment nous pouvons sortir d'un intellectualisme abstrait pour parvenir à un dogmatisme vivant, à un dogmatisme moral, mais où la volonté libre joue un rôle essentiel; comment enfin il y a synthèse entre le naturel et le surnaturel; comment ils se rejoignent et s'harmonisent.

Dans votre livre, si fragmentaire soit-il, vous avez,

d'une façon très nette, posé le problème, éclairci les confusions qui en rendaient la solution impossible, et indiqué cette solution.

Du même coup vous avez rendu aux croyants un inestimable service.

Eux aussi sont exposés à tomber dans un intellectualisme mortel pour la vie chrétienne. La pente de l'humaine nature les porte à confondre la foi avec une adhésion purement intellectuelle aux formules dogmatiques, les œuvres avec des pratiques et des actes purement extérieurs. Et à qui roule sur cette pente s'appliquent les paroles redoutables: « On vous appelle vivant et vous êtes mort. » (Apocal., III.) C'est leur conscience autant que leur esprit que vous éclairez, leur montrant dans la plus vive lumière que, si l'on peut vivre à côté de quelqu'un, le nommer incessamment, et cependant ne pas le connaître ou au moins le méconnaître dans sa réalité intime, la même chose peut se produire pour Dieu.

Ces pages où vous expliquez comment on ne se connaît vraiment soi-même et on ne connaît vraiment les autres êtres qu'autant qu'on connaît Dieu d'une connaissance réelle et vivante; comment cette connaissance, qui suppose essentiellement l'action, s'identifie avec la foi exigée par Jésus-Christ de qui veut être son disciple; comment cette foi est un acte libre autant que raisonnable parce qu'il ne suffit pas pour connaître quelqu'un de savoir qu'il existe, mais qu'il faut encore vouloir le connaître ; ces pages sont de la plus prenante originalité. J'y trouve le commentaire le plus lumineux des paroles si profondes de nos Saints Livres : « Quiconque n'observe pas les commandements de Dieu et ose néanmoins dire qu'il le connaît est un menteur. » (I. Joan, II. 4.) « Il n'y a que ceux qui aiment Dieu qui le connaissent, et ceux qui ne l'aiment pas ignorent ce qu'il est. » (Ibid., IV, 7-8.) « Il n'y a à être connus de Dieu que ceux qui l'aiment. » (I Cor., VIII, 3.) Or, pour connaître véritablement Dieu, il faut en être connu.

Oui, plaise à Dieu que ces pages se répandent, qu'elles soient lues et méditées par ceux qui ont charge d'âmes ! Ils ne pourront plus alors se persuader que leur tâche sera remplie quand ils auront, en professeurs, expliqué de leur mieux une doctrine abstraite. Ils comprendront en quel sens leurs paroles doivent être esprit et vie. Ils comprendront qu'ils ne s'adressent pas simplement à des intelligences, mais à des âmes, pour qui « Dieu doit devenir une réalité intérieure, par l'acceptation sans cesse renouvelée de sa présence et de son action [1] ». Ils comprendront enfin que, pour atteindre cette fin sublime, il faut soi-même être une « âme à travers qui Dieu passe, une âme qui s'ouvre, qui sort d'elle-même et qui portant

---

1. *Un mystique au* XIX*e siècle*, p. 306.

Dieu avec elle s'en va vivifier d'autres âmes[1] ».

On pardonnera à mon affection pour vous, mon cher Père, si je me permets de dire que c'est ainsi que vous avez écrit.

Aussi laissez-moi vous presser de continuer votre apostolat en travaillant de toutes vos forces à poursuivre l'œuvre si heureusement commencée. Vous avez posé des pierres d'attente ; donnez-nous bientôt l'édifice.

A. NOUVELLE,
Supérieur général de l'Oratoire.

Paris, le 1er mars 1903.

---

1. *Théorie de l'Education*, p. 254.

ESSAIS
DE PHILOSOPHIE RELIGIEUSE

INTRODUCTION

PHILOSOPHIE ET RELIGION

Les *Essais* que nous publions ici sous forme de livre ont paru successivement dans différentes Revues. Néanmoins, une même pensée les a inspirés et on en reconnaîtra sans peine l'unité. Et c'est justement parce qu'ils se complètent et s'éclairent réciproquement qu'il nous a paru nécessaire d'en faire un tout. Nous espérons qu'ainsi on en saisira mieux le véritable sens qui, assez souvent, dans les polémiques auxquelles on nous a mêlé, a été mal compris ou même dénaturé. Mais à cause même de ces polémiques, outre qu'en général, au lieu de refaire un écrit, il vaut mieux en faire un autre, si c'est nécessaire, nous avons cru n'y devoir rien changer. Ce n'est pas qu'ils nous satisfassent pleinement, tant s'en faut! Sur bien des points il y aurait des précisions à introduire, des éclaircissements à ajouter, et même, sans aucun doute, des rectifications à faire plus ou moins importantes. Quelques notes, tant bien que mal, ont comblé quelques lacunes ou pallié quelques imperfections.

Ce qu'on trouvera dans ces *Essais*, c'est beaucoup moins un exposé de doctrine qu'une préoccupation et une attitude. A ce titre ils ne sont qu'un préambule et n'ont pas la prétention d'être autre chose.

La préoccupation est simplement celle de cet éternel problème de la destinée humaine qui, à l'heure actuelle, au milieu du désarroi où s'agitent les esprits, est particulièrement angoissante pour quiconque sait un peu réfléchir en regardant autour de lui. En face de cette poussée formidable qu'on nomme la philosophie moderne, pendant que les défaillances se multiplient à mesure que les générations se succèdent, il semble que l'humanité doive échapper définitivement à la tradition religieuse et que le christianisme soit devenu impuissant à donner asile à tout esprit qui ose penser. Et ce n'est partout que troubles, inquiétudes et doutes, quand ce ne sont pas des négations. Ces troubles, ces inquiétudes et ces doutes, nous les avons accueillis, nous les avons laissés retentir en nous; mais aussi bien y auraient-ils retenti d'eux-mêmes et malgré nous. Tant qu'il y aura quelque part, en soi ou hors de soi, des ténèbres à vaincre — et, rien que par solidarité, les ténèbres des uns sont toujours plus ou moins les ténèbres des autres — personne n'a le droit de rester en repos.

L'attitude en conséquence est celle de la recherche. Et nous tenons à en bien marquer le caractère. Ce n'est pas, certes, que nous nous imaginons, comme trop fréquemment on se complait à l'imaginer autour de nous, que pour avoir la liberté et le mérite de chercher toujours il est nécessaire de ne trouver jamais. Nous pensons au contraire que, pour chercher vraiment et sincèrement, il faut déjà avoir trouvé. On ne se met en marche que pour arriver à un but qu'on a au moins pressenti et qu'on désire atteindre. Si Christophe Colomb, quittant les rives de la terre connue, s'est jeté éperdument à travers l'Océan, c'est qu'il avait la conviction ferme d'aboutir à d'autres rives. Autrement on ne marche pas : car ce n'est pas marcher que de s'agiter comme des enfants qui se tournent et se retournent sans savoir ni ce qu'ils font, ni ce qu'ils veulent.

*
* *

Et quant à l'opposition, qu'on prend également plaisir à établir, entre une vérité qu'on recevrait par simple docilité passive, sans avoir à la chercher, et une vérité qu'on acquerrait par son effort propre en la cherchant, nous considérons qu'elle résulte d'une vue toute superficielle et qu'elle constitue un malentendu déplorable. De quelque ordre que soit la vérité dont nous avons à vivre pour réaliser notre destinée et sans rien préjuger à cet égard, de quelque secours que nous ayons besoin pour la connaître, de quelque esprit de soumission et d'humilité que nous devions être animés pour l'accueillir, elle ne devient nôtre, elle ne nous éclaire et ne nous vivifie que dans la mesure où nous-mêmes, avec tout ce que nous sommes, travaillons à la faire en nous.

C'est là d'une part ce que nous entendons par le *Dogmatisme moral;* et c'est aussi d'autre part tout ce que suppose la *méthode d'immanence* que, sciemment et systématiquement, nous jugeons nécessaire d'appliquer à l'apologétique.

Nous avons ainsi la prétention, hautement avouée, de faire à la fois et également œuvre de philosophe et œuvre de croyant, sans que ni philosophes ni croyants puissent légitimement nous accuser de les trahir.

* * *

L'idée fondamentale qui, malgré toutes les divergences, s'est affirmée plus énergiquement que jamais à travers la philosophie moderne, à savoir qu'il n'y a pas de vérité pour l'homme qu'il ait à subir, parce que cette vérité alors serait pour lui une compression au lieu d'un épanouissement, l'esclavage au lieu de la liberté, la mort au lieu de la vie, cette idée nous l'acceptons en pleine connaissance de cause. Et nous ne pensons pas que personne ose explicitement la rejeter. Du reste n'est-elle pas aussi, en définitive, l'idée fondamentale qui anime toute tentative d'apologétique sous quelque forme qu'elle se produise? Et que cherche-t-on en effet par l'apologétique, si ce n'est à se fournir à soi-même, par un effort de son propre esprit, des motifs personnels d'adhérer à la vérité religieuse? Pendant que d'une part on considère qu'elle est surnaturelle — ce qui semble spécialement signifier : inaccessible à nos prises, — on n'en suppose donc pas moins d'autre part que c'est notre droit, et même sans doute notre devoir, de ne la laisser prendre place en nous qu'à bon escient. Et en conséquence toute tentative d'apologétique, à ce point de vue, apparaît comme une démarche de l'esprit humain pour affirmer envers et contre tout, pourrait-on dire, son autonomie et pour se devoir à lui-même la vérité qu'il admet.

C'est la preuve, quoi que les uns ou les autres en puissent penser, que nous avons toujours la responsabilité personnelle de ce que nous croyons, et que le sentiment de cette responsabilité est inaliénable. Et par conséquent, si nous avons des vérités à croire, nous n'avons pas de vérités à subir. S'il existe une religion surnaturelle avec des dogmes révélés et une autorité qui les enseigne, ce n'est pas pour nous éviter ou nous empêcher d'être hommes et de nous comporter en hommes : car il est bien vrai que nous n'y pourrions ou au moins que nous n'y devrions pas consentir.

*
.

Quand donc les philosophes, pour rester philosophes, pour sauvegarder cette autonomie qui constitue notre personnalité morale, réclament une vérité qui ait pour caractère d'être immanente, c'est-à-dire qui se rattache à eux, qu'ils puissent trouver en eux, dans ce qu'ils sont et dans ce qu'ils doivent être, nous ne saurions faire autrement que d'abonder dans leur sens, puisque toute vérité qui n'aurait pas ce caractère serait inévitablement opprimante en s'imposant du dehors.

Mais quand ils prétendent que cette vérité doit être l'œuvre de leur esprit propre, de leur esprit individuel se suffisant à lui-même sans secours et sans collaboration, quand ils prétendent en outre qu'il n'y a en eux, pour être ce qu'ils sont et pour avoir à devenir ce qu'ils doivent être, rien de plus qu'eux-mêmes, rien de plus que leur chétive individualité égarée dans un point de l'espace et dans un moment du temps, nous disons qu'ils commencent par supposer admis ce que justement ils devraient au moins laisser en question : car ceci n'a plus rien de commun avec le souci dont ils se prévalent de sauvegarder leur autonomie. C'est un parti pris auquel ils se rangent ; c'est toute une doctrine qu'ils professent, la doctrine qu'ils se suffisent individuellement. Et ainsi, au lieu de rester ouverts, n'apparaît-il pas qu'initialement même ils se ferment ? Ils aiment à redire, et il y en a qui le font sonner très haut, que c'est la raison qui les guide et qu'ils ne suivent que la raison. Mais ils devraient bien remarquer que ce qu'ils appellent la raison, ce n'est toujours chez eux, comme chez les autres, que leur raison, et que derrière leur raison, qui n'est pas une raison pure, il y a leur manière d'être et leurs dispositions intimes.

Dans la réalité de la vie présente personne, qu'on le sache donc enfin et qu'on se le dise! n'a le droit de se vanter d'être assez libre en face de la vérité pour n'y pas faire obstacle en soi. Seulement il appartient à tous, et c'est le devoir de chacun, de travailler toujours à le devenir davantage. Malgré les prétentions d'un pharisaïsme nouveau qui s'étale bruyamment autour de nous, il n'y a pas de pensées libres, il n'y a que des pensées qui se libèrent. Ce ne sont pas ceux qui disent : cherchons, cherchons, qui entrent dans le royaume de la vérité; ce sont ceux qui cherchent réellement dans la sincérité de leur âme.

* * *

Et si nous admettons que toute pensée en effet doit travailler à se libérer — ce qui signifie se mettre à même de ne pas faire obstacle en soi à la vérité — et que, pour se libérer, elle ne peut accueillir de vérité que celle qui l'éclaire du dedans, qui ait pour caractère d'être immanente, d'être sa vérité, il ne faut pas non plus que les théologiens s'imaginent, comme il est arrivé à quelques-uns de le faire, que nous retombons ainsi dans l'individualisme des philosophes et que nous nions le surnaturel jusque dans son principe même. Car ils supposeraient eux aussi qu'il ne peut y avoir de vérité qui soit nôtre, au sens où nous l'entendons, que celle que nous nous donnerions par nous-mêmes isolés de tout ce qui nous entoure Et nous leur répondrons également que c'est la question, puisque, après que nous avons dit que pour nous délivrer il faut trouver en nous la vérité, il reste toujours à savoir si en nous il n'y a pas infiniment plus que nous-mêmes, et si, pour trouver cet infiniment plus, nous n'avons pas besoin du secours et du concours de tout le milieu où nous vivons.

Si d'une part on entend par autonomie, non seulement le fait et le droit de s'appartenir à soi-même intérieurement et d'être responsable de ses pensées et de ses actions, mais encore la prétention de n'être attaché à rien, de n'avoir besoin de rien pour être ce qu'on doit être, comme si l'on était à soi-même son principe et sa fin; si d'autre part on entend par surnaturel un système de vérités abstraites qui ne s'introduiraient en nous que par voie d'autorité, qui ne seraient ni attendues, ni désirées, ni cherchées, qui ne répondraient à rien de ce que du dedans nous avons besoin de savoir ou d'être, il est évident que ces deux conceptions se heurtent et se repoussent irrémédiablement. Et il est évident aussi que ce sont elles qui, au moins à l'état de tendances, si elles ne sont pas toujours nettement exprimées, alimentent les conflits dans lesquels nous nous débattons si douloureusement.

.·.

Voilà comment, quand on parle aux uns de surnaturel, ils se récrient comme si ce ne pouvait être qu'une menace à leur personnalité, une négation de leur autonomie. Et de ce point de vue ils ne se contentent pas de dire que le surnaturel n'est pas ; ils disent qu'il ne peut pas, qu'il ne doit pas être. — Et, pour le remarquer en passant, on doit comprendre que dans ces conditions une démonstration s'appuyant sur des faits considérés empiriquement ne saurait avoir aucune prise sur eux. — Ils n'en veulent pas parce qu'ils prétendent qu'ils n'en doivent pas vouloir. C'est *a priori* qu'ils s'y opposent. Et, pour justifier leur opposition, ils accentuent du mieux qu'ils peuvent la conception d'un surnaturel extérieur et étranger qui surviendrait en nous arbitrairement, par le caprice d'une puissance supérieure, et sans que nous sachions pourquoi ; de telle sorte qu'y croire ce ne serait toujours que le subir par soumission servile. C'est ainsi qu'ils en font la synthèse de toutes les ignorances et de toutes les erreurs, en même temps que le principe de toutes les tyrannies.

Et voilà comment aussi, quand on parle aux autres d'autonomie, de liberté de penser, ils se récrient encore comme si c'était toujours et inévitablement une menace à leurs croyances, une négation du surnaturel. Ils disent de leur côté que l'autonomie réclamée par les philosophes ne peut pas être, ne doit pas être, parce que nous sommes des créatures et que par nature même nous sommes dépendants du Créateur. Et à leur tour, pour justifier leur opposition, ils ne voient dans cette prétention à l'autonomie, à la liberté de penser rien de plus qu'une manifestation d'orgueil et une révolte d'où, à leurs yeux, résultent finalement tous les désordres de l'anarchie.

* * *

Mais, dans la discussion ainsi engagée, les adversaires n'ont-ils pas également raison les uns contre les autres et n'ont-ils pas également tort? En défendant comme ils le font, les uns l'autonomie personnelle et les autres la religion, ne contribuent-ils pas réciproquement à s'en donner des idées fausses? de telle sorte que plus ils discutent, les uns ayant toujours l'air d'attaquer la part de vérité que les autres défendent et inversement, plus ils se confirment dans les manières de voir qui les opposent.

Il est certain que, sous prétexte d'autonomie et de liberté de penser, il arrive, hélas! — nous ne le savons que trop — que c'est l'esprit d'orgueil et de révolte qui se manifeste et que, derrière ces beaux mots, cherche même à s'abriter le débridement des passions et des instincts. Mais il ne s'ensuit pas que nous ne sommes pas autonomes et que nous n'avons pas, avec des devoirs, des droits qui en résultent.

Il est certain également que, sous prétexte de religion et de soumission au Dieu créateur et maître, il arrive — et nous le savons bien encore! — qu'on se fait du surnaturel une conception toute superstitieuse et qu'on aboutit à substituer des pratiques et des dévotions à la vie spirituelle et morale. Mais il ne s'ensuit pas non plus que la religion, avec le sentiment de dépendance envers Dieu qu'elle comporte, n'est pas une vie spirituelle et morale par essence même, ni que la vie spirituelle et morale que nous avons à vivre ne doive pas prendre, pour se réaliser pleinement, le caractère religieux.

Il est évident qu'avec ce qu'on peut ainsi, tour à tour, faire signifier de bon et faire signifier de mauvais aux mêmes mots, on a beau jeu des deux côtés pour se donner raison à soi-même et pour donner tort aux autres. Il faudrait enfin qu'on eût le courage de sortir de ces équivoques.

*
* *

Nous avons besoin de tout pour arriver à connaître la vérité. Histoire, tradition, autorité, tout est indispensable. Nous avons beau faire, nous sommes enseignés, et tout nous prête ou même nous impose son concours. Et la première chose que nous avons à faire, c'est d'accepter humblement ce concours et cet enseignement : car autrement nous nous séparons par volonté de ce à quoi, par nos conditions mêmes d'existence, nous sommes incurablement unis, et nous en abusons en nous mentant à nous-mêmes. Mais si indispensables qu'ils soient, ce ne sont toujours là que des moyens qui sont mis à notre disposition. Et si par eux nous recevons tout, nous pouvons dire aussi que d'eux nous ne recevons rien, puisqu'ils ne peuvent d'aucune manière se substituer à nous pour faire en nous ce que nous avons à y faire nous-mêmes, puisque toujours nous restons responsables de ce que nous sommes et de ce que nous pensons.

Ceci signifie assurément qu'il n'y a de vérité pour nous, de vérité vivante et efficace, que celle qui pénètre en nous et qui informe toutes nos puissances en informant notre esprit. Et une vérité qui informe nos puissances en informant notre esprit est une vérité qui doit nous apparaître, dans une mesure toujours grandissante, comme la loi même de notre être et de notre vie. De telle sorte que, si elle constitue pour nous une dépendance, si elle s'impose, c'est du dedans : nous ne la subissons pas. Et quand nous y adhérons, c'est pour des raisons vitales et parce qu'elle exprime à la fois ce que nous sommes et ce que nous devons être, avec les virtualités, de quelque ordre qu'elles soient, que nous portons au fond de nous-mêmes. Mais en parlant de ces virtualités nous disons : de quelque ordre qu'elles soient. C'est qu'en effet, si par elles la destinée que nous devons atteindre est toute divine, ne serons-nous pas amenés à reconnaître qu'une action s'exerce en nous qui nous élève surnaturellement au-dessus de nous-mêmes, et que néanmoins cette action, s'exerçant en nous par nous, au lieu d'être une entrave pour notre autonomie, lui confère au contraire une puissance plus grande, une portée plus large et plus haute ?

Et ainsi apparaissent factices les oppositions dans lesquelles on se heurte ; — factices, si c'est la vérité qu'on cherche, si c'est vraiment la vie morale et spirituelle qu'on veut vivre, et si ce ne sont pas des préjugés que par intérêt ou passion on veut faire prévaloir. Car il apparaît aussi que, sous les idées fausses qu'on agite à la surface en se combattant, il y a des tendances, il y a des manières d'être dans lesquelles on se complaît et auxquelles, pour s'y maintenir, on voudrait tout subordonner. Et aucune dialectique, aucune critique, si élucidantes qu'elles soient, n'y pourront jamais rien à elles toutes seules, si chacun n'use pas de son initiative morale pour en sortir. Tant il est vrai, comme nous le disions en commençant et comme nous le répétons dans les pages qui vont suivre, que la vérité ne devient nôtre que dans la mesure où nous-mêmes, avec tout ce que nous sommes, travaillons à la faire en nous!

*
* *

Il est étrange qu'à ce sujet des théologiens se soient effarouchés, comme si par là nous aboutissions à nier le surnaturel, ou comme si nous prétendions l'atteindre par nos propres forces. Parce que nous disons que nous devons faire jaillir la vérité de nous-mêmes, ils ont supposé que c'était par le fait même se passer des miracles, de la Révélation, de l'autorité de l'Église. Ont-ils donc oublié que les miracles, la Révélation et tout ce qui s'y rattache ne sont qu'un aspect, l'aspect extérieur, du surnaturel, ou plutôt même n'en sont que l'expression, la manifestation? tandis que le surnaturel, qui est une union intime de Dieu avec l'homme, un prolongement de la vie divine dans la vie humaine, est intérieur par son essence même.

Si les miracles et la révélation et si l'autorité de l'Église, qui se sert des miracles et de la révélation pour nous enseigner la vérité, ont un sens et une portée, c'est justement par leur relation avec l'ordre intérieur surnaturel. Mais ce ne sont ni les miracles, ni la Révélation, ni l'autorité de l'Église qui constituent cet ordre dans son principe. Ce qui le constitue, c'est une présence active de Dieu dans l'humanité. Et ce qui lui sert de véhicule, ce n'est pas l'Église en tant qu'autorité enseignante, mais l'Église en tant qu'organisme vivant qui puise sa sève en Jésus-Christ. L'une cependant ne peut se séparer de l'autre. L'Église en tant qu'autorité enseignante fait partie de l'Église considérée comme organisme vivant. Ce n'est pas dans le seul à seul de l'âme avec Dieu que nous sommes élevés au surnaturel; c'est par tous les côtés à la fois. Les dons sont complémentaires.

Néanmoins, si nous avons un système de vérités surnaturelles à croire, c'est parce que nous avons une vie surnaturelle à vivre et que ces vérités en expriment à la fois les conditions et les éléments[1].

---

1. Ce que sont ces conditions et ces éléments, nous n'avons pas à le dire ici. M. Harnack, *l'Essence du Christianisme*, fait consister essentiellement la religion dans un sentiment de filiation divine propre à chaque âme : « Dieu et l'âme, l'âme et son Dieu ». Sub-

Et pourquoi en effet croyons-nous en dernière analyse, pourquoi l'humanité a-t-elle cru, si ce n'est pour vivre et en vivant? N'est-ce pas là le motif essentiel, le motif primordial qui anime tous les autres? On parle incessamment de tradition. Mais de l'ensemble de la tradition, ce qui se dégage, n'est-ce pas qu'à travers les siècles, avec des manières de parler et de penser souvent fort différentes, les hommes ont cru parce qu'ils trouvaient dans la religion une réponse au problème complexe de leur existence, et parce qu'avec la substance que leur fournissait la foi ils remplissaient le vide infini de leurs âmes? L'Évangile ne nous présente pas d'autre motif. « Je suis la voie, la vérité et la vie. »

* *

En conséquence, parce que nous entreprenons de mettre systématiquement en relief ce caractère de la vérité religieuse et d'en faire à ce point de vue une synthèse méthodiquement organisée, de quoi peut-on se plaindre et que peut-on nous accuser de méconnaître? Il n'est pas seulement légitime, il est nécessaire d'en arriver là. Et, si c'est le mouvement de

---

jectivement c'est en cela en effet que consiste la religion vécue. Mais ce sentiment de filiation divine est un résultat. Et la question se pose : quel en est le principe et par quels moyens se produit-il? La filiation de chaque âme suppose comme condition une filiation antérieure par la médiation de Jésus-Christ; et on participe à la médiation de Jésus-Christ par l'Eglise. — Nous essaierons, dans un travail ultérieur, de montrer comment la dogmatique chrétienne se construit sur cette base.

pensée d'où est née la philosophie moderne qui nous y oblige en nous y aidant, il faut lui en savoir gré, comme on a su gré à l'Aristotélisme d'avoir fourni l'occasion de la grande synthèse scolastique.

Et quand, sans évidemment se rendre compte de ce qu'on fait, au lieu de considérer la vérité religieuse en fonction de la vie, on s'obstine à la considérer abstraitement, comme un système d'idées qui serait d'abord séparé de nous et que sous cette forme, par un artifice quelconque de démonstration, on s'efforce cependant de la faire entrer en nous et de l'y faire admettre, c'est alors qu'on la méconnaît et qu'on la dénature. En supposant en effet que, sans avoir rien de commun avec elle, nous pouvons cependant l'atteindre et l'introduire en nous, on suppose qu'elle est à notre portée, et on oublie ainsi qu'elle est surnaturelle. Et ce qui est pire, malgré le rationalisme inconscient d'une pareille démarche, c'est qu'en même temps et par le fait même, on confirme dans leurs préjugés les philosophes qui reprochent à la religion d'encombrer l'esprit humain avec des dogmes étrangers à la vie. On ne saurait trahir plus complètement la cause qu'on travaille à défendre.

Mais peut-être nous répondra-t-on que, de notre côté, en considérant **la vérité religieuse en fonction de la vie pour trouver son sens par rapport à nous**, nous oublions que, quels que soient nos attaches intérieures avec elle et les moyens extérieurs qui sont à notre disposition, elle est en elle-même et par essence mystérieuse pour nous. — Mystérieuse, oui, sans doute ; et ceci signifie qu'elle se prolonge en des lointains infinis, dont, même avec une éternité d'efforts, nous n'épuiserons jamais les profondeurs ; mais non pas ténébreuse, non pas aveuglante ! Ce n'est pas l'abime noir au bord duquel nous serions condamnés à rester dans l'effroi ; c'est l'Océan qui vient battre notre rive, avec les étoiles au-dessus, et qui nous invite à nous embarquer. Et si c'est par notre vie que nous trouvons le sens de la vérité religieuse, c'est aussi par la vérité religieuse que nous trouvons le sens de notre vie. Et si nous n'achevons pas de la comprendre, c'est que notre vie non plus ne s'achève pas.

*
* *

L'humanité y travaille depuis ses origines. Et à travers ses épreuves et ses luttes, ses défaillances et ses générosités, c'est à cela que se rapportent tous les efforts qui l'ont élevée au-dessus d'elle-même. Mais si la vérité ne venait en elle que du dehors sans venir du dedans par la vie, aucun progrès ne se réaliserait, ni aucun mouvement même ne se produirait. Pour engendrer la vie et promouvoir son développement, il faut qu'elle vienne de la vie ; pour vivifier l'humanité, il faut qu'elle coure le risque de se mêler à l'humanité.

Et de ce point de vue le passé s'éclaire. Il n'y a pas lieu de nous étonner, et encore moins de nous effrayer, des renouvellements de perspective que la critique y signale, ni de la croissance des institutions, pas plus que d'une certaine croissance des dogmes dans l'esprit des croyants. Ce n'est pas changement, c'est développement organique. Et il y a développement organique précisément parce que la vérité dans son principe est une vie et non une abstraction tombée du ciel. Mais aussi la critique n'est féconde et, j'ajouterai même, n'est intelligente qu'autant que ceux qui s'y livrent s'intéressent à cette vie en elle-même et pour elle-même, parce qu'ils ont à la vivre comme les autres, et non pas seulement pour faire objectivement la science de ses manifestations historiques.

Et si de ce point de vue le passé s'éclaire, c'est de ce point de vue aussi que l'avenir peut se préparer : car l'avenir sera ce que nous le ferons. Mais, si nous voulons travailler à le faire ce qu'il doit être, il faut que des oppositions qui nous heurtent, des malaises qui se produisent en nous et autour de nous, de toutes les difficultés en un mot dans lesquelles nous sommes engagés des écrasements même que les événements nous font subir, nous profitions pour sentir l'insuffisance de ce que nous sommes et de ce qui est autour de nous, l'insuffisance de ce que nous avons personnellement de vérité et de ce que les autres en ont. Et c'est en nous mettant à l'œuvre, avec au cœur le sentiment de cette insuffisance, que nous ferons jaillir la lumière de nos ténèbres même, ou, si l'on préfère, que nous laisserons la lumière se projeter plus profondément et plus largement dans nos ténèbres. Nous ne sommes toujours mis au tombeau que pour ressusciter. La vérité ainsi nous pénétrera et par nous pénétrera dans le monde : des aspects en apparaîtront que nous n'avions pas encore aperçus ; des conséquences surgiront que nous n'avions pas encore soupçonnées. — Ceux qui ont réellement médité et réfléchi, si peu que ce soit, comprendront ce que je veux dire. — Et ce qui doit en résulter, c'est un renouveau incessant dans la vie individuelle et dans la vie sociale, parce que la vérité est aujourd'hui ce qu'elle était hier et ce qu'elle sera demain : le levain jeté dans la masse pour la faire fermenter.

Juilly, 25 février 1903.

LA PHILOSOPHIE EST UN ART

LA PHILOSOPHIE EST UN ART

Si nous croyons pouvoir dire sans hésiter que la philosophie est un art, nous avons hâte d'ajouter cependant que nous ne formulons nullement cette proposition dans le sens de ceux qui regardent la philosophie et ses spéculations comme une fantaisie distinguée, comme un rêve supérieur à ceux de la foule et dont il appartiendrait aux esprits délicats et forts de s'enchanter solitairement dans leurs loisirs. Pour être un art, la philosophie n'est pas un jeu. C'est ce que nous voudrions expliquer. M. Ollé-Laprune dans un de ses derniers livres[1], qui, nous semble-t-il, a passé trop inaperçu, parle le même langage. Mais il n'en prétend pas moins que la philosophie est chose sérieuse et que c'est même la seule chose vraiment sérieuse. En disant que la philosophie est un art, ce que nous signifions, c'est qu'elle est plus qu'une science et qu'elle n'est pas seulement l'œuvre de l'esprit. Comme on méconnaît incessamment son vrai caractère, et souvent par la faute même de ceux qui se disent philosophes, il est bon incessamment de le rappeler.

1. *La Philosophie et le temps présent*. Librairie Belin.

I

On tend toujours à considérer la philosophie comme un ensemble d'abstractions en quelque sorte suspendues en l'air. Lors même qu'on admet que la connaissance qu'on en acquiert peut être après coup utilisée pour vivre, on ne songe guère que la vie aussi d'autre part concourt à déterminer la connaissance qu'on en acquiert : on suppose que c'est affaire de raison pure. Voilà pourquoi nous avons toujours besoin, ainsi que déjà le demandait Socrate, de faire descendre la philosophie du ciel sur la terre. Pendant que les uns s'imaginent pouvoir la mettre tout entière dans les livres, les autres s'imaginent que c'est aussi dans les livres qu'ils la trouveront comme une science toute faite; et ils voudraient pouvoir l'y apprendre comme un écolier apprend sa leçon.

Mais la philosophie ne se prête point à cela. Et si l'on essaye de la condenser en formules, ces formules, quelle qu'en soit la valeur, ne seront vraiment comprises que par celui qui les aura élaborées, ou par ceux qui feront un effort de réflexion égal au sien et qui revivront ses pensées pour leur propre compte. Assurément ce qui a été écrit peut nous être utile, grandement utile ; mais ce ne peut être que comme stimulant et comme suggestif. Si l'on cherche à s'en tenir à ce qui a été écrit, on se trouve en face de théories qui au moins au premier abord paraissent se contredire absolument. Et c'est de la Philosophie ainsi considérée que Pascal disait avec raison : « Elle ne vaut pas une heure de peine. » Les systèmes philosophiques ne peuvent être vraiment compris que par ceux qui ont le tourment des questions auxquelles ils essayent de répondre. Mais pour ceux-là les systèmes philosophiques sont l'expression de pensées vivantes et non des théories en l'air. Même incomplets et erronés, et ils le sont sans doute tous plus ou moins, ils manifestent une âme qui a fait effort pour arriver à la lumière, et qui, malgré tout, par suite même de son effort, a eu plus de lumière que les autres. Ces âmes de métaphysiciens, qui tout d'abord paraissent froides comme un théorème, quand on se met en contact avec elles, on finit par les sentir chaudes et vibrantes comme des âmes de poètes. Quelle intensité de vie n'y a-t-il pas chez un Platon, un Descartes, un Leibnitz, un Kant! une vie concentrée, forte, maîtresse d'elle-même, tout entière absorbée dans un élan vers la vérité sans cesse renaissant.

Mais philosopher ce n'est pas apprendre ce qu'ils ont écrit, c'est vivre comme eux et avec eux de la vie de la pensée. A ce point de vue, il faut donc considérer la philosophie, non pas comme une science faite qui se trouve dans les livres, mais comme l'effort conscient et réfléchi de l'esprit humain pour savoir, pour atteindre les raisons dernières, pour trouver le sens véritable des choses, de façon, en définitive, à tirer le meilleur parti possible de l'existence. A ce point de vue, philosopher c'est donc chercher à vivre pleinement, à savoir vraiment ce qu'on fait en vivant, et à ne point passer à travers ce monde, mangeant, buvant et s'amusant, sans s'inquiéter d'où l'on vient et où l'on va. Ces inquiétudes-là valent plus d'une heure de peine, et personne mieux que Pascal ne les a comprises.

Mais cela, est-ce de l'action ou de la spéculation pure? C'est l'un et l'autre, et c'est l'un autant que l'autre. Ce travail ne peut se faire réellement que s l'on y met son âme toùt entière. C'est l'œuvre de la vie humaine proprement dite, œuvre de volonté et d'intelligence, de développement moral et intellectuel, œuvre de liberté en un mot. Chaque individu est un germe qui contient en puissance un idéal à réaliser. Pour réaliser cet idéal, il faut le concevoir, il faut l'élaborer intellectuellement ; mais on ne peut l'élaborer intellectuellement sans se modeler sur lui moralement. Les deux choses se font en même temps, ou plutôt c'est une seule et même chose. Il est évident que le travail que cela suppose diffère complètement du travail par lequel se constituent les sciences physiques ou mathématiques. Là, il suffit d'apporter son esprit et son attention, et la vérité s'impose pour ainsi dire brutalement. Il n'en est pas de même dans l'ordre des idées métaphysiques et morales. Ce n'est pas que la vérité y soit plus obscure ; mais pour la voir il faut l'aimer. C'est librement qu'on la voit, et pour se produire en nous elle exige notre consentement. On a dit que la morale était la mise en pratique de la métaphysique, et on a eu raison ; mais il n'est pas moins vrai de dire que l'élaboration d'une conception métaphysique est un travail moral. Notre conception de la vie, et par suite notre conception des choses, vaut moralement ce que nous valons.

Voilà pourquoi nous disons que l'élaboration de cette conception, qui est l'objet de la philosophie, est une œuvre d'art. Elle ne ressemble pas à l'élaboration d'un théorème de mécanique qui exprime abstraitement le fonctionnement d'une machine, mais qui ne peut exprimer le développement de la vie. C'est une œuvre d'art, parce que, comme toute œuvre d'art en général, elle manifeste l'état d'âme de celui qui la réalise. On sait combien les choses se reflètent différemment dans la pensée des artistes selon leurs dispositions. Une même scène peut être décrite ou représentée de façon à provoquer soit un sentiment de mépris, soit un sentiment de pitié. Ce qui parait gai à l'un parait triste à l'autre ; et un penseur a pu dire avec raison : « Un paysage est un état d'âme. »

Eh bien ! une métaphysique, c'est aussi un état d'âme. C'est une vie morale qui s'élabore, qui prend pleine conscience d'elle-même et se fixe dans des conceptions déterminées. Cela constitue vraiment une sorte de poème ; non pas un poème qui raconte des aventures imaginaires, mais un poème mis en action par celui qui le compose, exprimant son âme et son cœur, la réalité humaine qu'il est, avec ses efforts et ses espérances ou aussi avec ses lâchetés et ses désespoirs.

Sans doute le fait seul de rentrer en soi-même pour se formuler nettement une conception, pour composer le poème de sa vie, est déjà un acte de courage, un pas vers la lumière et vers l'idéal moral. Et toutes les entreprises de ce genre paraissent au moins impliquer une bonne disposition initiale. Il ne suit pas de là cependant que toutes sont d'égale valeur. Puisque les conceptions métaphysiques sont en quelque sorte la floraison de l'âme humaine, l'épanouissement de sa vie, on peut bien dire, et il le faut, qu'elles sont œuvres de liberté ; mais cela ne signifie pas qu'elles sont livrées au caprice et que chacun peut faire son rêve à sa guise. Chacun, il est vrai, peut agir et penser dans cet ordre de choses comme il l'entend, parce que chacun est libre. Mais de même qu'il n'y a qu'une manière d'agir qui soit bonne, il n'y a qu'une manière de penser qui soit vraie. C'est celle-là qu'on doit suivre : on n'y est pas forcé, mais on y est obligé. A ceux qui se plaignent de ne pas voir, il faut demander d'abord de rentrer en eux-mêmes pour se rendre compte s'ils désirent vraiment voir, s'ils ont vraiment la bonne volonté. Avec la bonne volonté tout homme arrive en ce monde à trouver le sens de la vie. Assurément la formule exacte d'une conception vraie des choses, l'énoncé, sous forme scientifique, d'un système de métaphysique adéquat à la réalité est et restera toujours comme idéal à atteindre, le travail propre de l'esprit, pour lequel, je l'accorde, la bonne volonté, les bonnes dispositions de l'âme ne sont pas des conditions suffisantes. Ces bonnes dispositions cependant sont nécessaires absolument pour entreprendre ce travail, et ce sont elles qui constituent la bonne orientation de l'esprit dans cet ordre de choses. Ce serait intéressant bien sûr, et instructif, de faire la psychologie morale des philosophes, et de chercher la relation qui existe entre leur état d'âme et les idées métaphysiques qu'ils ont émises : il y en a une toujours nécessairement, comme nous l'avons dit ; et on verrait clairement sans doute que dans bien des cas les lacunes de leurs conceptions répondent à des lacunes dans leur vie. Mais quoi qu'il en soit de cette question, qui est la question classique de l'imputabilité de l'erreur, si celui qui cherche la vérité avec la bonne volonté ne l'atteint pas par le fait même dans sa plénitude, il faut dire que sans bonne volonté on ne l'atteint jamais. Et celui qui cherche avec bonne volonté trouve toujours suffisamment pour être payé de sa peine. Et celui-là seulement travaille en véritable artiste amoureux de son art. Le poème qu'il élabore intellectuellement et moralement pourra bien n'être pas une œuvre de génie ; mais il ne sera pas sans beauté. Les autres, qui sont tout entiers à leurs distractions, à leurs plaisirs, à leurs cupidités, ne produisent que des ébauches informes et incohérentes semblables à ces poèmes d'écoliers qui sont ou puérils ou grotesques.

II

Remarquons-le bien en effet, il faut que chacun compose son poème. Pour tous la vie ne peut être qu'un idéal qu'ils travaillent à concevoir et à réaliser. Les métaphysiciens de profession auraient bien tort de croire que c'est un privilège qui leur est accordé ; et on est bien irréfléchi quand on leur dit que tout le monde ne peut pas faire de métaphysique. Il faut bien que tout le monde puisse en faire, puisque en réalité tout le monde en fait. Il n'est personne qui d'une façon ou d'une autre ne réalise dans son esprit une conception des choses à la lumière de laquelle il se dirige. Cette conception, il est vrai, reste souvent confuse et comme enfouie dans les profondeurs de la conscience. Mais peu importe, il nous suffit pour le moment que chacun en ait une, et chacun en a une.

Ceux qui croient en Dieu, à la liberté, à l'immortalité, comme ceux qui n'y croient pas, font de la métaphysique. Et ceux qui prétendent douter ne peuvent vivre et agir un seul instant sans se conformer ou à la conception de ceux qui nient ou à la conception de ceux qui croient. Ils peuvent bien ne pas avoir de métaphysique sur les lèvres ; mais qu'ils le veuillent ou non, il y en a toujours une dans leur conduite. Toute manière de vivre implique une métaphysique, de même que toute métaphysique implique une manière de vivre. L'égoïste, absorbé par le soin de sa jouissance et le souci des conditions de son existence terrestre, nie en fait qu'il y ait un ordre de choses supérieur à celui-là. L'honnête homme, le sage, le saint au contraire affirment que les conditions d'existence terrestre sont un ordre de choses transitoire, dont il faut se détacher pour vivre selon la justice. C'est chose convenue cependant, on place les métaphysiciens dans les nuages. On a toujours l'air de croire qu'ils s'attachent à des objets, à des notions insaisissables, tandis qu'en réalité ce dont ils s'occupent ce sont des idées dont tout le monde vit, savants et ignorants, lettrés et illettrés. Aussi ceux qui prétendent ne pas faire de métaphysique, ignorants ou savants, lettrés ou illettrés, me paraissent toujours un peu plus naïfs que M. Jourdain. M. Jourdain faisait de la prose sans le savoir. Eux, ils font de la métaphysique, non pas seulement sans le savoir, mais, ce qui est pire, en prétendant n'en pas faire. Et dans ces conditions, de même que M. Jourdain faisait sans doute de mauvaise prose, ils font, eux, de mauvaise métaphysique. Qu'on le sache ou non, qu'on l'avoue ou non, par le fait même qu'on est homme et qu'on vit, on est métaphysicien, on donne un certain sens à sa vie. Et quand cela se fait à l'aventure, cela se fait mal : on ne donne à sa vie qu'un sens incohérent. La paresse intellectuelle et la paresse morale y trouvent leur compte ; mais on reste ainsi indéfiniment dans l'enfance.

Il est facile de se récrier contre les idées émises par les philosophes ; il est facile d'opposer leurs systèmes, de les montrer se contredisant, et d'en rire. Mais c'est trop facile : on court le risque de commettre trop d'irréflexions, trop de méprises, trop d'inintelligences. Au lieu de rire, énoncez les idées que vous avez à mettre à la place de celles dont vous riez ; car vous en avez nécessairement. On pourra juger ainsi de la richesse de vos conceptions, de la lucidité de votre esprit. Vous nous montrerez peut-être que vous aviez le droit de rire ; mais assurément, si vous essayez, vous ne rirez plus, et cela vaudra mieux pour tout le monde. Quand à votre tour vous aurez fait la critique de vos propres idées, quand vous vous serez mis à l'œuvre pour composer méthodiquement et avec réflexion le poème de votre vie, quand vous aurez philosophé par vous-mêmes, vous comprendrez alors que c'est chose sérieuse. Vous verrez que si ceux qui emploient à cela leurs forces se trompent et s'illusionnent, ceux qui ne le font pas se trompent et s'illusionnent encore beaucoup plus; que si on commet des erreurs en réfléchissant, on court encore plus de risques d'en commettre en ne réfléchissant pas. Vous ne direz plus qu'on n'aboutit à rien en philosophant; d'abord parce que vous sentirez qu'il est meilleur de vivre en se préoccupant de voir plus clair sur le fond des choses, que de vivre absorbé dans les niaiseries et les puérilités courantes; et ensuite parce que, malgré tout, la lumière se produira; le mystère poignant de l'existence s'adoucira; vous aurez conscience de ne pas faire seulement un rêve qui vous enchante et qui endort votre mal, mais de vous attacher à la vraie réalité qui demeure. Vous sortirez de cette caverne où il n'y a que des ombres et des fantômes, et dans laquelle sont plongés, d'après Platon, tous ceux qui ne philosophent pas.

Mais encore une fois, on ne saurait trop le redire, philosopher ce n'est pas apprendre ce qu'ont écrit les philosophes, quelle qu'en soit la valeur et si intéressant, si indispensable même que ce soit à connaître. C'est vivre en pensant. Personne ne contestera qu'il soit bon de penser. Et le penseur, ce n'est pas le géomètre, le physicien, le naturaliste. C'est celui qui comprend la vie ou au moins qui cherche à la comprendre. C'est celui par conséquent qui travaille à s'élever au-dessus des apparences sensibles, à voir les choses au vrai point de vue et dans l'unité supérieure qui les éclaire. C'est à cela que se sont appliqués les philosophes. S'ils n'ont pas réussi qu'on tâche de faire mieux qu'eux. Tout le monde ne peut pas être géomètre, physicien, naturaliste; mais tout le monde doit être homme. Et être homme, c'est vivre moralement. Et comme dit Maine de Biran : « Il n'y a d'êtres moraux que ceux qui spéculent. » On répondra peut-être qu'il y a eu des sages, des saints qui ont peu ou point spéculé. Remarquons bien cependant que ces sages et ces saints ont mis en pratique une conception métaphysique. Cette conception métaphysique, je l'accorde, ils l'ont reçue dans une certaine mesure par tradition. Néanmoins, pour la mettre en pratique, il leur a fallu se l'assimiler; et s'assimiler une conception métaphysique c'est l'élaborer pour soi en vivant. Ils ont donc, eux aussi, spéculé. Peut-être n'auraient-ils pas pu énoncer clairement leurs spéculations; peut-être ces spéculations restaient-elles confuses dans leur esprit, et c'était là chez eux une lacune. Mais, en tout cas, je ne crois pas qu'on puisse être un saint, un sage accompli sans désirer avoir le plus de lumière, le plus de vérité possible, c'est-à-dire sans toujours désirer se rapprocher de l'idéal infini, dont la vision toujours incomplète donne sans cesse, par le fait même, du mouvement pour aller plus loin. Et notre éternité se passera sans doute indéfiniment à voir toujours davantage et à toujours aimer davantage; le poème ne s'achèvera pas, mais il sera de plus en plus intéressant à composer.

Il est vrai que chacun de nous trouve dans la société où il naît une conception métaphysique qui lui est inculquée par l'enseignement moral et religieux. Ce serait en dehors de notre sujet de chercher à dire, dans le détail, de quelle façon on doit se comporter avec cette conception et quelle attitude on doit prendre. Nous dirons toutefois qu'il est étrange, et pourtant qu'il n'est pas rare, de trouver des gens qui s'imaginent que la religion avec son enseignement a pour but de les dispenser de réfléchir. Et alors cet enseignement reste à peu près inefficace.

Une idée morale ou religieuse n'a de valeur pratiquement que pour celui qui la fait sienne, qui se l'incorpore, qui pour ainsi dire la fait pénétrer dans son sang et en informe son être tout entier. C'est ce que Maine de Biran appelle quelque part une *intus-susception* de la vérité. La vérité qu'on a reçue du dehors et qu'on ne s'assimile pas par la méditation, par la critique et la discussion intérieures — car la méditation est cela ou elle n'est rien — est une vérité qui n'est pas comprise. Par suite, elle se déforme. Ne se façonnant pas sur elle, on la façonne sur soi. Ou bien il arrive encore ceci : sans qu'il y ait d'hypocrisie proprement dite, on enregistre dans son cerveau des formules exprimant une conception de la vie ; c'est avec ces formules qu'on parle ; c'est même avec elles qu'on discute extérieurement ; on en fait des discours ; mais ce n'est pas avec elles qu'on vit. Il y a dans les profondeurs de l'être une autre conception que celle qu'on exprime, plus ou moins confuse, plus ou moins sourde ; et c'est cette conception-là qui est vivante, si je puis ainsi dire. De cette façon, il se constitue chez un même être une sorte de dualité tout à fait hétérogène.

Il y a un moi verbal et un moi réel ; et le moi qui parle n'est pas le moi qui vit et qui agit. Cela suppose assurément de l'insincérité, mais c'est une insincérité qui s'aveugle, qui s'ignore, parce qu'elle veut plus ou moins s'ignorer ; et si l'on exprimait devant le moi qui parle la métaphysique du moi qui vit, il ne manquerait pas de s'indigner. Nous comprenons très bien qu'on se récrie contre les négations et les théories désespérantes qu'ont émises des métaphysiciens de profession ; mais on ferait bien auparavant de rentrer en soi-même, et de s'assurer que sa manière de vivre n'implique pas des théories pires que celles-là ou ne valant pas mieux. A entendre parler certaines gens, on croirait que les philosophes ont seuls le triste privilège de pouvoir dans cet ordre de choses commettre des erreurs monstrueuses. Hélas ! c'est le privilège des humains en général, et les erreurs montrueuses abondent. Et celles des non-philosophes, qui sont les plus fréquentes, sont peut-être aussi les plus dangereuses. Elles restent dans l'ombre, se dissimulent : on ne sait comment les atteindre ; et, tout en agissant sourdement, elles agissent énergiquement et leur effet n'en est que plus brutal.

Quels que soient les errements de la spéculation, il n'est donc pas douteux qu'elle soit bonne et nécessaire. Elle est la condition même du développement de la vie, de l'épanouissement de l'être. Quoi qu'on fasse et qu'on dise, c'est la partie essentielle du travail moral qui incombe à chacun de nous en ce monde pour faire son métier d'homme. Par là, et uniquement par là, la nature se modifie et se transforme : elle élabore son idéal et se façonne sur lui en l'élaborant. Elle devient ainsi ce qu'elle n'était pas et ce qu'elle devait être. Elle accomplit ainsi son œuvre, qui est vraiment une œuvre d'art, concourant librement à la réalisation d'une pensée éternelle. Chacun composant son poème, le poème de chacun devient un épisode du poème universel de la nature. Ce poème universel de la nature que vaut-il, et que vaudra-t-il finalement dans son ensemble ? Dieu seul le sait. Mais à chacun de nous il appartient de concourir à sa beauté ; à chacun de nous il appartient d'y faire pénétrer l'harmonie supérieure d'une conception vraie des choses et d'une vie en rapport avec cette conception. Tout homme doit être philosophe, et tout philosophe est poète, poète au sens rigoureux du mot, c'est-à-dire créateur. Et il est d'autant plus poète, d'autant plus créateur que la conception des choses qu'il fait jaillir de sa spontanéité réalise plus d'idéal en se rapprochant plus de la vérité.

Novembre 1891.

LE DOGMATISME MORAL

LE DOGMATISME MORAL

Être ou n'être pas, disait Hamlet. Et cela signifie sans doute croire à l'être ou n'y pas croire. Tout est là en effet. C'est la question qui se pose pour tout homme. Et plus ou moins consciemment tout homme en vivant la résout dans un sens ou dans l'autre. Question jamais épuisée et qui renaît pour ainsi dire d'elle-même. Elle se lève sur chaque génération. Elle prend chaque homme au cœur et fait de son existence un drame. Quelque progrès qu'on réalise elle reparaît toujours; on la renouvelle, on ne la supprime pas. Les philosophies et les religions considérées comme doctrines nous en présentent des solutions diverses. Mais en toute hypothèse ces solutions ne valent pratiquement que pour ceux qui les admettent. Et les admettre c'est au moins pour une part les découvrir et les inventer soi-même. Le drame se noue et se dénoue pour chacun en particulier malgré la solidarité qui règne entre tous. Et de ce point de vue le problème de l'être doit se poser dans ces termes : comment en fait croit-on à l'être et comment n'y croit-on pas? Que se passe-t-il dans l'âme de celui qui croit, et que se passe-t-il dans l'âme de celui qui ne croit pas? Ce n'est pas seulement la pensée humaine qui gravite autour du problème de l'être, c'est la vie humaine tout entière.

A toutes les époques il en est qui ont déclaré ne pas croire à l'être ; et à toutes les époques il en est qui ont semblé témoigner au moins par leur conduite qu'ils n'y croyaient pas. Leur doute et leur négation prennent des formes différentes, mais en définitive ce qu'ils disent ou ce qu'ils font signifie toujours que notre existence n'est qu'un tissu d'apparences destinées à s'évanouir et sous lesquelles il n'y a rien. Dans l'antiquité on les appelait des sceptiques. Et on opposait le scepticisme qui nie l'être au dogmatisme qui l'affirme. Mais de nos jours, au moins dans certains milieux, on a pris peu à peu l'habitude de désigner les négations de l'être par le terme d'idéalisme. Par là des confusions regrettables se sont introduites. On aboutit ainsi à attribuer des négations à ceux mêmes qui affirment avec le plus de conviction et d'énergie. Il sera donc bon tout d'abord d'essayer de remettre un peu de précision dans cet éternel débat. Et c'est par là que nous commencerons.

I

L'IDÉALISME

Qu'est-ce donc que l'idéalisme ? On suppose à chaque instant, ainsi que nous le disions tout à l'heure, que c'est la doctrine qui nie l'existence des réalités en soi. Mais en même temps il est facile de remarquer qu'en fait les doctrines les plus diverses sont comprises sous cette dénomination. Et, chose plus curieuse, certaines doctrines, le Platonisme par exemple, sont appelées tour à tour idéalisme et réalisme. Quand en psychologie on étudie la nature des idées, comme selon Platon les idées sont des réalités en soi, on dit que Platon est réaliste. Et quand en métaphysique on se demande quelle est la nature des réalités en soi, comme encore selon Platon les réalités en soi sont des idées, on dit qu'il est idéaliste.

Assurément il n'y a point là de contradiction. Mais c'est qu'aussi par idéalisme on ne signifie pas du tout dans le cas présent un pur subjectivisme, une négation de la réalité en soi. L'idéalisme entendu à la façon platonicienne n'est pas une doctrine qui dit : il n'y a pas de réalités en soi; mais c'est une doctrine qui dit : les réalités en soi sont de telle nature, les réalités en soi sont des idées. Il ne répond pas à cette question : existe-t-il des réalités en soi? mais il répond à cette question : quelle est la nature des réalités en soi? On a le droit de dire sans doute que des idées ne peuvent exister en soi, et qu'en conséquence concevoir la réalité comme constituée par des idées c'est se repaître l'esprit avec des abstractions. Mais là n'est pas la question. Et se tromper sur la nature de la réalité en soi ce n'est pas la même chose que de n'y pas croire et de la nier.

En tout cas ce qui apparaît nettement tout d'abord, c'est qu'il faut distinguer deux questions : celle de l'*existence* des réalités en soi et celle de leur *nature*. C'est une distinction dont on ne tient pas assez compte. Et cependant on aurait absolument tort de s'imaginer que la première question peut être résolue indépendamment de la seconde et que, pour procéder avec ordre et avec clarté, on doit établir d'abord l'existence des réalités en soi pour chercher ensuite quelle est leur nature. Je sais bien que l'agnosticisme prétend en effet séparer ces deux questions et qu'il croit pouvoir s'en tenir à l'affirmation de l'existence d'une réalité en soi, en disant que sa nature se dérobe invinciblement à nous. Mais l'attitude de l'agnosticisme est artificielle et menteuse. C'est ce qui ressortira de ce que nous allons dire.

Il est facile de remarquer en effet que pour poser cette question : existe-t-il des réalités en soi ? il faut sous ce mot « réalités » et sous ce mot « existence » mettre des idées. Autrement la question n'aurait pas de sens. Donc, lorsque quelqu'un demande s'il existe des réalités en soi, cela veut dire exactement : ce que je conçois comme existant en soi, objectivement, indépendamment de la représentation que j'en ai, est-il bien en effet réellement existant ? Sans doute, en posant cette question, on peut arriver à donner à ce mot « réalités en soi » un sens de plus en plus indéterminé et vider successivement de leur contenu les idées diverses qu'on exprime par lui. Mais il n'en est pas ainsi dans la première démarche de la pensée réfléchissante. Le mot « choses », par exemple, qui vulgairement est synonyme de réalités en soi, a aussi vulgairement un sens très précis : c'est ce qu'on touche et c'est ce qu'on voit.

Peut-être du reste que l'indétermination à laquelle on aboutit par la critique des idées, indétermination qui résulte de ce qu'on n'ose plus, en parlant des réalités en soi, les constituer avec les données sensibles de l'expérience ou avec des abstractions tirées de ces données, peut-être, dis-je, que cette indétermination est au contraire à un autre point de vue une détermination véritable. C'est en faisant tomber les illusions qu'on découvre la vérité. Et il y a longtemps qu'après Platon les mystiques et les moralistes ont remarqué qu'en passant de l'illusion à la vérité on s'imagine tout d'abord quitter la lumière pour les ténèbres et la réalité solide pour le rêve impalpable. C'est cependant le contraire qui est vrai et on ne tarde pas à s'en apercevoir[1]. C'est de la même façon qu'en pratiquant le renoncement on a l'impression douloureuse de la mort ; et cependant c'est dans la vie qu'on entre.

*
* *

Il n'est pas douteux que le dogmatisme est dans tout esprit humain un état initial. Voilà ce qu'il y a de vrai dans la doctrine de ceux qui, sur ce point, pour répondre à la question de l'existence des choses, font appel au sens commun ou à l'instinct d'objectivation. Mais il faut examiner quel est le caractère de ce dogmatisme primitif et montrer comment dans la vie réfléchie, pour s'élever au-dessus de l'animalité, on doit le critiquer et le dépasser. Ce que nous avons à constater pour le moment c'est qu'en posant la question de l'*existence* de la réalité en soi on part toujours d'une conception de la *nature* de cette même réalité. Ce mot « réalité en soi » exprime une idée ; et cette idée, d'une manière plus ou moins précise, a un contenu. Il en faut dire autant du mot « existence ». Et, bien que sa signification ne puisse pas avoir la même complexité, ce n'est cependant pas la même chose de dire d'un *fait* qu'il existe et de le dire d'un *être :* un être existe en soi, un fait n'existe pas en soi.

On s'en va répétant, comme si la formule était parfaitement claire et se suffisait à elle-même, que l'idéalisme est la doctrine qui nie l'existence de la réalité en soi. Mais comme il arrive ainsi qu'on accuse d'idéalisme des gens qui prétendent bien ne rien nier du

---

[1]. C'est ainsi que S. Jean de la Croix explique que pour aller à Dieu, c'est-à-dire à la lumière pleine et indéfectible, il faut passer par une nuit obscure. Ce qui signifie qu'il faut changer d'orientation. Et changer d'orientation c'est cesser de voir ce qu'on voyait, d'où résulte tout d'abord l'impression qu'on ne voit plus rien.

tout, on devrait se demander de quelle réalité et de quelle existence il s'agit.

Si par « réalité » on entend les données de l'expérience sensible, comme les couleurs, les sons, les résistances, etc., ou même les objets sensibles en tant que sensibles et comme groupes de sensations ; et si par « existence » on entend le fait que ces couleurs, ces sons, ces résistances, etc., ou ces objets sensibles sont réellement donnés dans l'expérience, on ne trouve personne qui nie « l'existence de la réalité ». Il n'est personne en effet qui voyant une couleur puisse prétendre sérieusement ne pas la voir. Et de même en est-il pour tout ce qui se trouve dans l'expérience. On peut mentir sans doute, voir et dire qu'on ne voit pas, entendre et dire qu'on n'entend pas. C'est contre ceux qui mentiraient de la sorte que peuvent valoir l'argument traditionnel du bâton ou les arguments analogues. Mais si l'idéalisme consistait en un mensonge de ce genre, nous n'aurions pas à nous en occuper ; ce ne serait pas une doctrine, ce ne serait qu'une plaisanterie.

Cependant, il n'est pas rare qu'en accusant quelqu'un d'idéalisme ce soit justement cette plaisanterie qu'on lui attribue. Et en la lui attribuant on se donne le droit de se moquer de lui ; on triomphe avec dédain, au nom du sens commun et de l'honnêteté intellectuelle. C'est très commode et très expéditif. Mais, en procédant de la sorte, ne s'expose-t-on pas soi-même à n'être pas pris au sérieux ? En tout cas, c'est bien certainement ce qu'on mérite, puisqu'aucun de ceux qu'on appelle idéalistes, aucun de ceux qu'on a appelés sceptiques, n'ont jamais prétendu qu'ils ne voyaient rien, qu'ils n'entendaient rien, qu'ils ne sentaient rien.

Mais s'ils n'ont jamais prétendu qu'ils ne voyaient rien, qu'ils n'entendaient rien, qu'ils ne sentaient rien, comment se fait-il donc qu'on en vienne si souvent, et sur un ton de parfaite assurance, à leur attribuer cette plaisanterie? Comment se fait-il donc qu'après avoir qualifié d'idéalisme les doctrines les plus diverses on se contente de les ramener à cela pour les réfuter? La chose vaut sans doute la peine qu'on s'y arrête, et c'est un moyen de se mettre en garde contre une démarche naïve et spontanée de l'esprit humain en face des idées qui lui sont étrangères. Voici donc dans le cas présent ce qui se passe.

*
* *

Supposons quelqu'un qui admette simplement que par la perception sensible nous atteignons directement et immédiatement la réalité en soi, l'être, et non pas seulement le phénomène ; et que cette réalité nous l'atteignons telle qu'elle est en soi. En fait c'est la perception même qu'ainsi il considère comme de la réalité, comme de l'être. Si donc on vient lui dire que la perception comme telle est non pas une réalité en soi, mais un fait de conscience, une modification du sujet sentant, comme dans sa pensée c'est la réalité même et qu'il n'a jamais envisagé les choses sous un autre biais, il lui semblera tout naturellement qu'on nie à la fois et la réalité et sa perception ; car pour lui sa perception et la réalité en soi ne faisant qu'un, dire que sa perception n'est pas la réalité en soi, c'est dire qu'il n'y a ni réalité ni perception. Et tant qu'il n'aura pas réfléchi pour comprendre qu'en s'exprimant ainsi on signifie seulement qu'il n'y a pas identité entre sa perception et la réalité en soi, il sera à jamais impossible de s'entendre avec lui. A ses yeux on sera coupable d'absurdité sinon de mensonge : on sera idéaliste.

Le cas serait peu différent si l'on avait affaire à quelqu'un qui considérerait la perception non plus comme la réalité en soi immédiatement connue, mais comme la représentation adéquate, comme l'image et le décalque de la réalité en soi dans l'esprit. Pour celui qui adhère à cette manière de voir il n'y a plus identité entre la perception et la réalité, mais seulement équation : c'est le rapport qui existe entre un objet et sa reproduction dans un miroir fidèle. Si donc on conteste devant lui cette équation, si l'on soutient que la perception sensible n'est pas la reproduction de la réalité en soi, il ne dira plus sans doute — ou au moins il ne devrait plus dire — qu'on nie le fait même de la perception; mais il dira qu'on transforme la perception en un rêve, en une sorte d'hallucination. Et comme on nie que la réalité soit en elle-même telle qu'il la conçoit en objectivant sa perception, il prétendra lui aussi qu'on nie absolument la réalité. Et si on lui fait remarquer qu'on la conçoit seulement d'une autre manière que lui, il lui apparaîtra qu'on s'attache à des chimères et qu'on lâche la proie pour l'ombre. Pour celui-là encore on sera donc idéaliste.

Jusqu'ici nous nous trouvons en présence de ce que nous appellerons le dogmatisme empirique. Du point de vue de ce dogmatisme apparaissent comme idéalistes tous ceux qui n'admettent point que par les données sensibles nous atteignons et nous connaissons la réalité telle qu'elle est en soi. Ceci cependant, et il semble assez facile de le remarquer, n'implique pas qu'on nie l'existence de la réalité en soi, ni qu'on juge impossible de la connaître. Ceci implique seulement que les données sensibles n'ont pas une valeur ontologique, et que ce n'est point par la sensation que l'être des choses vient en nous ou que nous allons à l'être des choses. Et il reste la question de savoir si nous n'avons pas un autre moyen à notre disposition, et si la nature de la réalité en soi n'est pas tout autre que celle que lui attribue le dogmatisme empirique : car il y a connexité entre la manière dont on conçoit la nature de la réalité et le moyen par lequel on prétend la connaître. Si donc on accuse quelqu'un d'idéalisme en lui attribuant de nier l'existence de la réalité uniquement parce qu'il n'accorde pas une valeur ontologique aux données sensibles, c'est qu'on est comme aveuglé par sa propre manière de voir. Et cet aveuglement n'est pas propre aux seuls empiristes.

* * *

Si nous nous plaçons dans l'hypothèse d'un dogmatisme intellectualiste, nous verrons encore se produire un malentendu analogue à celui que nous venons de signaler. Nous appelons ici dogmatisme intellectualiste, par opposition au dogmatisme empirique, toute doctrine d'après laquelle d'une part la réalité en soi est non pas le *sensible* mais l'*intelligible ;* et d'après laquelle d'autre part c'est par l'intelligence, et non par les sens, que nous atteignons et que nous connaissons cette réalité. Si dans la manière de concevoir l'intelligible et de se représenter son rapport avec le sensible il y a des divergences considérables, nous n'avons pas besoin pour le moment de nous en inquiéter. Supposons quelqu'un pour qui l'intelligible est ceci ou cela, soit le concept platonicien dont le contenu est complexe et formé d'élément divers, soit l'idée claire de Descartes dont le contenu est simple et homogène. S'il admet que ce qu'il appelle l'intelligible est la réalité en soi, et si l'on vient lui dire qu'il n'en est rien et que son intelligible par exemple est une pure abstraction, tout naturellement encore on lui apparaîtra comme niant la réalité ; car on nie en effet la réalité telle qu'il la conçoit.

Du point de vue du dogmastisme empirique tout intellectualisme, si réaliste qu'il soit du reste, apparait comme un idéalisme. Mais en même temps aussi du point de vue de chaque forme d'intellectualisme apparaissent également comme idéalistes toutes les autres formes. Pour un partisan de la philosophie des concepts un cartésien est un idéaliste, et réciproquement. C'est donc vraiment le cas de dire qu'on est toujours plus ou moins l'idéaliste de quelqu'un. Chaque fois qu'on fait la critique d'une conception de la réalité, on est considéré comme tel par ceux qui sont attachés à cette conception : on leur nie en effet et on leur enlève leur réalité. — C'est ainsi que les adorateurs d'idoles traitent d'impies ceux qui n'adorent pas avec eux. — Et ceux-là ne peuvent juger autrement tant qu'ils s'en réfèrent uniquement à leur manière de voir : car ils veulent tout naturellement, comme dit St Augustin, que ce qu'ils aiment soit la vérité.

Il faut donc se défier des accusations d'idéalisme, parce que ceux qui les formulent sont exposés à prendre pour négation de la réalité ce qui n'est qu'une autre manière que la leur d'en concevoir la nature. Et c'est en effet ce qui arrive. Mais, quand on rejette une conception pour en admettre une autre, on ne mérite cependant pas d'être rangé parmi ceux qui nient la réalité.

Ce qui est vrai, c'est qu'il y a en présence des conceptions diverses de la réalité. Celle de Descartes n'est pas celle de Platon ou d'Aristote ; celle de Leibnitz n'est pas celle de Descartes, etc. Mais ni Platon, ni Aristote, ni Descartes, ni Leibnitz n'ont prétendu en substituant leurs conceptions à celle des autres, nier l'existence en soi de la réalité. C'est tout le contraire ; ils ont prétendu l'affirmer plus solidement. Et, quoi qu'on en pense dans les *Manuels de philosophie*, il en faut dire autant de Berkeley, de Kant, de Fichte[1]. Les uns et les autres se sont également évertués à ne pas prendre du phénomène pour de l'être ; et finalement les uns et les autres, bien qu'avec des méthodes très diverses, ont abouti à se faire une conception de la réalité en soi et à l'affirmer.

Si donc on veut donner au mot idéalisme un sens précis et fixe, il faut désigner par là, non pas des doctrines qui nient l'existence en soi de la réalité, mais des doctrines selon lesquelles la réalité en soi s'identifie avec les idées ou est de même nature qu'elles. Et à ce point de vue la doctrine de Platon et tout le réalisme du moyen âge, de même que la doctrine de Descartes et de Malebranche, et à plus forte raison celle de Spinoza, pourraient être appelées des idéalismes. Ce sont, il est vrai, des idéalismes fort différents les uns des autres : car l'idée claire qui, selon Descartes et Malebranche par exemple, nous fait connaître la nature de la réalité, n'est pas du tout la même chose que l'idée de Platon ou le concept d'Aristote. C'est une remarque que nous avons déjà faite. Et, toujours au même point de vue, la doctrine de Leibnitz au contraire, ainsi que celles de Berkeley, de Kant ou de Fichte, sont également l'opposé de l'idéalisme, puisque, d'après ces doctrines, malgré toutes leurs différences, la réalité en soi ne s'iden-

1. Il ne s'agit ici ni de la valeur de leur méthode, ni de la valeur de leurs conceptions. Nous signalons seulement leur intention qui les distingue profondément des sceptiques et des phénoménistes. C'est ce que ne voient pas ceux qui s'obstinent à ne toujours considérer qu'objectivement les systèmes et qui par suite en méconnaissent toujours le véritable sens. Pour bien comprendre un système c'est l'intention qu'il en faut d'abord chercher.

tifie en aucune façon avec les idées, qui sont considérées comme des abstractions ou même simplement comme des noms. Ce qui en particulier caractérise nettement la philosophie critique, c'est d'avoir essayé d'établir qu'il n'y a pour ainsi dire rien de commun entre ce qui est objet de pensée et ce qui est réel en soi. C'est donc exactement la contre-partie de l'idéalisme.

*
* *

Et rien ne montre mieux, semble-t-il, la nécessité de distinguer, comme nous l'avons fait, la question de la *nature* des choses et la question de leur *existence*. Mais en même temps n'apparaît-il pas aussi que ces deux questions cependant ne peuvent se séparer? Affirmer en effet ou nier une existence, c'est faire porter son affirmation ou sa négation sur une nature plus ou moins déterminée. Et d'autre part affirmer ou nier une nature, c'est dire que cette nature existe ou n'existe pas en soi. Affirmer l'étendue par exemple, c'est dire avec Descartes que l'étendue est une réalité en soi. Nier l'étendue au contraire c'est dire avec Leibnitz qu'elle n'est qu'un rapport ou avec Kant qu'elle n'est qu'une forme de la sensibilité. L'erreur dans cet ordre de choses consiste donc à affirmer du phénomène comme de l'être ou à nier de l'être pour le considérer comme du phénomène. Dans toutes les discussions entre sceptiques et dogmatiques, entre idéalistes et réalistes c'est de l'être qu'il s'agit. Mais ce qui est directement en question c'est pour les uns l'*existence* en soi de l'être, tandis que pour les autres ce qui est directement en question c'est la *nature* de l'être. Seulement on ne peut pas affirmer l'être sans le connaître et sans savoir ce qu'on affirme; et on ne peut pas non plus le connaître sans l'affirmer:

car le connaître, en avoir l'idée, et ne pas l'affirmer ce serait en faire du phénomène, ce serait le méconnaître.

Aussi les sceptiques qui se refusent à affirmer l'être en donnent-ils pour raison qu'ils ne le connaissent point. Et toutes leurs critiques ont en définitive pour objet de montrer que ce qu'on affirme comme de l'être, ce n'est rien de plus que du phénomène. La preuve selon eux qu'il n'y a pas d'être, pas de réalité en soi, ou au moins — ce qui pour nous revient au même — que nous n'en connaissons rien, c'est le fait de la mésintelligence qui règne entre les hommes, et le fait de l'instabilité de nos affirmations. Si nos affirmations s'appuyaient sur du réel, ceci, disent-ils, n'arriverait pas. Par les arguments logiques que les sceptiques ajoutent à cette constatation, ils cherchent tout simplement à établir que le fait est une loi inéluctable, et que nous sommes condamnés à nous mouvoir dans un monde d'apparences sans pouvoir en sortir. Il se trouve ainsi, et c'est sans doute assez singulier, qu'eux aussi ont une doctrine. Et la conclusion pratique qu'ils en tirent c'est que pour être en paix avec soi-même et avec les autres il faut s'abstenir d'affirmer et rester chacun dans le monde de ses apparences, sans faire pour en sortir des efforts reconnus inutiles.

Et il ne sert de rien ici d'objecter les axiomes, les vérités universelles et immuables qui s'imposent à tous à la fois et à chacun en tout temps : car ce ne sont là que des abstractions. Les axiomes, les vérités universelles et immuables, comme les vérités mathématiques, sont tout simplement des rapports. Ce n'est pas là ce qui est en question. Ce qui est en question c'est l'existence et la nature de l'être. Les sceptiques n'ont pas ignoré qu'il y a des axiomes, des vérités universelles et immuables pour l'esprit humain. Mais

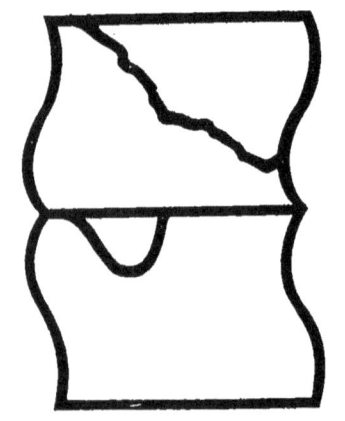

Texte détérioré — reliure défectueuse
NF Z 43-120-11

VALABLE POUR TOUT OU PARTIE DU DOCUMENT REPRODUIT

ne sont-ce pas là aussi des apparences et des relativités' Et en tout cas les axiomes et les vérités universelle et immuables ne sont pas des réalités en soi. Qu'importe qu'une mathématique, qu'une logique, qu'une systématisation de nos idées soient possibles si par là nous n'avons ni connaissance ni certitude sur le fond des choses? Or c'est quand il s'agit du fond de choses et par suite quand il s'agit du sens et de la valeur de notre vie que les indécisions, les oppositions, les contradictions se produisent, malgré tous les axiomes, malgré toutes les vérités universelles et immuables.

*
* *

La question, l'unique question, celle qui est impliquée dans toutes les autres et qui les domine, c'est la question de l'être. Comment connaissons-nous l'être et comment l'affirmons-nous? Et remarquons-le bien ce n'est pas là non plus une question spéculative c'est la question pratique par excellence. Affirmer l'être ou ne pas l'affirmer, l'affirmer avec vérité ou l'affirmer en se trompant constituent des états d'âme absolument différents, des attitudes absolument opposées. Et qui que nous soyons, nous avons beau faire nous prenons toujours au fond de nous-mêmes l'une ou l'autre de ces attitudes.

Ne pas affirmer l'être c'est être sceptique. Affirmer l'être au contraire c'est être dogmatique. Mais en affirmant l'être on peut se tromper, on peut s'illusionner. C'est alors un dogmatisme illusoire qui, par essence est fragile comme les illusions sur lesquelles il repose. Quand on ne se trompe pas c'est un dogmatisme vrai, stable et ferme comme l'être qui lui sert de fondement.

Celui qui affirme l'être a l'intention de se poser dans

être, d'en prendre possession pour ainsi dire et de s'y fixer afin d'être pleinement et sûrement, afin d'échapper aux fluctuations des phénomènes, de ne pas s'écouler et ne pas s'évanouir avec eux. L'affirmation de l'être à son plus haut degré, celle qui s'effectue au-dessus de toute illusion, en pleine vérité, c'est le salut, c'est la délivrance, c'est la réalisation de la liberté parfaite. Et qu'est-ce en effet qu'être sauvé, qu'être délivré, qu'être libre ? C'est ne plus avoir à subir ni à craindre les changements qui surviennent temporellement dans les phénomènes ; c'est être au-dessus de toutes les atteintes du dehors, attaché à l'immuable et partageant son immutabilité. En ce monde, ce que nous avons à faire, c'est de préparer, d'ébaucher, de perfectionner sans cesse l'affirmation de l'être en la purifiant des illusions et des attachements aux phénomènes.

Mais toutes les fois qu'on s'attaque à des illusions on est exposé à être considéré comme un négateur impie par ceux qui les subissent ou qui les aiment. C'est une épreuve douloureuse à laquelle, comme à toutes les épreuves, il faut savoir se résigner. Et si l'on en souffre, il importe pour soi-même et pour les autres, il importe pour le bien et pour la vérité que ce soit généreusement, sans aigreur et sans rancune. On ne ferme pas son cœur et son âme pour si peu.

Le dogmatisme illusoire prend des formes très diverses et constitue toutes les idolâtries dans lesquelles l'humanité peut tomber, depuis celle des fétichistes jusqu'à celles des savants, des esthètes et des philosophes qui aspirent au salut les uns par la science, les autres par l'art, les autres par la pensée. Tous sont des croyants à leur manière, et ils croient chacun à ce qu'ils aiment, car on ne croit toujours sincèrement qu'à ce qu'on aime. Et croire à une chose c'est vouloir être et vouloir vivre par elle. Mais sous les formes diverses du dogmatisme illusoire il y a toujours, ostensible ou plus ou moins dissimulée, la prétention de se suffire à soi-même pour être : car tout en voulant être par autre chose, comme par exemple la richesse, le pouvoir, le plaisir, la science, on prétend s'en emparer par ses propres forces ou par son habileté. A ce point de vue qu'on essaie d'aboutir par des procédés magiques ou scientifiques ou dialectiques ou autres du même genre, l'attitude n'en reste pas moins la même. A ce dogmatisme-là qui implique toujours une méconnaissance de la nature de l'être et qui en fait une chose ou une idée dont on s'empare du dehors, il s'agit de substituer un dogmatisme vrai qui saisisse et qui affirme l'être dans sa réalité concrète, intérieure et vivante.

Ce que nous voulons montrer, c'est qu'on ne peut y arriver que par des procédés moraux. Toutefois ces procédés moraux n'excluent pas du tout, et tant s'en faut! les procédés logiques. Mais ils les dominent en les englobant. La logique est un instrument au service de la moralité.

Il s'agit d'affirmer l'être sans illusion, sans méconnaître sa nature. Mais comment arrive-t-il qu'on ne l'affirme pas, qu'on n'y croit pas? et comment arrive-t-il aussi qu'on s'illusionne en y croyant?

II

LE SCEPTICISME

Selon les sceptiques, croire à l'être et l'affirmer, c'est toujours être dupe d'une illusion; c'est attribuer de la réalité à un rêve, de la solidité à une ombre et de la fixité à ce qui passe, parce qu'on s'y plait et qu'on l'aime. Chacun affirme d'après ce qu'il pense. Or chacun pense d'après sa manière d'être du moment et de son point de vue particulier. C'est ainsi que les habitants de chaque planète — s'il est des habitants sur chaque planète — voient le soleil tourner autour d'eux. Les uns disent : le soleil tourne autour de la terre ; les autres : le soleil tourne autour de Neptune, etc. Il en résulte que les croyances et les affirmations de chacun se heurtent les unes aux autres et se nient réciproquement.

On ne peut pas contester qu'il y ait des heurts et des négations de ce genre : ce sont des faits qui pour ainsi dire remplissent le monde.

Et, toujours selon les sceptiques, il n'y a pas d'autres moyens de les éviter et en les évitant de ne plus être dupe, que de ne pas croire et de ne pas affirmer. Que chacun se contente des apparences qui flottent devant lui en les prenant pour ce qu'elles valent ; qu'il s'y amuse comme bon lui semble : à en faire la science, à en goûter la beauté, à en savourer les plaisirs ; mais qu'il n'ait pas la fatuité et la présomption en les affirmant de vouloir les imposer aux autres. Personne n'a le droit de dire : cela est ; mais simplement : cela m'apparaît. Si vos apparences concordent avec les miennes, tant mieux ! Si elles ne concordent pas nous n'y pouvons rien : car chacun est forcé, comme on dit, de rester dans sa peau. Toutes les doctrines sont des affirmations propres à certaines individualités et par conséquent toujours relatives. Le sage n'affirme rien, et ainsi il évite tout conflit avec lui-même et avec les autres.

Dans cette façon de parler se trouve impliqué ce que nous pouvons appeler un dogmatisme égoïstique. Les sceptiques supposent qu'à tout moment nous sommes absolument fixés dans une manière d'être et par suite dans une manière de penser. Mais voilà justement ce qu'il faut leur contester. Au fond ils voudraient pouvoir s'affirmer eux-mêmes avec ce qu'ils sont et ce qu'ils pensent, sans tenir compte des affirmations contraires qui se produisent à côté d'eux et qui retentissent en eux. Or il n'est pas vrai qu'en face de toute affirmation qui en nous retentit du dehors nous ne puissions que la méconnaître et la rejeter, enfoncés que nous serions en nous-mêmes et incapables d'en sortir pour nous placer à un autre point de vue. Et qu'on ne dise pas que pour les sceptiques, s'ils sont vraiment sceptiques, il n'y a pas d'affirmations qui retentissent ainsi en eux du dehors et qu'en l'admettant on suppose ce qui pour eux est en question. J'appelle en ce moment affirmations venant du dehors toutes les affirmations, quelles qu'elles soient, qui, dans une conscience donnée, tout en retentissant en elle, ne viennent pas d'elle. Il n'est point de sceptiques ni d'idéalistes, au sens qu'on voudrait donner à ce mot, qui puissent prétendre ne pas rencontrer de telles affirmations.

Dès lors que nous sommes capables de dire : moi, une dualité est en nous au cœur même de notre être. « Moi » ce n'est pas une idée abstraite et vide ; ce n'est pas non plus quelque chose de figé et de mort, l'unité nue et l'identité nue de certains spiritualistes. « Moi » c'est une multiplicité vivante, organisée et unifiée par l'affirmation plus ou moins consciente d'une conception des choses et dans la poursuite d'une fin. Mais en moi-même, et comme contribuant à constituer ma complexité inférieure, apparaissent comme d'autres affirmations qui viennent confirmer la mienne quand elles s'accordent avec elle, ou l'infirmer quand elles s'y opposent.

On ne préjuge donc rien en parlant ainsi du moi et du non-moi. C'est une distinction qui se fait dans la conscience même. Et il reste à savoir ce que vaut l'affirmation par laquelle chacun de nous se pose en disant : moi, et ce que valent en même temps les affirmations qui se posent en nous et qui au moins nous semblent étrangères.

*
* *

En face de ces affirmations qui retentissent en nous, et qui même en nous sont autre chose que nous, nous avons le choix entre deux attitudes.

Nous pouvons d'abord les nier. Et les nier ce n'est pas les supprimer dans notre expérience ; mais c'est dire qu'elles sont sans consistance, sans réalité et comme des rêves. C'est se refuser à rien recevoir d'elles, et se refuser aussi à rien leur accorder. Mû par l'instinct de conservation, on s'oppose à elles, tantôt par simple inertie en se faisant impénétrable comme la matière, tantôt avec violence en les repoussant comme on repousse des ennemis. Et ce sont là des ennemis en effet qui cherchent à envahir la place et qui en pénétrant en nous nous feraient sortir de nous-mêmes, c'est-à-dire changeraient notre manière d'être et par suite notre manière de penser.

Mais nous pouvons aussi les accepter ou au moins leur faire crédit, de façon à nous contrôler par elles et à nous mettre en quelque sorte à l'épreuve par leur contact. Quand j'accueille des affirmations contraires à la mienne je me soumets à leur jugement, je reconnais que je puis avoir à me modifier intérieurement, et je fais ce qui dépend de moi pour m'accorder avec elles. C'est là ce que j'appelle sortir de soi.

Si la première attitude était seule possible les sceptiques auraient raison ; et c'est précisément parce qu'ils la prennent qu'ils sont sceptiques. Ils s'enferment obstinément en eux-mêmes et dès lors inévitablement il leur apparaît que la diversité des affirmations est irréductible. Ils ressemblent à ces retardataires qui s'entêtent à considérer la terre comme le centre du système solaire et qui, incapables de se placer à un autre point de vue pour se représenter le mouvement des astres, ne comprennent rien à ceux qui disent que la terre tourne autour du soleil. Pour eux, dans ces conditions, il ne saurait en effet y avoir de vérité, c'est-à-dire de centre de perspective où toutes les affirmations, consolidées et confirmées les unes par les autres, puissent se rencontrer et s'unir comme dans une seule affirmation.

Mais si au lieu de se fermer on s'ouvre, si au lieu de se fixer dans son point de vue on n'a pas peur de se mouvoir, de marcher, de monter, la diversité des affirmations cesse par le fait même d'apparaître irréductible. En s'accueillant les unes les autres, en se modifiant les unes par les autres, elles peuvent se concilier, s'harmoniser, fusionner dans la vérité. Mais pour cela il faut qu'elles soient sincères et vivantes, qu'elles ne restent pas immobiles et inertes comme des notions abstraites, définies et posées une fois pour toutes. La vérité n'est pas dans la mort, elle est dans la vie.

*
* *

Pour aller à la vérité nous avons donc à nous mouvoir du dedans, afin de nous transformer et de nous dépasser. Or c'est en se critiquant qu'on se transforme et qu'on se dépasse.

La vraie critique est un examen de conscience intellectuel et moral. C'est sur soi, sur sa manière d'être et de penser, sur ses intentions ultimes qu'on la fait porter. Elle est totalement distincte de la fausse critique par laquelle, content et sûr de soi, du haut de sa manière d'être et de sa manière de penser, on se fait juge de toutes choses, sans même soupçonner qu'il pourrait y avoir profit pour soi à changer de point de vue, et qu'en tout cas ce serait faire acte de charité envers les autres.

Par la vraie critique on est toujours disposé à douter de soi, à se défier de soi pour ne pas faire obstacle à l'avènement de la vérité. Par la fausse critique on doute de tout, on se défie de tout, excepté de soi. L'une est analogue à l'examen de conscience du publicain ; l'autre ressemble à l'examen de conscience du pharisien. C'est lui-même que le publicain examine ; et en se voyant tel qu'il est et en se condamnant il s'élève au-dessus de sa misère.

Le pharisien au contraire examine les autres, et en les condamnant pour se justifier, il s'enfonce dans son aveuglement : il est doublement misérable.

Une remarque ici devient intéressante à faire, c'est que le scepticisme des esprits forts et le dogmatisme béotien des esprits fanatiques et bornés ont leur racine dans une même disposition intérieure, à savoir : le contentement de soi, la conviction avouée ou secrète, mais toujours dirigeante, qu'on est le centre des choses et qu'on a autant de vérité qu'il est possible d'en avoir. Les sceptiques disent qu'ils n'en ont pas du tout et que d'en avoir est impossible ; les autres s'imaginent qu'ils la possèdent tout entière. Mais pratiquement cela revient au même, et c'est le cas de dire que les extrêmes se touchent.

On doit, après ce que nous venons de dire, commencer à voir avec assez de netteté quel est, au principe même de la connaissance, le rôle moral de la volonté. Pour grandir dans la vérité il faut se dégager de sa manière d'être, de même qu'il faut monter pour élargir son horizon. Il ne suffit pas d'avoir les yeux ouverts et de regarder, il faut agir, il faut se mouvoir, se déplacer ; il faut sortir de soi.

*
* *

Par cette expression : sortir de soi, il ne faut pas entendre tout d'abord une prise de possession de la réalité étrangère à soi, un acte atteignant l'être au dehors ; mais il faut entendre un dégagement de sa manière d'être pour se constituer dans une manière d'être supérieure. Il se trouve ainsi sans doute, et c'est ce que nous verrons plus tard, qu'en se dégageant de soi-même et qu'en se renonçant on atteint en effet au dehors l'être en soi ; mais c'est à titre de conséquence et même en quelque sorte parce qu'on n'y visait pas. Pour atteindre l'être au dehors ce ne sont pas des résistances extérieures, que nous avons à vaincre ; ce sont des résistances intérieures, les résistances de l'égoïsme qui perd tout en voulant tout ramener à lui et qui, en considérant tout de son point de vue, reste enfoncé en lui-même comme dans un trou sans lumière.

La connaissance de l'être ne nous vient pas par le dehors. Pour connaître l'être au dehors il faut commencer par le connaître en soi-même. C'est par la connaissance de l'être en nous que nous pouvons avoir la connaissance de l'être extérieur à nous. La connaissance que nous avons du dehors est relative à la connaissance que nous avons de nous-mêmes ; et la connaissance que nous avons de nous-mêmes est relative à ce que nous sommes. Et nous sommes ce que nous voulons être.

Non pas qu'il faille l'entendre en ce sens que nous

nous créons nous-mêmes. A vrai dire nous ne créons absolument rien. Et à supposer que nous puissions vouloir ne pas être nous n'en subirions pas moins l'être. Mais néanmoins ce que nous sommes dépend de nous, parce qu'il dépend de nous de choisir la fin qui donne un sens à notre existence. En réalité dans notre vie voulue et réfléchie nous sommes par ce à quoi nous nous attachons, par ce que nous aimons. C'est ce que nous aimons qui nous détermine et j'ose dire même qui nous constitue à nos propres yeux. Et il faut bien qu'il en soit ainsi : autrement ne s'expliquerait pas la diversité des idées que nous avons sur notre propre nature. Si, comme l'ont supposé les spiritualistes de notre siècle, nous nous connaissions dans la fixité d'une nature donnée, il ne se produirait pas d'oppositions sur ce point et il ne pourrait y avoir ni matérialistes, ni sceptiques, ni phénoménistes.

Quand donc nous disons que notre connaissance de l'être est relative à ce que nous sommes, il ne s'agit pas de ce que nous sommes indépendamment de nous, dans notre fond premier et inconscient, mais il s'agit de ce que nous sommes par volonté et librement dans notre vie morale. Si ce n'était pas de nous-mêmes que nous tirons la conception que nous avons relativement à l'être, d'où, comme dit Leibnitz, pourrions nous la tirer? Mais de ce point de vue n'apparaît-il pas nettement que les conceptions métaphysiques sont tout d'abord et essentiellement des états d'âme ? Voilà ce qu'il importe enfin de ne plus méconnaître. Et c'est malheureusement ce qu'on méconnaît toujours, en les considérant abstraitement, comme des choses qui subsisteraient en elles-mêmes et que l'esprit trouverait toutes faites.

Personne mieux que St Augustin n'a compris et signalé la relation que nous essayons de faire constater. C'est en un sens tout l'objet du livre des *Confessions*, livre unique où la pensée reste toujours pleine de vie et de réalité. On y voit comment la connaissance se transforme et trouve l'être, à mesure que la volonté se purifie en se dégageant de l'amour des apparences vaines. A la période d'attachement au plaisir correspond une conception matérialiste. « Je ne pouvais, dit St Augustin, concevoir d'autre réalité que celle qui se voit par les yeux. » Dieu était pour lui une forme humaine ou une substance qui remplit l'espace. « Je m'ignorais moi-même », dit-il encore, et il se concevait lui aussi comme quelque chose d'étendu [1]. Puis vient la période critique, période d'oscillations et d'incertitudes. Ce qu'il avait aimé, ce qu'il avait cru, ce par quoi il avait voulu se constituer dans l'être lui semble enfin vide et inconsistant. Il se met alors à chercher autre chose, quelque chose que déjà sans doute il a trouvé dans une certaine mesure, mais que tout d'abord il n'est pas en état de reconnaître parce qu'il reste encore attaché aux vanités qui l'ont séduit. Et peu à peu, il se transforme avec le concours de sa libre générosité; de matière qu'il était il devient esprit à ses propres yeux, en même temps que Dieu le devient également. Et sa connaissance de lui-même et de Dieu est pleinement lumineuse et rassasiante quand il arrive à se voir lui-même en Dieu intérieurement et à voir Dieu en lui. *Noverim te, noverim me.*

* * *

Les sceptiques nient l'être. Mais aussi de leur propre aveu ils sont dans un état de dissolution. Ils

---

1. *Confessions*, lib. V, cap. x; — lib. VII, cap. I.

font appel à la critique pour se justifier ne plus croire à l'être. Ils disent que ce qu'ils avaient pris d'abord pour de l'être, ils se sont aperçus ensuite que ce n'en était pas. Si l'on veut donner un sens précis au mot être, il faut en effet entendre par là ce qui est à la fois *un* et *permanent*. Mais n'est-il pas vrai qu'en nous comme autour de nous tout est multiple et fragmentaire, et qu'aussi tout change et tout passe? Que trouvons-nous qui ne se désagrège pas et qui ne soit pas emporté par le temps qui s'écoule? Les psychologues ont proclamé l'unité et l'identité du moi. Mais ce qu'ils trouvent au terme de leurs démonstrations est-ce autre chose qu'une unité et une identité abstraites? Est-ce qu'en fait les éléments qui constituent le moi ne se dissocient pas incessamment, de telle sorte qu'incessamment aussi on devient autre que ce qu'on était jusqu'à ce qu'on s'évanouisse dans la mort? Où donc est l'unité? où donc est la permanence? Ne faut-il pas se résigner à reconnaître, quoi qu'il puisse en coûter, que l'être est une chimère que nous rêvons en vain? Et les sceptiques arrivent ainsi à se considérer eux-mêmes, et tout le reste avec eux, comme des agrégats et des successions de phénomènes sans lien et sans consistance.

Mais comment sont-ils ainsi dissous? Si l'on veut bien y regarder de près on s'apercevra que ce n'est pas l'être qui leur manque et que ce sont eux au contraire qui manquent à l'être « Où étais-je donc lorsque je vous cherchais? dit saint Augustin en s'adressant à Dieu. Vous étiez devant moi; mais je m'étais éloigné de moi-même, et je ne me trouvais pas et je vous trouvais moins encore[1]. » Si les sceptiques se rendent compte de la multiplicité indéfinie dans

---

1. *Confessions*, lib. V, cap. II.

laquelle se dispersent les phénomènes et de la mobilité sans trêve dans laquelle ils s'écoulent, évidemment, bien que par un aveuglement plus au moins volontaire ils ne s'en aperçoivent pas, c'est qu'ils en jugent d'après l'*unité* et la *permanence* de l'être. En réalité l'être ne leur est pas inconnu, mais ils le méconnaissent. Ce n'est que par opposition à l'être qui est un et qui demeure qu'ils peuvent nommer le phénomène qui est multiple et qui passe. Et si en nommant le phénomène ils méconnaissent l'être, c'est qu'en fait ils restent attachés au phénomène. Ils déclarent le phénomène vide et inconsistant; mais ils continuent de vouloir en vivre. Et ainsi ils se dispersent avec lui dans l'espace et ils s'écoulent avec lui dans le temps. En cherchant à se contenter du phénomène ils donnent pour raison qu'il n'y a pas autre chose. Et ils se croient fort avisés en prétendant éviter la duperie dans laquelle selon eux tombent les autres hommes. Cependant, puisqu'ils reconnaissent la vanité du phénomène, ils devraient au contraire s'en déprendre. Et ils s'apercevraient vite sans doute que s'en déprendre c'est se recueillir dans la dispersion de l'espace et du temps et se constituer par le fait même dans l'unité et la permanence de l'être. Mais en aimant ce qui est vain, tout en le jugeant tel, inévitablement ils sont vains eux-mêmes. C'est leur châtiment.

III

LE DOGMATISME ILLUSOIRE

Le dogmatisme illusoire, comme le scepticisme, résulte aussi d'un attachement au phénomène et au relatif; mais avec cette différence que le phénomène y est pris pour de l'être et le relatif pour de l'absolu. Ce dogmatisme-là pour quiconque en a fait la critique apparaît comme une naïveté et un sommeil de l'esprit.

Sous sa forme empirique il consiste à croire que c'est par les sensations que nous atteignons l'être et que nous en connaissons la nature. Sous sa forme idéaliste c'est aux idées comme telles qu'il attribue une valeur ontologique. Mais dans un cas comme dans l'autre, et c'est là ce qui est caractéristique, on prend pour de l'être ce qu'en langage kantien on appelle un *objet*, soit un objet senti, soit un objet pensé.

Pour faire comprendre la portée de cette critique, disons tout de suite que selon nous l'être est toujours un *sujet*. Et cela ne signifie pas qu'il n'y a qu'un sujet pour qui tout le reste ne serait que phénomène. Ce serait là ce qu'il conviendrait d'appeler le subjectivisme. Mais cela signifie que l'être qui est toujours un sujet, ne peut être atteint ni par la sensation, ni par la pensée proprement dite. En effet ce qui est senti, comme tel, ce sont des états d'âme ; et ce qui est pensé, comme tel, c'est de l'abstrait ou du général. Et la question est de savoir comment chacun se connaît et s'affirme comme sujet et comme être, et comment chacun connaît et affirme d'autres sujets, c'est-à-dire d'autres êtres.

Toutefois, en disant que ce qui est senti ce sont des états d'âmes, et que ce qui est pensé c'est de l'abstrait ou du général, nous ne voulons nullement insinuer que les sensations et les pensées ne sont que de pures fantasmagories sans rapport avec la réalité. Mais, contrairement à ceux que nous appelons d'une part les empiristes et d'autre part les idéalistes, nous disons que ce n'est ni par la sensation ni par la pensée comme telles que l'être nous est donné. Si, en effet, par la sensation ou par la pensée, ainsi que souvent on a l'air de le supposer, nous étions comme envahis par une réalité extérieure, on ne s'expliquerait pas qu'il pût y avoir des erreurs et des illusions. Si nos sensations et nos idées étaient un décalque de la réalité en nous, chacun devrait avoir les mêmes sensations et les mêmes idées. On invoque sans cesse contre l'empirisme la relativité des sensations. Mais le même argument peut être invoqué contre l'idéalisme : car les idées de chacun sont aussi relatives à ce qu'il est ; et nous savons bien que plus ou moins chacun a les siennes. Et évidemment il n'en serait pas ainsi si elles s'implantaient en nous du dehors. C'est donc que du dedans nous mettons nous-mêmes ce qu'il y a dans nos idées. Et s'exprimer ainsi ce n'est pas détacher la pensée de la réalité ; c'est dire au contraire qu'elle s'alimente dans la réalité, mais dans la réalité vivante et intérieure. Nous ne prétendons pas en effet que nous avons le droit de mettre dans nos idées ce que nous voulons, à tort et à travers et comme bon nous semble. Nous avons à y mettre la vérité de notre vie et de notre attitude. Et si nous ne le faisons pas dans la mesure où nous le pouvons, nous en sommes responsables. Nous avons dit que nos idées valent ce que nous valons ; mais nous pouvons dire aussi que nous valons ce que valent nos idées.

Il est vrai que souvent nous avons des idées d'emprunt. C'est ce que Spinoza appelle la connaissance par ouï-dire. Mais tant qu'elles sont des idées d'emprunt, ce sont plutôt des mots que des idées. Le psittacisme joue un rôle considérable. On ne l'a pas encore assez remarqué. Pour que des idées soient nôtres et pour que ce soient vraiment des idées il faut les avoir vécues. Autrement elles sont comme des cadres qui restent vides.

Puisque c'est du dedans que nous mettons ce qu'il

y a en elles, nous mettons en elles ce qu'il y a en nous. Et quand je dis ce qu'il y a en nous, j'entends ce qu'il y a en nous par volonté et librement, c'est-à-dire dans notre vie morale. Quand il n'y a en nous par la fin à laquelle nous tendons, c'est-à-dire par ce que nous voulons et que nous aimons, rien autre chose que du phénomène, nos idées sont naturellement vides d'être et de réalité. Et si nous nous imaginons alors qu'elles sont pleines, nous sommes dans l'illusion. Quand il n'y a en nous, par notre attachement à nous-mêmes, rien autre chose que nous avec notre égoïsme, Dieu et les autres êtres sont des étrangers pour nous. Et en conséquence nous les méconnaissons. *Cognitum est in cognoscente*, disait-on dans l'École, et on avait raison. Pour connaître vraiment et pleinement Dieu et les autres êtres il faut donc les trouver en soi. Mais pour les trouver en soi il faut s'ouvrir à eux et les laisser entrer. C'est ce que nous expliquerons plus loin.

**

En tout cas, même quand elles viennent de notre propre fond, nos idées ne peuvent toujours être que le substitut simplifié de notre expérience interne. Ce n'est donc pas par elles que la réalité vient en nous, mais c'est par nous au contraire, par notre action, en nous ouvrant, que la réalité vient en elles. Par elles nous prenons seulement conscience de nous-mêmes, et en fixant notre connaissance du moment nous devenons capables de l'exprimer pour aider les autres à la partager.

Ce qui caractérise le dogmatisme illusoire c'est donc d'attribuer, soit aux sensations, soit aux idées comme telles, une existence en soi ou de les considérer comme représentant adéquatement des exis-

tences en soi. Selon les uns, il semble qu'il n'y a qu'
ouvrir les yeux du corps, selon les autres, les yeux d[e]
l'esprit, pour saisir la réalité en elle-même et dan[s]
sa fixité. Mais le monde ainsi imaginé ou ainsi conçu
monde de sensations ou monde d'idées, n'est que l[a]
projection d'un état d'âme, d'une manière d'être e[t]
d'une manière de voir. En le posant et en l'affirman[t]
comme une réalité en soi fixe et stable, c'est soi[-]
même avec sa manière d'être et sa manière de voi[r]
qu'on pose et qu'on affirme. Et la preuve encore un[e]
fois c'est que le monde ainsi imaginé ou ainsi conçu
n'est pas le même pour tous. Ces divergences son[t]
un fait, et les sceptiques en ont triomphé assez bruyam[-]
ment pour que nous n'ayons pas le droit de les mécon[-]
naître. On érige en absolu ce qu'on sent et ce qu'o[n]
pense, parce que tout naturellement, conformément [à]
l'instinct de conservation, on se plaît dans sa manièr[e]
d'être et qu'on ne veut pas changer. On préten[d]
s'attacher à l'immuable ; mais en réalité c'est soi[-]
même, indûment, dans sa chétive relativité, qu'o[n]
tâche de rendre immuable par amour de soi.

Nous avons vu que les sceptiques ne croient à rien
parce qu'ils ramènent tout à eux, parce qu'ils metten[t]
tout en eux, mais qu'en définitive ils ne font ains[i]
évanouir toutes choses devant leurs yeux que pou[r]
s'établir et dominer sur les ruines du monde. Il sembl[e]
que celui qui est le jouet du dogmatisme illusoir[e]
prend une attitude toute contraire. Et en effet, a[u]
lieu de tout ramener à lui, ne se ramène-t-il pas lui[-]
même à ce qu'il croit, c'est-à-dire à ce qu'il imagin[e]
comme de l'être en dehors de lui, afin d'y trouver u[n]
point d'appui et de s'y fixer? Oui sans doute, mai[s]
l'être ainsi imaginé ou ainsi conçu n'est encore cepen[-]
dant que la projection de son propre état d'âme.

C'est lui-même avec ses désirs et avec ses passion[s]

que l'idolâtre adore dans ses idoles. C'est lui-même aussi, avec sa manière d'être et sa manière de penser, que le dogmatique dont nous parlons aime et pose dans les conceptions qu'il affirme et qu'il appelle la vérité. Or, s'il parle de vérité, c'est pour se donner à lui-même, en cherchant à la donner aux autres, l'illusion qu'il est ce qu'il doit être et qu'il en reçoit d'en haut la confirmation. On sait en effet, ou au moins on devrait savoir, que par exemple sous ce mot Dieu, ineffable et sacré, on a mis et l'on continue de mettre des conceptions souvent fort différentes les unes des autres. Le Dieu de l'Évangile n'est pas le Dieu de Platon ou d'Aristote ; celui de Descartes n'est pas celui de Leibnitz ; et le Dieu que certains brigands napolitains, d'après ce qu'on raconte, appellent à leur aide pour commettre un crime ne ressemble guère au Dieu de St Vincent de Paul ou des autres saints.

Au fond, qui que nous soyons, nous courons tous sur ce point et toujours le même danger : nous voulons que ce que nous aimons soit le bien et que ce que nous pensons soit la vérité. Et en conséquence nous jugeons que tout doit changer pour se conformer à ce que nous aimons et à ce que nous pensons, sans que nous ayons à changer nous-mêmes. Et cette présomption se dissimule souvent sous les apparences les plus modestes. N'arrive-t-il pas que non seulement les plus fermés, mais aussi les plus sûrs d'eux-mêmes, sont ceux qui s'affublent d'un nom d'école et qui prétendent humblement ne penser que par autrui ?

*
* *

Si c'est en nous-mêmes et dans ce que nous sommes que nous puisons notre connaissance de l'être, et si en même temps, au moins dans notre vie voulue et réfléchie, nous sommes ce que nous voulons être, il en résulte évidemment que nous avons la responsabilité de nos erreurs.

Mais il ne faut pas confondre l'erreur et l'ignorance. Nous naissons dans l'ignorance et comme enfoncés dans les ténèbres. Par notre égoïsme primitif et spontané, nous sommes comme dans un trou fermé à la lumière. Et de cela nous ne saurions être moralement responsables. Toutefois, et c'est fort intéressant à remarquer, nous en sommes responsables matériellement. Grâce en effet à cette ignorance primitive, nous commençons par prendre tout naturellement le phénomène et le relatif pour de l'être et de l'absolu ; nous nous y attachons ; nous cherchons à en vivre ; nous rêvons un plein épanouissement d'existence dans l'espace et dans le temps ; et de cette façon nous n'aboutissons toujours qu'à des déceptions. Mais aussi il se trouve que justement par ces déceptions nous sommes mis en demeure de nous dégager du phénomène et du relatif. C'est donc en découvrant ce que l'être n'est pas que nous arrivons à connaître ce qu'il est. Mais, pour découvrir ce que l'être n'est pas, il faut déjà pour ainsi dire porter la vérité dans son regard ; selon une belle expression de Thaulère, il faut avoir Dieu dans l'œil de son âme.

L'erreur commence, et avec l'erreur la responsabilité, quand, averti par des expériences intimes et révélatrices de ne plus chercher l'être au dehors dans l'espace et dans le temps, dans ce qui est multiple et dans ce qui passe, on ne se résigne pas à se replier sur soi pour le chercher au dedans. On est dans l'erreur et non plus seulement dans l'ignorance quand, à la lumière intérieure qui éclaire tout homme venant en ce monde, on a été à même de voir la vanité et la fragilité du phénomène et que néanmoins on l'affirme en s'y attachant et en voulant être par lui. L'erreur suppose un choix. Il n'y a donc d'erreur que par le libre arbitre. Les êtres inférieurs n'en sont point capables.

Mais l'ignorance, toutes les fois qu'on l'a dépassée et qu'on en est sorti, apparaît comme une erreur. Et en effet, au moins dans cet ordre de choses, l'ignorance est toujours une erreur matérielle. Ce n'est pas simplement un vide, une absence de connaissance ; c'est une illusion à laquelle on adhère involontairement, avant d'avoir pu réfléchir, comme on croit à la réalité sensible d'un mirage quand on est encore inexpérimenté. Et ce que nous avons à faire c'est précisément en vivant de nous délivrer des illusions de ce genre. Et ceux-là seuls s'en délivrent qui travaillent à mettre Dieu en eux-mêmes à leur place, c'est-à-dire ceux-là seuls qui travaillent à sortir d'eux-mêmes et de leur individualité égoïste, ceux-là seuls qui secouent leurs chaînes et qui s'échappent de la caverne, pour parler le langage de Platon, et dont la personnalité, au-dessus de l'espace et du temps, s'épanouit dans l'éternité.

Aucun homme sur la terre ne peut se vanter d'avoir achevé cette œuvre. Mais il faut distinguer ceux qui y travaillent d'avec ceux qui n'y travaillent pas, ou qui n'y travaillent plus. Pour ceux qui, sincèrement et sans relâche, s'efforcent de sortir d'eux-mêmes, de passer du phénomène à l'être, du multiple à l'un, du temps à l'éternité, en un mot de naître à la vie nouvelle, pour ceux-là on peut dire que ce qui reste en eux d'illusions, si considérable que ce soit, n'altère déjà plus le fond de leur être. Ils le subissent ; ils ne l'acceptent pas. Et par conséquent tout en étant en eux, c'est déjà en dehors d'eux. Si l'occasion leur en était fournie ils s'en dépouilleraient comme d'un vêtement vieilli et usé.

Et ainsi, bien que la connaissance que chacun de nous a de l'être dépende de ce qu'il est, on ne peut pas juger de sa valeur morale par la valeur de sa connaissance. C'est qu'en effet dans ce que nous sommes à un moment donné il y a deux parts : une part qui est subie et une part qui est voulue. Toutefois, il ne faudrait pas se représenter ces deux parts comme juxtaposées. Elles se pénètrent au contraire. Dans ce qui est subi et encore inconscient, et même jusque dans ce que nous repoussons, quelque chose est à-demi accepté, à-demi consenti, dont nous avons toujours à craindre d'être plus ou moins responsables. Et en même temps dans ce que nous voulons le plus consciemment, le plus librement, que ce soit pour le bien ou pour le mal, quelque chose aussi se mêle qui n'est pas voulu et qui est en nous sans nous.

Selon les milieux et les circonstances dans lesquelles nous nous trouvons, selon les expériences et les épreuves plus ou moins variées que nous traversons et qui nous mettent en demeure de réfléchir, selon les lumières que nous recevons de ceux qui nous ont précédés et qui nous entourent, la part de ce qui est subi dans notre manière d'être diminue à mesure que nous vivons. Bonne ou mauvaise, elle devient peu à peu acceptée et consentie. Et c'est pourquoi on ne trouve plus excusable celui qui, arrivé à l'âge d'homme, continue d'agir et de penser en enfant.

Ce que nous sommes vraiment, ce qui est bien nous-mêmes, c'est ce que nous voulons être, c'est ce qu'il y a en nous de consenti. Et il est évident que c'est seulement dans la mesure où nous voulons être ce que nous sommes, que nous avons la responsabilité de ce nous pensons. Or c'est justement là ce qui est toujours indéterminé. Mais néanmoins on peut considérer que ce qu'il y a en nous de consenti est incessamment en effort pour pénétrer et dominer le reste. C'est le levain qui travaille toute la masse. En ce sens, c'est le germe vivant de nos pensées ; et les pensées qui en nous ne sont pas informées par lui sont des pensées mortes.

*
* *

Beaucoup de docteurs du passé, grands par la sainteté et par la science — et ce sera vrai des docteurs de tous les temps — ont eu des opinions erronées que leur ont imposées l'époque, le milieu et les conditions particulières dans lesquelles s'est écoulée leur vie. C'est là une conséquence de la loi de solidarité qui lie chaque homme à ceux qui l'ont précédé et à ceux qui l'entourent. Mais comme par les dispositions de leur volonté ils étaient détachés d'eux-mêmes, prêts à sacrifier ce qu'ils découvriraient de relatif dans leur manière d'être et dans leur manière de penser, de telle sorte qu'ils restaient fixement orientés vers la vérité, on peut dire que moralement ils étaient délivrés des erreurs qu'ils professaient. Pour eux ce n'étaient pas des erreurs : ils n'y consentaient pas ; c'étaient des illusions qu'ils subissaient. Et, toujours selon la même loi de solidarité, en livrant aux autres hommes le fond de leur âme avec leur pensée, ils les ont fait participer à la vérité dont ils avaient vécu, et ils leur ont légué leur esprit pour lutter contre leurs propres erreurs.

Voilà pourquoi et comment, s'ils peuvent et s'ils doivent être pour nous des guides, c'est moins par ce qu'ils ont pensé que par ce qu'ils ont voulu penser. C'est leur attitude que nous avons à imiter. Ce n'est pas à ce qu'ils ont dit qu'il faut nous attacher ; c'est à l'esprit qui les a animés et qui nous fera, non pas répéter, mais redire pour notre compte ce qu'ils ont dit avec vérité, et rectifier ce qu'ils rectifieraient s'ils vivaient à notre place[1]. Ils ont pensé, sans doute, aussi bien qu'humainement ils le pouvaient faire avec les moyens dont ils disposaient. En cela consiste leur grandeur. Même avec des illusions ils étaient dans la vérité ; ou plutôt la vérité était en eux, au cœur même de leur vie, acceptée, voulue et aimée. Aussi ce qui les caractérise c'est qu'ils ont toujours été en progrès sur eux-mêmes. Et à ce point de vue il semble que la vérité explicite qui se trouve dans la vie réfléchie doive toujours plus ou moins retarder sur la vérité implicite qui se trouve dans l'attitude franche et dans les bonnes dispositions de la volonté.

Toutefois, s'il ne faut pas admettre, avec le déterminisme intellectualiste, que notre manière d'être et d'agir dépend de notre manière de penser, et que notre manière de penser nous est imposée par le dehors, soit par un dehors sensible (Empirisme), soit par un dehors intelligible (Idéalisme), il ne faudrait pas croire non plus que la pensée n'est qu'un reflet inefficace qui s'ajoute après coup à notre manière d'être. Nous n'agissons point à part de la pensée, et nous ne pensons point à part de l'action. Vivre pour nous c'est à la fois agir et penser. Nous agissons en pensant et nous pensons en agissant. La pensée vient

---

[1] « Qu'y a-t-il de plus injuste que de traiter nos anciens avec plus de retenue qu'ils n'ont fait pour ceux qui les ont précédés, et d'avoir pour eux ce respect inviolable qu'ils n'ont mérité de nous que parce qu'ils n'en ont pas eu un pareil pour ceux qui ont eu sur eux le même avantage ? » Pascal. *Fragment d'un traité du vide.*

Saint Augustin a exprimé la même pensée : « Ce n'est point parce qu'Anaxagore a connu la vérité qu'elle doit m'être chère, mais parce qu'elle est la vérité, quand bien même aucun philosophe ne l'aurait connue. » *Lettre à Dioscore.*

de la vie et, bonne ou mauvaise, retourne à la vie pour la promouvoir dans un sens ou dans l'autre. Celui qui agit mal, pense mal, et pensant mal il agit mal encore. De même en est-il de celui qui agissant bien pense bien [1].

Personne cependant n'est enchaîné par son action. Mais si celui qui agit bien peut, en s'en attribuant tout le mérite, croire qu'il se suffit à lui-même et en perdre ainsi le bénéfice, chaque progrès qu'il fait néanmoins le consolide intérieurement dans l'attitude qu'il a prise et le confirme dans la vérité. Tandis qu'au contraire celui qui agit mal, malgré les succès extérieurs que souvent il obtient, trouve à chaque instant en lui-même par l'amertume, l'inquiétude et le trouble qu'il éprouve, comme un châtiment incessant qui l'ébranle dans sa manière d'être et dans sa manière de penser. Ce châtiment toutefois n'a d'efficacité pour lui que par l'accueil qu'il lui fait. Et cet accueil, d'où peut résulter une orientation nouvelle, est encore une action. Tant il est vrai qu'en nous la pensée dépend de ce que nous sommes et est liée à ce que nous faisons !

*
* *

En conséquence, et c'est bien là ce qui résulte de tout ce que nous venons de dire, notre connaissance de l'être doit se perfectionner, devenir en même temps plus claire et plus certaine, à mesure que par la bonne volonté nous sortons du phénomène et du relatif pour nous constituer librement et solidement dans l'être. Et si la bonne volonté, à cause des néces-

---

1. « Intellectui fides aditum aperit, infidelitas claudit. » — Saint Augustin. *Lettre à Volusien.*

sités inhérentes à l'épreuve morale que nous avons à subir, n'est pas du premier coup une condition suffisante de la connaissance adéquate de l'être, néanmoins elle en est la condition essentielle et absolument requise. Sans elle l'âme est dans les ténèbres ; avec elle c'est la lumière qui rayonne du dedans. *Qui facit veritatem venit ad lucem.*

On dira peut-être qu'il est possible cependant d'exprimer la vérité et d'y adhérer par l'esprit sans être animé par la bonne volonté. Oui sans doute, il est possible de l'exprimer et d'y adhérer abstraitement en considérant les rapports logiques des idées. Dans ces conditions il en est de l'adhésion à la vérité comme de l'adhésion apparente à l'erreur dont nous parlions tout à l'heure. Quand elle se trouve accompagnée par la bonne volonté, l'adhésion à l'erreur est toute de surface : elle ne vicie pas l'intimité de l'être qui est prêt à s'en dépouiller. De même sans la bonne volonté l'adhésion à la vérité est aussi toute de surface ; elle ne vivifie pas, elle n'informe pas le fond de l'être. Celui qui l'exprime, si toutefois il l'a jamais eue, est au moins en train de la perdre en la laissant se figer et mourir dans des formules.

Dès lors qu'elle ne fait pas ou qu'elle ne fait plus corps avec la volonté, bien qu'on puisse encore, par une sorte de duperie plus ou moins consciente, parler et même dans une certaine mesure penser avec elle, ce n'est plus d'elle ni avec elle qu'on vit. Voilà ce que les moralistes chrétiens ont très bien compris quand ils ont dit que la foi sans la charité est une foi morte ; une foi par conséquent qui se désagrège et qui tend à disparaître.

Les pensées réelles d'un homme, celles qui le caractérisent et qui constituent pratiquement son orientation, ne sont donc pas toujours celles qu'il parle, ni même celles qu'il pense explicitement ; mais ce sont celles qu'il vit. Et celles qu'il vit, dans le bon comme dans le mauvais sens, tendent naturellement à passer de la pratique dans la spéculation, de l'âme dans l'esprit. En d'autres termes tout homme tend naturellement à penser et à parler ce qui vit en lui ; à moins que, comme il arrive, hélas ! trop souvent, la routine, les convenances extérieures, les intérêts vulgaires, ne l'induisent à se répéter à lui-même et à répéter aux autres des formules menteuses derrière lesquelles il s'abrite, et qui n'ont plus pour lui d'autre signification.

IV

L'AFFIRMATION DE SOI

Notre connaissance de l'être, j'entends une connaissance vivante et non une notion abstraite, dépend de ce que nous sommes. Elle vaut ce que nous valons. Mais nous valons par ce que nous voulons, par ce que nous aimons, par la fin vers laquelle nous tendons. A nous tout seuls nous ne nous suffisons pas pour être ni pour avoir conscience d'être. Et c'est parce que les sceptiques prétendent ne rien vouloir, ne rien aimer, ne tendre vers aucune fin qu'ils en viennent à dire qu'ils ne sont pas et qu'ils ne trouvent en eux qu'une ombre vaine et fugitive. Et en effet leurs énergies non concentrées se dissocient et se disséminent comme les éléments d'un corps sans vie ; et comme ils ne sont attachés à rien de fixe ils passent avec le temps. Il n'y a en eux ni unité, ni permanence. Ils ont donc raison de dire qu'ils ne sont pas ; et s'ils se dupent eux-mêmes, ce n'est pas en le disant, mais c'est en prenant intérieurement l'attitude qu'ils prennent.

Pour être, et évidemment je veux dire ici pour être à ses propres yeux, pour savoir et pour croire qu'on est, il faut donc se concentrer dans la poursuite d'une fin et s'y attacher comme à quelque chose de stable et de solide. Mais, nous l'avons vu, l'illusion et l'erreur sont possibles. Toutes les certitudes, toutes les affirmations ne se valent pas. Il ne suffit pas d'être certain et d'affirmer. Si l'on ne s'attache pas à quelque chose de réellement stable et solide, tôt ou tard on aboutit à une déception. Il s'agit donc d'être certain et d'affirmer sans avoir à craindre d'être déçu.

Par le fait même que nous vivons, plus ou moins consciemment nous voulons être. Mais il y a deux manières de vouloir être : on peut vouloir être par le dehors, on peut vouloir être par le dedans.

Vouloir être par le dehors c'est commencer par se considérer à part pour chercher ensuite à se rattacher à quelque chose d'extérieur à soi où l'on puise l'être. Et à ce point de vue la différence n'est peut-être pas très grande entre les empiristes et les idéalistes. Les empiristes se voient comme occupant une place dans l'espace et dans le temps; et pour y affermir et y consolider leur individualité ils s'efforcent de s'emparer de ce qui les entoure. Ils veulent être par ce qu'on nomme le monde et les choses du monde, et le monde est pour eux un *système de choses senties*. Les idéalistes, par une élaboration des données de l'expérience, font du monde un *système d'idées;* et c'est dans ce système d'idées et par lui qu'ils cherchent à se fixer. Les uns croient s'établir dans l'être par la sensation, les autres par la pensée. Mais les uns et les autres veulent être par quelque chose qui en un sens leur est comme étranger et qui leur est étranger, justement parce que c'est trop eux-mêmes et que ce n'est point par eux-mêmes qu'ils peuvent s'établir dans l'être. Si le monde sensible des uns n'est rien de plus que leurs sensations, le monde intelligible des autres n'est aussi rien de plus que leurs idées. Mais idées et sensations c'est en nous ce qui n'est pas nous. Le Dieu des idéalistes par exemple est une notion parmi d'autres notions. En l'élaborant ils la projettent dans leur monde intelligible et s'imaginent ensuite l'y découvrir toute déterminée et pour ainsi dire toute faite, n'attendant que d'être perçue par eux. Il en résulte que leur Dieu leur apparaît comme bien loin d'eux, très haut au-dessus d'eux, de telle sorte que pour l'atteindre il leur faut escalader les degrés de la dialectique. D'autre part, si en vivant par la pensée les idéalistes se retirent de l'espace, ils ne se retirent pas du temps ; ils ne se font pas « indépendants du temps », pour employer une expression de Thaulère. Et si le temps les emporte, n'emporte-t-il pas aussi avec eux leur système d'idées, si bien ordonné qu'il puisse être ? Leurs plus hautes et leurs plus belles conceptions sont-elles autre chose que des éclairs qui ne brillent un instant que pour s'éteindre[1] ?

Vouloir être par le dedans, au contraire, c'est se détacher du monde et des choses du monde, c'est se retirer non seulement de l'espace, mais encore du

---

1. Le seul résultat qu'Aristote attendait de ses efforts intellectuels c'était d'arriver à penser dans le temps et momentanément les choses éternelles. Il admettait ainsi que ses idées, quel qu'en fût l'objet, participaient à la caducité de son individualité temporelle, et non pas que son individualité temporelle, s'élevant au dessus d'elle-même par ses idées, participât à l'éternité. C'est qu'en effet, pour participer réellement à ce qu'on pense, il ne suffit pas simplement de le penser ; il faut le vouloir et s'y unir par amour. Le cas d'Aristote montre clairement comment et pourquoi par la seule dialectique abstraite nous sommes impuissants à sortir de nous-mêmes et à nous fixer dans l'être.

temps qui s'écoule, et se déprendre de ses idées pour se concentrer dans l'acte même par lequel intérieurement on se pose et on s'affirme.

Est-ce en cherchant à être par le dehors ou en cherchant à être par le dedans que nous pouvons d'une part affirmer l'être avec sécurité et d'autre part le connaître avec exactitude ?

*
* *

Chercher à être par le dehors c'est se considérer comme un individu qui se constitue en s'alimentant soit dans un monde sensible qu'on imagine, soit dans un monde intelligible que l'on conçoit. Mais par le fait même on se trouve dispersé dans la multiplicité indéfinie des choses auxquelles on s'attache, et disséminé dans la succession indéfinie des instants dans la suite desquels on veut être. En un mot on ne vit que dans le temps. Et ne vivre que dans le temps c'est s'écouler avec le flot des phénomènes. Ce n'est pas être. Et si en un sens c'est devenir, en un autre sens, c'est aussi et surtout à tout moment cesser d'être. La vie dans le temps est un évanouissement, une ombre qui s'efface, une lueur qui s'éteint. Et les sceptiques ont beau jeu contre les dogmatiques naïfs qui s'obstinent à vouloir se constituer dans l'être avec ce que l'Écriture appelle « la figure de ce monde », comme si c'était là une substance pleine et solide en elle-même ! La figure de ce monde passe. Et tant que nous nous égarons à la poursuite de fins particulières et temporelles, l'œuvre de construction que nous nous efforçons de réaliser, afin de nous établir dans l'être, est toujours comme en décomposition. C'est l'édifice bâti sur le sable et toujours croulant dont parle l'Évangile. Voilà pourquoi la vie dans le temps est douloueuse et triste comme une mort incessante. C'est un désir d'être impuissant à se réaliser. Les sceptiques en ont bien dit toute la vanité et les pessimistes toute la souffrance [1].

Elle repose sur un mensonge que nous nous faisons à nous-mêmes. Quand nous voulons être sans nous mettre au-dessus du temps, nous attribuons une plénitude et une fixité feintes aux choses qui nous séduisent, ou aux idées que nous avons élaborées et dont nous cherchons à faire la substance de notre vie. Nous nous donnons ainsi l'illusion de l'être : avec des instants fugitifs nous faisons des éternités ; avec des groupements de phénomènes instables nous faisons des absolus. Mais l'apparence de l'être n'est pas l'être. Et, d'une manière ou d'une autre, il faut toujours nous réveiller de ce sommeil dogmatique, en sentant s'échapper ce que nous avions cru posséder pour toujours, et se dérober sous nos pieds le fondement ruineux que nous avions cru inébranlable. C'est là ce qui arrache à notre pauvre humanité déçue la plainte toujours renaissante de ses désenchantements. Les choses senties perdent leur saveur ou se désagrègent, les idées sonnent creux et deviennent inconsistantes. On avait cru pouvoir être par les unes ou par les autres, et on s'aperçoit que les unes et les autres n'ont paru pleines et solides que parce qu'on les avait en quelque sorte remplies de son propre désir d'être ; mais par elles-mêmes elles ne sont rien.

Il en est qui se sont imaginé qu'il suffit de se replier sur soi-même pour pouvoir dire : je suis, comme si rien qu'en se regardant on voyait intérieurement son être avec une évidence qui s'impose. Non, ce n'est

---

[1]. Mais personne ne l'a fait avec autant de force que l'Ecclésiaste.

pas aussi simple. Une intuition ne suffit pas à nous faire dire : je suis. C'est là une affirmation par laquelle nous nous posons. A ce titre c'est un acte. Et cette affirmation vaut selon ce que nous mettons en elle et selon la manière dont nous la formulons.

Dieu dit dans l'Écriture : *Ego sum qui sum*. C'est sa manière à lui d'affirmer son être : Je suis sans conditions d'aucune sorte, simplement, absolument. Je me suffis à moi-même pour être. — Si c'est là être, est-ce que nous pourrons jamais oser dire que nous sommes ?

Je suis ! mais comment suis-je et par quoi ? Admettons avec Descartes qu'il me soit impossible en disant : je pense, de ne pas dire : je suis. Quelle est la portée de mon affirmation ? Signifie-t-elle seulement que je suis au moment où je pense ? ou bien signifie-t-elle que moi aussi je suis simplement, indépendamment du moment où je pense et sans être emporté avec lui ? L'être que j'affirme est-il quelque chose de stable et de permanent, ou bien quelque chose de transitoire comme mon affirmation même, un éclair que je saisis au passage ?

Si je me considère à part, isolé dans le moment où je pense, puis-je vraiment dire que je suis ? Ce n'est pas être que d'être en passant. A supposer même que mes intuitions successives se répercutent les unes dans les autres et se rejoignent de manière à former une continuité, je n'aurai toujours ainsi qu'une existence disséminée dans la durée, fugitive et insaisissable, dont je pourrai dire tour à tour, selon les termes de comparaison que je prendrai, qu'elle est longue et qu'elle est courte : dyade indéfinie qui en enfermant les contraires atteste en quelque sorte son non-être. En disant : je suis, c'est évidemment autre chose que j'exprime. Mais aussi je dépasse infiniment l'intuition ou les intuitions que j'ai de moi-même dans le temps. Ce que je dis ne signifie rien si ce n'est que je suis stable et permanent au-dessus des phénomènes qui s'écoulent. Et voilà pourquoi aux yeux des sceptiques je me dupe moi-même. Et comment en effet puis-je dire que je suis en ce sens, moi qui n'étais pas hier et qui peut-être ne serai plus demain ? Au moment même où j'ébauche cette affirmation est-ce que l'être ne va pas me manquer ? Est-ce que je vais pouvoir aller jusqu'au bout ?

La conclusion qui se dégage de là c'est que par le dehors et dans le temps il est impossible d'être au sens vrai et plein du mot, et que vouloir être par le dehors et dans le temps c'est être le jouet d'une illusion qui doit tomber un jour ou l'autre pour laisser le vide à sa place.

*
* *

Mais si au lieu d'attendre que l'illusion tombe d'elle-même, si au lieu de subir la désillusion nous travaillons nous-mêmes à nous désillusionner ; si au lieu de gémir vainement, emportés par lambeaux dans la fuite des choses, nous renonçons librement à ce que nécessairement nous devons perdre, est-ce que nous ne réussirons pas à être par le dedans ?

Toutefois, remarquons-le bien, il faut pour le tenter cesser de vouloir être par le dehors. Et vraiment, comme dirait Pascal, c'est au moins une chance qu'on peut courir puisqu'en définitive on n'a rien à perdre qu'on ne perdrait sans cela. Il semble que ce soit mourir ; mais il y a une mort qu'on n'évitera pas. Il est au moins plus digne de l'accepter que de la subir. Et si on l'accepte peut-être devient-elle tout autre chose que la mort. St Paul disait : je meurs tous les jours ; mais il ajoutait : mourir m'est un gain. Ce qui signifie : tous les jours je me détache et je me délivre de l'illusion et de la fantasmagorie des phénomènes ; et ma réalité dans le temps, réalité disséminée et fuyante, s'évanouit à mes yeux ; mais, bien loin qu'ainsi je m'anéantisse, je me constitue au contraire dans l'être et je m'y affermis pour l'éternité. C'est dans le même sens que St Augustin disait : que je meure pour ne point mourir à jamais !

Quand, au lieu de subir cette mort, on y consent, c'est donc qu'en définitive par elle et à travers elle on veut aller à la vie, on veut être vraiment et pleinement. Mais puisque nous ne sommes à nos propres yeux que par ce que nous aimons, parce que nous voulons, il est évident que nous ne pouvons être vraiment et pleinement, de façon à pouvoir dire : je suis, avec une certitude absolue, que si nous voulons être par Celui qui est.

Or Celui qui est ne saurait être un étranger pour nous. Ce n'est pas une chose sensible que nous atteignons en nous mouvant dans l'espace ; ce n'est pas une idée que nous découvrons en montant les degrés de la dialectique, comme si tout d'abord nous étions loin de Lui et en dehors de Lui. Celui qui est vit en nous, agit en nous. Nous vivons en Lui, nous agissons en Lui. Ce n'est toujours que par Lui que nous pouvons vouloir être ; et quand nous voulons être sans Lui nous abusons de sa présence en nous. Affirmer l'être, qu'on le reconnaisse ou non, c'est toujours affirmer Celui qui est, c'est toujours affirmer Dieu. Et quand on ne le reconnaît pas et qu'on prétend affirmer l'être sans Lui, c'est comme si on cherchait à le confisquer à son profit. C'est alors qu'on le perd et qu'en le perdant on se perd soi-même. Et se perdre soi-même c'est ne plus être à ses propres yeux qu'apparence et phénomène, c'est tomber dans le temps, s'y disperser et passer avec le temps.

Je ne puis affirmer que je suis d'une affirmation solide qu'en affirmant qu'Il est et que je suis par Lui. De Lui seul il est vrai de dire qu'Il est simplement. Sans Lui je ne serais pas : comment sans Lui pourrais-je être certain d'être ? Il est l'être de mon être, la vie de ma vie. Il se trouve dans le vouloir-être par lequel je m'affirme au plus profond de moi-même. Mais Il ne m'apparait, Il ne devient pour moi la réalité vivante en moi, que dans la mesure où je me recueille dans la dispersion des phénomènes, où je sors de moi-même, de mon individualité spatiale et temporelle, pour m'unifier et me fixer intérieurement : car c'est seulement en Lui et par Lui que je puis réaliser l'*unité* et la *permanence* qui me donne droit d'affirmer mon être ; et c'est seulement quand je suis unifié et fixé en Lui que je puis dire : je suis, avec une certitude qu'aucune déception ne saurait ébranler.

Et on doit comprendre que si c'est là être c'est aussi être par le dedans. Celui qui est en effet et par qui je suis n'est pas en dehors de moi. Et si je commençais par me supposer en dehors de Lui, comme subsistant sans Lui, pour aller ensuite à sa recherche, je ne le trouverais pas : car ce serait supposer qu'au moins tout d'abord je n'ai pas besoin de Lui pour être ; et il en résulterait que je m'échapperais à moi-même. Je ne puis donc me trouver moi-même réellement qu'en Le trouvant.

Descartes s'en était bien rendu compte, lui qui disait qu'il ne peut y avoir de certitude sans Dieu[1]. Mais

---

[1]. Ceux qui lui ont reproché d'avoir commis un cercle vicieux, en faisant appel à Dieu pour garantir la valeur de l'évidence, se sont étrangement mépris sur le sens et la portée de sa méthode. Ils n'ont point vu qu'il s'agit là, non pas de vérités abstraites qu'on démontrerait alternativement l'une par l'autre, mais de moments successifs dans ce que je me permettrai d'appeler la construction de nos croyances métaphysiques. La certitude du *cogito ergo sum* est tout d'abord provisoire. Pendant que je pense je ne puis douter

comment se fait-il que, ne pouvant être que par Lui et ne nous affirmer aussi que par Lui, nous puissions cependant vouloir être sans Lui et avoir sans Lui des certitudes ? C'est là le mystère de la personnalité humaine et du libre arbitre que présentement nous n'avons pas à approfondir. Qu'il nous suffise de comprendre que sans le libre arbitre la question de la certitude ne se poserait pas. Si, ne pouvant être que par Dieu, nous ne pouvions aussi vouloir être que par Lui, il nous serait impossible de douter de Dieu aussi bien

que je suis ; je suis au moins dans le moment où je pense. Voilà ce que je vois évidemment, selon Descartes. Mais en disant simplement : je suis, j'affirme infiniment plus. Et pour l'affirmer il me faut autre chose que l'évidence du moment où je pense ; ou, ce qui revient au même, il faut que cette évidence, qui est attachée à une intuition plus ou moins passagère, me soit garantie comme étant bien réellement le signe d'une vérité permanente.

Pour dire : je suis, avec une certitude absolue et non plus seulement provisoire, il faut que je puisse être certain que l'évidence ne me trompe pas. Autrement qu'est-ce qui me garantit que mon existence n'est pas discontinue comme les intuitions que j'ai de moi-même en pensant ? Mais je ne puis être certain que l'évidence ne me trompe pas qu'autant que je reconnais que le principe de mon existence et de ma pensée est un être parfait. Si je reconnais qu'un être parfait est le principe de mon existence et de ma pensée, c'est bien sans doute grâce à l'évidence. Mais il arrive justement ceci que l'évidence par laquelle je connais un être parfait trouve ainsi une garantie absolue qu'elle n'avait point jusque là. Dès lors si je me trompais en disant : je pense, donc je suis, c'est Dieu qui me tromperait. Et un Dieu qui me tromperait ne serait plus un être parfait, ce ne serait pas Dieu. Mais d'autre part aussi l'évidence qui ne m'amènerait pas à reconnaître un être parfait ne serait pas une véritable évidence, puisque je pourrais toujours la soupçonner d'être menteuse. Dans une voûte où la clef maintient les autres pierres et est maintenue par elles, il n'y a pas pour cela cercle vicieux. De même en est-il ici.

Est-ce à dire que nous n'avons rien de mieux à faire que de reprendre simplement la méthode cartésienne ? Non sans doute. Remarquons entre autres choses que Descartes s'imagine que pour se trouver soi-même et pour trouver Dieu il n'y a qu'à employer les procédés des mathématiques, procédés par lesquels on découvre analytiquement le simple dans le composé. Mais pour se trouver soi-même et pour trouver Dieu il ne suffit pas d'analyser, il faut se constituer en Dieu et aussi constituer Dieu en soi : il faut agir, il faut vouloir Dieu et se vouloir en lui. Néanmoins, ce que Descartes a fort bien vu, et ce que j'en voudrais retenir, c'est la solidarité de toutes nos certitudes avec la certitude de l'existence de Dieu.

que de nous-mêmes. La preuve que je suis libre, disait Descartes, c'est que je puis douter ; et il avait raison. Mais il aurait pu dire également : c'est que je puis croire.

Dieu est à la fois le principe et la fin, l'alpha et l'oméga. Et il ne peut pas être l'un sans être l'autre. Voilà pourquoi nous ne pouvons le reconnaître pour notre principe qu'en le prenant pour fin. Mais en le prenant pour fin nous le reconnaissons par le fait même pour notre principe : nous nous voulons en Lui, nous nous voyons en Lui ; et en même temps nous Le voulons en nous, nous Le voyons en nous. C'est donc bien par Lui que nous sommes certains de nous-mêmes, et par Lui en tant qu'Il est en nous et que nous sommes en Lui.

*
* *

Pour être vraiment et pleinement et pour avoir la certitude d'être sans crainte de s'illusionner, il faut donc se déifier, prendre au moins dans une certaine mesure la forme divine[1]. Et qu'on ne dise pas que c'est là mêler et confondre d'une façon panthéistique

---

[1]. Tel est bien en effet l'idéal que nous avons à réaliser. Nous aspirons à surmonter tout obstacle, à dépasser toutes limites pour nous fixer dans l'être absolu. A travers nos faiblesses et nos misères un élan infini nous emporte ; et nous voulons être infiniment, nous voulons être Dieu. — Mais une question ici doit se poser qui dans ces pages n'a pas même été indiquée : Comment cet élan infini se trouve-t-il en nous ? Ce n'est pas nous qui nous le donnons. Si donc malgré cela le terme de notre effort c'est d'atteindre *Dieu en soi* pour ne faire qu'un avec lui et dire avec lui : je suis, il y a d'abord *Dieu en nous* qui vient nous chercher dans notre néant. Notre vie n'est donc ce qu'elle est que par le *Médiateur* qui de Dieu descend vers nous pour qu'avec lui nous montions vers Dieu. C'est tout un ordre de considérations que pour le moment nous nous contentons de signaler, afin de marquer en passage ce qu'il y a d'incomplet dans cette étude qui n'est qu'une esquisse. Et l'on entrevoit que là vient se greffer la question du surnaturel et de son rapport avec la nature.

notre être avec l'être de Dieu. Il ne s'agit pas du tout d'une absorption qui supprimerait notre personnalité, tant s'en faut! Il s'agit d'une communion de notre volonté et de la volonté divine. Être transformé en Dieu, à quelque degré que ce soit, ce n'est pas cesser d'être soi-même, mais c'est vouloir ce que Dieu veut. Or vouloir ce que Dieu veut, c'est l'aimer. La transformation dont nous parlons s'accomplit donc par l'amour, ou plutôt c'est l'amour même. Mais l'amour, on ne le remarque pas assez, n'a rien de commun avec le désir. Par le désir on cherche à transformer ce qu'on désire en soi-même. Par l'amour on se transforme en ce qu'on aime. L'amour n'est pas une prise de possession, c'est le don de soi. Pour être capable d'aimer, il faut donc être libre et avoir son autonomie : car pour se donner il faut se posséder. On n'aime parfaitement que si on est parfaitement libre; mais on ne devient libre qu'en aimant. Ce qu'on désire on le traite comme une chose, on le considère comme un moyen; ce qu'on aime on le traite comme un être, on le considère comme une fin. L'amour vient d'une volonté et s'adresse à une volonté. Mais l'union des volontés dans l'amour ne ressemble en aucune façon aux mélanges ou aux combinaisons qui se font dans ce qu'on nomme la matière. Deux gouttes d'eau qui se rejoignent par exemple ne sont plus qu'une seule goutte d'eau. Deux volontés qui s'unissent en s'aimant, malgré leur union, restent deux. Chacune sert à l'autre à se constituer en elle-même; et chacune se retrouve dans l'autre, vivifiée et comme enrichie par elle. Quand nous aimons Dieu, Dieu veut en nous, mais aussi nous voulons en Lui. Et notre personnalité est d'autant plus haute, d'autant plus achevée, et d'autant mieux constituée dans son autonomie que nous sommes plus unis à Dieu, plus pénétrés par Lui. Et il semble en même temps que Dieu qui nous veut et qui nous aime est comme agrandi par nous dans son être. En l'aimant nous faisons qu'Il se retrouve en nous comme nous nous retrouvons en Lui. Il se comporte avec nous comme s'Il avait besoin de nous pour être. De même que nous nous affirmons librement par Lui, Il s'affirme librement par nous ; mais avec cette différence cependant que nous, en voulant nous affirmer sans Lui, nous nous perdons nous-mêmes, tandis que Lui pourrait s'affirmer sans nous et ne rien perdre de sa plénitude d'être.

*
* *

Pour dire : je suis, sans avoir à craindre aucune surprise, il faut donc ne pas vouloir être par soi et ne pas se mettre à part : car vouloir être par soi et se mettre à part dans son individualité, c'est vouloir être dans le temps et par les choses du temps. Or dans le temps on n'est pas, on s'écoule, on s'évanouit et on meurt. C'est ce qui faisait dire à St Augustin. « Je ne serais point, ô mon Dieu, si vous n'étiez en moi. Que dis-je ? je ne serais point si je n'étais en vous de qui, en qui et par qui sont toutes choses. »

Le dogmatisme de ceux qui s'affirment en dehors de Dieu est un dogmatisme de naïveté ou d'orgueil qui ne reçoit que des démentis. Finalement il ne peut aboutir qu'à des déceptions, et il donne ainsi naissance au scepticisme.

On se contente ordinairement de dire que le scepticisme est une maladie et qu'il est absurde parce qu'il implique contradiction. Je n'en disconviens pas. Mais n'est-il pas étrange tout d'abord qu'une contradiction puisse être vécue en quelque sorte et se réaliser dans une âme ? Les impossibilités de la logique abstraite ne sont-elles donc que des fictions ? En tout cas il apparaît bien que la vie réelle s'en joue et n'est point arrêtée par elles. En logique une contradiction c'est l'impossible. A ce titre le scepticisme ne devrait pas pouvoir se produire. Et c'est toujours en effet ce qu'on s'efforce de démontrer, et bien inutilement, puisque le scepticisme se produit quand même. Il faudrait comprendre enfin que c'est un état d'âme, et le considérer comme tel. Et, si c'est une maladie, il est nécessaire pour l'éviter et pour essayer au moins de la guérir d'en connaître l'origine et la nature. Quand on est en présence d'un mal et qu'on veut le supprimer, ce n'est pas directement au mal lui-même qu'on s'attaque, mais à sa cause.

Or encore une fois la cause du scepticisme, l'état d'âme qui le contient en germe, c'est le dogmatisme de naïveté ou d'orgueil en vertu duquel on veut être dans le temps et par les choses du temps. C'est donc à ce dogmatisme-là qu'il faut s'attaquer ; et c'est le rôle de la critique de le saper méthodiquement par la base. Mais la critique, ne l'oublions pas, la vraie critique ne se fait pas seulement par l'esprit qui analyse et qui raisonne ; elle se fait surtout de la bonne volonté qui du dedans nous transforme, et par laquelle nous nous déprenons de nos illusions, en nous déprenant de nous-mêmes, pour nous attacher à la vraie et substantielle réalité. La critique est une œuvre morale qui s'accomplit par un effort de l'âme tout entière.

C'est quand les illusions tombent et que l'on n'a rien à mettre à la place que le scepticisme apparaît. Et il est toujours en effet comme le réveil d'une ivresse. C'est après avoir cru en soi, après avoir cru aux choses du temps ou aux idées qu'on s'était faites en vivant dans le temps ; c'est après s'être enivré des unes ou des autres et avoir cherché à s'en remplir qu'on finit par s'apercevoir qu'on est vide. Et si on suggère à celui qui se trouve vide de cette façon de dire encore par exemple « je pense, donc je suis, » ce « je suis » ne peut plus lui apparaître que comme une ombre évanouissante. C'est une amère et suprême ironie.

*
* *

Notre certitude d'être ne peut donc avoir de force et de solidité que lorsqu'elle a passé par l'épreuve ; et l'épreuve c'est la vie tout entière. Il nous faut travailler chaque jour à l'affermir et à l'éclairer. La plupart du temps les métaphysiciens se sont imaginé qu'il suffisait d'établir démonstrativement et une fois pour toutes que nous existons par Dieu. Et oui, assurément, nous existons par Dieu ; mais pour le reconnaître et pour que cette proposition ait un sens pour nous, il faut que nous voulions Dieu en nous. Autrement il ne pourrait y avoir ni athées ni sceptiques. Et vouloir Dieu en soi ce n'est pas le fruit d'une démonstration, ce n'est pas une opération logique, c'est une action. Et cette action, au moins tant que nous vivons sur la terre, n'est jamais achevée. Il ne suffit pas que nous soyons par Dieu pour que notre certitude d'être soit inébranlable, car alors elle serait inébranlable chez tous également ; mais il faut encore que nous voulions être par Lui, et qu'il y ait accord entre ce que nous sommes invinciblement au fond de nous-mêmes et ce que nous sommes librement dans notre vie consentie.

C'est là un point sur lequel nous ne saurions assez insister. On s'imagine trop souvent que tout est fait quand on a démontré que nous sommes par Dieu. Il n'y a au contraire rien de fait pour ainsi dire : car cette démonstration ne vaut que pour ceux qui veulent être par Lui. Entre ce que nous sommes et ce que nous voulons être un désaccord est possible. C'est pour cela qu'il y a un problème métaphysique ; c'est pour cela que la vie est une crise, une épreuve à traverser ; et la possibilité de ce désaccord est la condition du libre arbitre et de la moralité.

Vouloir être par Dieu, c'est le prendre pour fin ; et le prendre pour fin c'est se concentrer et se fixer en Lui par l'amour. Toute certitude d'être qui a une autre base que celle-là est illusoire et toujours prête à s'effondrer. La fin à laquelle nous nous attachons devient le principe et comme la substance de notre être. Quand elle est inconsistante la ruine nous menace et ne manque jamais de venir tôt ou tard. Mais aussi, quand nous ne prenons pas Dieu pour fin, il y a opposition entre ce que nous sommes et ce que nous voulons être. C'est la guerre au dedans de nous-mêmes. Nous avons beau faire, nous ne pouvons jamais être autrement que par Dieu. Mais tout est différent en nous selon que nous voulons être par Lui ou que nous voulons être sans Lui. Sans Lui c'est l'illusion, et après l'illusion c'est la dissolution et les ténèbres de la mort. Avec Lui c'est la lumière et la plénitude concentrée de la vie. Remplis par Lui, vivifiés par son amour, au milieu même de nos misères et de nos infirmités temporelles, nous prenons pied en quelque sorte dans l'éternité, et nous pouvons dire : je suis, avec l'assurance que l'être ne nous manquera pas.

Mais, on le conçoit sans peine, une telle certitude a des degrés comme l'amour qui la fonde. Je n'entends point par là qu'elle repose sur des probabilités plus ou moins grandes. J'entends qu'elle est d'autant plus ferme et d'autant plus pleine que nous sommes mieux fixés dans l'amour divin, et que, par l'amour, Dieu est plus vivant et plus présent en nous. Sans doute, tant que nous sommes sur la terre, la présence de

Dieu se dérobe toujours comme derrière un voile — *in speculum et in enigmate*. — Mais le voile peut devenir de plus en plus transparent, jusqu'à ce qu'enfin il se déchire pour l'éternel face à face. C'est la plénitude d'amour qui met la plénitude d'être en nous. Plus l'être de Dieu nous remplit par l'amour, plus nous sommes certains d'être. Mais cette certitude fondée sur l'amour est vivante comme lui. Toujours imparfaite tant que nous sommes soumis aux péripéties du temps, elle éprouve comme des éclipses et des affaiblissements. Dans toute âme humaine quelle qu'elle soit, fût-elle une âme de saint, il y a des heures sombres où il semble qu'on s'enfonce dans les ténèbres et qu'on se perd dans le vide. Toutefois ce n'est là que mystère d'amour, épreuve bienfaisante qui aide à sortir de soi. Si Dieu paraît s'éloigner, c'est pour qu'en le cherchant nous le retrouvions plus aimant et plus aimé, et pour qu'avec lui nous nous retrouvions nous-mêmes agrandis et mieux affermis dans l'être.

La certitude qui a pour objet l'être, et que nous pouvons appeler métaphysique, est donc toute différente de la certitude logique ou de la certitude mathématique qui ont pour objet des relations entre les termes. Rien n'exprime mieux ce qu'elle est que l'hymne qui jaillit du cœur de Pascal pendant une nuit fameuse, et dont les accents entrecoupés comme par des sanglots, ressemblent à la fois à des cris de douleur et à des cris de joie : cris de douleur de la nature qui meurt à elle-même dans un effort surhumain et du vieil homme qui succombe ; cris de joie de l'homme nouveau qui entre dans la vie et qui trouve l'être en tressaillant d'amour. Nous savons bien que c'est folie aux yeux des sages de ce monde. Il s'est trouvé des philosophes fiers et sûrs d'eux-mêmes dans leur dogmatisme bourgeois pour déclarer que

Pascal était sceptique, lui croyant s'il en fut jamais, et qui avait concentré, unifié et fixé en Celui qui est toutes les puissances de son âme. Ah! c'est vrai, et il ne croyait pas à la figure de ce monde, il ne croyait pas aux multiples idoles, celles des sens et celles de l'esprit, que les hommes adorent. Mais justement il faut n'y pas croire pour être et pour avoir la certitude d'être indéfectiblement.

V

L'AFFIRMATION DE DIEU

Les caractères de l'être sont l'unité et la permanence. Pour connaître et pour affirmer l'être en soi, il faut se recueillir dans la dispersion primitive et naturelle de l'espace et du temps ; il faut se faire *un* et se faire *permanent*, se dégager du multiple et se mettre au-dessus de ce qui passe. Et l'acte par lequel on se recueille ainsi, par lequel on se constitue intérieurement dans l'unité et la permanence, ne diffère pas de l'acte par lequel on s'affirme. Mais aussi on ne se constitue dans l'unité et la permanence, et par conséquent dans l'être, qu'en s'attachant à Dieu.

Assurément chez celui qui ne se voit que dans l'espace et dans le temps, uniquement pour ainsi dire par le dehors, et qui à ce titre n'est que phénomène à ses propres yeux, l'être pour cela ne fait pas défaut. Mais il est comme à l'arrière-plan, comme à l'état d'inconscience. Il est méconnu ou non encore remarqué. Tout être dans son fond est affirmé par Dieu, posé par Lui ; c'est un acte de Dieu, un acte *ad extra* comme disent les théologiens. Mais pour être à ses propres yeux, et sans qu'il ait à cesser d'être un acte de Dieu, il faut qu'il devienne aussi son acte propre, qu'il s'affirme et qu'il se pose lui-même. Dieu agit en nous pour que nous agissions en Lui. La certitude que nous avons d'être est notre action ; mais, comme toute action, nous ne pouvons la produire que par le concours de Dieu. S'imaginer que nous pouvons nous affirmer sans Dieu, c'est admettre qu'indépendamment de Lui il peut y avoir de l'être. Sans y prendre garde on retombe ainsi dans le dualisme antique. On se représente d'une part des êtres subsistants en eux-mêmes et par eux-mêmes, agissant comme par leur vertu propre, et d'autre part Dieu. Et il devient impossible de les faire se rejoindre et de retrouver l'unité. Cette erreur se trouve impliquée dans le rationalisme pélagien ; et il nous semble qu'elle fait encore le fond de ce qu'on a appelé le molinisme. Le criticisme kantien, qui en un sens la démasque merveilleusement, continue néanmoins de la subir, en supposant que nous sommes totalement en dehors de l'absolu et que pour l'atteindre il faut, comme par un acte désespéré, faire un saut dans l'inconnu[1].

Il est vrai que pour intégrer l'absolu dans notre vie librement voulue un acte est nécessaire. Mais c'est dans cet acte même que l'absolu se trouve : car, ainsi que nous venons de le dire, nous ne l'accomplissons que par son concours. Nous ne pouvons pas nous affirmer sans que Dieu nous affirme ; mais nous ne pouvons pas non plus nous affirmer nous-mêmes sans

---

[1]. Malgré cette critique fondamentale adressée à Kant, malgré tout ce qui précède et tout ce qui suit où nous affirmons si catégoriquement que l'absolu est à notre portée, en indiquant la voie qui y mène, il en est qui s'obstinent à nous accuser de Kantisme. Nous disons : accuser, car sous la plume du P. Fontaine ou de M. Gombault, par exemple, cela prend en effet le caractère d'une accusation et d'une dénonciation. Et puisqu'ils veulent accuser et dénoncer ce devrait être une raison de plus pour eux de se mieux renseigner. (Voir *Appendice III.*)

affirmer Dieu. Et de même que sans Dieu nous ne pouvons ni l'affirmer ni nous affirmer nous-mêmes, Dieu non plus, au moins dans notre vie librement voulue, ne nous affirme pas et ne s'affirme pas en nous sans nous. C'est ce que méconnaissent toutes les doctrines qui tendent au Panthéisme, comme le Quiétisme ou le Jansénisme, pour qui les êtres n'ont aucune autonomie.

*
* *

Nous coopérons à la connaissance et à la certitude que nous avons de Dieu comme nous coopérons à la connaissance et à la certitude que nous avons de nous-mêmes. Et en vérité les deux choses n'en font qu'une. L'affirmation de Dieu comme l'affirmation de nous-mêmes est action vivante. Ce n'est pas le résultat d'une vision suprasensible, ainsi que le supposent les ontologistes, par laquelle nous atteindrions Dieu du premier coup en pleine lumière. Et c'est encore moins la conclusion d'un raisonnement qui nous le ferait découvrir comme terme d'un rapport. On ne sait pas Dieu comme on sait un théorème de géométrie, parce que Dieu n'est pas une abstraction, mais une réalité. On croit en Dieu, et cette manière de s'exprimer est significative. Et cela ne veut pas dire que la raison, la faculté de comprendre et d'établir des rapports, n'a rien à faire ici. Les différentes preuves de l'existence de Dieu ont toutes un sens et une portée. Elles expriment et fixent les progrès faits dans la connaissance de Dieu, et en même temps elles peuvent aider à en faire de nouveaux. Présentées aux âmes de bonne volonté elles deviennent des lumières qui les orientent. A aucun point de vue il n'est légitime de vouloir s'en passer. Ce qui n'empêche pas qu'il est très légitime et même nécessaire d'en faire la critique pour les vivifier, les renouveler et, j'ose dire aussi, les dépasser. La connaissance de Dieu impliquée dans chaque preuve est toujours en effet plus ou moins incomplète. N'arrive-t-il pas même qu'elle est grossière ? Nous avons toujours à craindre de rabaisser Dieu à notre niveau au lieu de nous élever jusqu'à lui. Et c'est ce que nous ferions, si nous voulions déterminément nous en tenir à une connaissance acquise sans aspirer à la compléter.

En conséquence, s'imaginer qu'à elles seules, par la vertu logique de leur forme démonstrative, les preuves peuvent nous donner Dieu et nous le faire connaître, c'est une prétention si constamment démentie par les faits qu'on s'étonne encore de la voir se produire. Ne sait-on pas que beaucoup d'hommes, hélas ! ne sont pas touchés par ces preuves ? Et ne sait-on pas aussi, ce que nous avons déjà signalé, que Dieu a été conçu de façons fort différentes ? Et quel est celui d'entre nous en qui ne s'accomplissent sur ce point des transformations ? Il ne se passe rien de semblable quand il s'agit des vérités abstraites qu'on établit démonstrativement. La démonstration les impose à tout esprit quel qu'il soit, et elles sont du premier coup pour ceux qui les pensent tout ce qu'elles peuvent être. Dieu n'est pas une vérité abstraite et ne saurait être l'objet d'une démonstration semblable[1].

1. Il importe que l'on comprenne bien le sens et la portée de ces considérations. Ce que nous voulons dire, c'est qu'il n'y a point de preuves abstraites ayant par elles-mêmes une efficacité inéluctable pour faire croire en Dieu. Et vraiment c'est chose évidente. Et à ceux qui prétendraient le contraire nous ferons constater que, malgré toutes leurs preuves, il existe des athées, et nous leur demanderons d'expliquer comment des athées peuvent exister. Si les preuves abstraites suffisaient, les athées devraient être absolument vaincus, sans qu'il restât trace de leur athéisme.

Mais ils se tromperaient grossièrement et odieusement ceux qui, à cause de cela, nous attribueraient de dire que sur Dieu on ne peut

J'espère que pour parler ainsi je ne serai pas accusé de Fidéisme et qu'on ne me fera pas dire que l'homme par ses facultés humaines ne peut pas connaître Dieu et croire en lui. Ce qui fait que l'homme est homme c'est justement qu'il a le pouvoir de mettre Dieu dans sa vie en le prenant pour fin. Ce pouvoir toutefois il ne l'a pas par lui-même ; et je ne pense pas que cette proposition puisse être contestée. Nous avons la faculté de connaître Dieu. Mais Dieu est une réalité vivante. Et la connaissance que nous en avons, si elle est vraiment une connaissance de Dieu et non une abstraction mise à sa place, vit en nous. On acquiert la connaissance de Dieu comme on acquiert la connaissance d'un ami en vivant de sa vie, en pénétrant dans son intimité, en devenant lui-même. Pour connaître Dieu il faut lui ressembler, et on le connaît dans la mesure où on lui ressemble. Oui, quand nous progressons dans la connaissance de Dieu, il est vrai de dire que Dieu devient en nous. Et certes cela ne signifie pas que Dieu n'existe pas en soi : car s'il n'existait pas en soi il ne deviendrait pas en nous. Quand il devient en nous ce n'est pas nous qui le façonnons,

---

avoir de certitude absolue, ou même de certitude réfléchie et raisonnée, comme si d'une part c'était affaire de probabilité et d'autre part affaire de sentiment. Nous ne pensons et nous ne disons rien de semblable. Ce que nous pensons et ce que nous disons c'est que la certitude qu'on peut avoir et qu'on doit avoir est une certitude qu'on acquiert par un effort de l'âme tout entière, non seulement en raisonnant, mais en vivant et en agissant. Et quand on l'a, quand par elle on a orienté sa vie vers la lumière, on peut aider les autres à l'acquérir, et on le doit ; mais on ne peut la leur imposer : car elle ne s'impose pas du dehors, et elle ne vaut justement que parce qu'elle est personnelle et dans la mesure où l'on a concouru à se la donner à soi-même.

C'est sous cet aspect pratique et concret qu'il faut envisager la question si l'on ne veut pas s'agiter éternellement dans le vide des abstractions. Nous voudrions bien que le P. Fontaine le comprît. Cela lui permettrait de réparer l'énormité qu'il a commise en ne craignant pas de laisser entendre que nous mettions en doute l'existence de Dieu.

c'est lui qui nous façonne. Mais dans notre vie librement voulue il ne nous façonne et il ne devient en nous qu'avec notre concours.

*
* *

Dans toute âme qui progresse, quelque chose de Dieu se révèle chaque jour. Et une âme qui progresse c'est une âme qui s'ouvre, qui s'élargit, qui devient bonté. C'est une âme qui après s'être prise elle-même comme objet de son amour, toute petite en son individualité, se remplit peu à peu de la plénitude de Dieu et en l'aimant le met en elle à la place d'elle-même. Et qu'est-ce à dire sinon qu'elle s'agrandit en prenant un caractère d'universalité et d'éternité ? Une âme qui progresse c'est une âme qui vit Dieu. Et c'est en vivant Dieu qu'elle apprend à le connaître et qu'elle affermit sa croyance en lui. Les deux choses sont corrélatives. On ne connaît pas d'abord pour croire ensuite. On croit en connaissant et on connaît en croyant. Et le tout résulte d'une transformation de l'âme tout entière[1].

Comme ici nous ne considérons que la manière dont se produit la connaissance de Dieu et dont s'affermit la croyance en Lui, nous n'avons pas à nous occuper de ce que deviennent cette connaissance et cette croyance pour ceux qui repoussent Dieu. Disons seulement que dans la mesure où malgré eux elles pénètrent en eux et y subsistent, elles pèsent sur eux comme

---

1. « Si quelqu'un veut découvrir en soi-même cette génération, cette présence de Dieu, et en retirer un grand fruit, il doit faire retourner et réfléchir ses puissances vers leur origine et remonter jusqu'à l'essence de l'âme pour y trouver Dieu présent. » Ce retour s'accomplit par le renoncement « aux choses passagères et périssables ». Et dans l'âme dépouillée de tout ce qui n'est pas elle, « l'image de Dieu éclate avec une telle ressemblance qu'en voyant celle-ci on connaît celui-là ». *Thaulère, Institutions*, XXXIV.

un cauchemar. En plus de la foi d'amour il y a donc une foi de crainte. Toutefois, elles ne se ressemblent guère. Et quand la foi de crainte est le commencement de la sagesse, c'est que dans la crainte même il y a déjà autre chose. Mais croire uniquement par crainte c'est croire en niant. C'est ainsi qu'un ennemi croit à l'existence de son ennemi en aspirant à le supprimer. La foi de crainte à elle toute seule n'est donc pas une foi sincère puisqu'elle contient en elle le désir de ne pas croire. Avec elle et par elle on s'enfonce dans les ténèbres. C'est une foi morte, une foi subie dont on cherche à se débarrasser et dont en fait il arrive qu'on se débarrasse; tandis que la foi d'amour est une foi vivante et voulue dans laquelle on s'affermit sans cesse, et qui va toujours croissant: *supercrescit fides vestra.*

VI

L'AFFIRMATION DES AUTRES ÊTRES

Nous venons de voir comment l'affirmation de Dieu et l'affirmation de nous-mêmes se combinent pour faire en quelque sorte qu'une affirmation. C'est que Dieu concourt à l'acte par lequel nous nous affirmons Lui, et que d'autre part aussi nous concourons à l'acte par lequel Dieu s'affirme en nous. Mais comment affirmons-nous les autres êtres? comment croyons-nous à eux? comment les connaissons-nous? Et en disant autres êtres, j'entends ici tout ce qui n'est pas Dieu et tout ce qui n'est pas moi.

Ce n'est ni par nos sensations, ni par nos idées comme telles que nous atteignons l'être des autres. Nos sensations et nos idées sont en nous, relatives

...us. L'être des autres, si je puis ainsi dire, est en ...x. Il semble que c'est le dehors absolu. Et, quand je ...s le dehors absolu, j'entends naturellement tout autre ...ose qu'une localisation à distance dans l'espace : ...r le dehors de l'espace est relatif. A ce point de ...e ce que j'appelle le monde, c'est ma représentation ; ...ce que vous appelez le monde, c'est également votre ...présentation. Et si, pour nous reconnaître dans la ...versité et la mobilité de nos sensations, nous les ra-...enons d'une manière ou d'une autre à quelque chose ...homogène et de fixe que nous appelons des idées ou ...l'intelligible, nous ne faisons que substituer de l'abs-...ait au concret sensible. Nous imitons l'algébriste ...i, pour simplifier sa besogne, met des lettres à la ...ace des nombres. Et quand on s'imagine ainsi con-...itre l'être ou plutôt les êtres extérieurs à soi, c'est ...ors en vérité, comme nous l'avons déjà dit, que l'on ...érite d'être appelé idéaliste.

Les autres êtres sont des sujets, comme je suis un ...jet. Si en tant que sujets ils sont en dehors les uns ...s autres, ce n'est pas qu'une distance au sens propre ...mot les sépare : car des sujets qui ont pour carac-...re essentiel l'unité ne sont point dans l'espace et ne ...uvent occuper un lieu. S'ils sont en dehors les uns ...s autres, c'est en ce sens que l'un n'est pas l'autre, ...e d'une certainne façon ils sont chacun un centre, ...dedans, et que chacun existe en soi et pour soi, ...ant dans une mesure plus ou moins grande son au-...nomie propre. Il ne faut donc pas chercher les ...tres êtres dans le dehors spatial et temporel, ni non ...s dans ce qu'on a appelé l'intelligible, ce qui n'est ...e de l'abstrait. Le dogmatisme qui prétend encore ...trouver ici ou là, vieux reste de la pensée antique ...lutte contre la pensée chrétienne, achève de mou-...sous les coups répétés de la critique. Laissons les morts ensevelir leurs morts. L'être n'est ni une chose sentie ni une chose pensée. Il nous est devenu impossible de le concevoir sous forme d'objet.

Leibnitz avait raison : tout être est sujet. Voilà un point que nous considérons comme acquis. C'est seulement dans un sujet que peuvent se rencontrer l'*unité* et la *permanence* qui sont les caractères de l'être, caractères par lesquels il se distingue du phénomène qui est multiple et passager. Aussi, nous l'avons vu, pour découvrir l'être, il faut regarder en dedans. Mais pour regarder en dedans, il faut se recueillir et s'unifier en se dégageant de la dispersion de l'espace et du temps. Tout sujet est en lui-même un acte qui se pose avec plus ou moins d'autonomie. En conséquence le problème à résoudre est celui-ci : comment des sujets qui existent en eux-mêmes et pour eux-mêmes peuvent-ils être connus et affirmés par d'autres sujets ? Problème très complexe ; car s'il y a des sujets de différentes sortes, le problème est à résoudre pour chacune d'elles. Comment puis-je connaître et affirmer d'abord d'autres hommes, c'est-à-dire des sujets semblables au sujet que je suis ? Comment puis-je connaître et affirmer ensuite des animaux, c'est-à-dire toujours des sujets, mais des sujets d'une autre sorte ? Et au-dessous ou à côté des animaux comment puis-je connaître et affirmer enfin d'autres sujets encore ?

* * *

On sait que selon les Cartésiens il n'y avait pas d'autres sujets dans le monde que les âmes humaines. Toute le reste était pour eux des choses, des objets, des dehors sans-dedans. Ils s'imaginaient en effet pouvoir ramener tout le reste à l'étendue, en faisant de l'étendue une substance, un être, sans que l'étendue soit un sujet. Et ils se demandaient comment un sujet tel que l'âme humaine, dont la nature est de penser et qui par essence est un, peut entrer en communication avec une substance hétérogène telle que l'étendue, dont la nature est l'inertie et qui par essence est multiple. En essayant de résoudre le problème sous cette forme les Cartésiens ont succombé à la peine ; et il n'en pouvait être autrement. Mais le problème est supprimé du moment que l'on cesse de considérer l'étendue comme une substance.

Ce qui est singulier, c'est que ni eux ni les autres avant eux ne semblent s'être inquiétés de savoir comment les âmes humaines se connaissent et s'affirment réciproquement. En toute hypothèse c'est une question qu'on aurait dû se poser. Et si la réalité en soi n'est constituée que par des sujets elle devient la question typique. C'est en la posant qu'on voit nettement en quoi consiste le problème de la communication des substances. Tel est l'aspect sous lequel Leibnitz a envisagé ce problème. On sait qu'il l'a résolu en disant que les sujets, qui composent la réalité du monde et qu'il appelait des monades, ne communiquent pas entre eux. Selon lui chacun d'eux ne communique qu'avec Dieu. Et dans son système Dieu est comme un interprète universel qui révèle incessamment à chaque être l'existence des autres êtres en lui faisant connaître ce qui se passe en eux. Liebnitz a au moins le mérite d'avoir compris qu'ici, pas plus qu'ailleurs, nous ne pouvons nous passer de Dieu. Mais, pour résoudre ainsi le problème, il commençait par admettre que les êtres qui constituent le monde sont absolument séparés les uns des autres, justement parce qu'ils sont des êtres, parce qu'ils sont des sujets et que chacun existe en soi. Il est évident en effet que s'ils sont absolument séparés ils ne peuvent communiquer entre eux. Mais c'est ce qu'il s'agit de savoir.

Kant qui vient ensuite suppose en outre à peu près de la même façon que tout sujet est séparé de Dieu[1]. Et dès lors aucune communication ne semble plus possible d'un être à un autre être.

Leibnitz et Kant ont été acculés à prendre cette position par le dogmatisme même dont ils ont fait la critique. En se rendant compte que nos sensations ou nos idées, comme telles et par elles-mêmes, n'apportent pas en nous l'être des autres ou l'être de Dieu, mais en continuant aussi, comme malgré eux, à se placer au point de vue qu'ils cherchaient précisément à dépasser, ils ont dû croire que l'être des autres ou l'être de Dieu reste invinciblement en dehors de nos prises.

Mais ne voir dans leurs systèmes que la partie négative, ce serait à leur égard commettre une injustice. Cette injustice, en ce qui concerne Kant particulièrement, il semble qu'on s'acharne à la commettre. On ne veut pas reconnaître que Kant à travers toutes ses critiques, malgré toutes les accusations de scepticisme et d'idéalisme qu'on a pu formuler contre lui, malgré tous les abus qu'on a pu faire de sa doctrine, est toujours et incessamment à la recherche de l'être. Et finalement lui aussi affirme l'être, lui aussi se repose dans cette affirmation. En réalité ce qu'il a voulu délibérément faire, et ce dont au moins nous devons lui savoir gré, tout en reconnaissant ce qu'il y a d'ar-

---

1. En conséquence Kant déclare que dans sa conscience même il ne découvre pas d'être. C'est qu'en effet, nous l'avons vu, celui qui se considère en dehors de Dieu et dans le temps ne peut plus s'apparaître à lui-même que comme une série ou un groupement de phénomènes inconsistants. N'oublions pas cependant que pour Kant c'est là un point de vue provisoire.

tificiel, d'incomplet ou d'inexact dans ses procédés, ç'a été de substituer un dogmatisme moral au dogmatisme empiriste ou idéaliste dont ses prédécesseurs n'étaient pas venus à bout de se débarrasser.

En un sens on peut dire qu'il a inauguré la philosophie de la volonté et de la liberté. Ce n'est pas sans doute qu'il l'ait inventée : car elle fait le fond du christianisme et de toute doctrine qui ne méconnaît pas la moralité. Et ceux qu'on appelle les mystiques chrétiens en particulier en ont parfaitement compris le caractère, bien qu'ils ne l'aient pas méthodiquement systématisée[1]. Mais avant Kant, dans le monde des philosophes, même avec Descartes et Leibnitz, on subissait encore la philosophie antique. Kant a mis en relief une opposition qui jusqu'à lui semble s'être plus ou moins dissimulée. Les intellectualistes ont vu en lui un sceptique. Et de leur point de vue, du point de vue de ceux qui à la suite de Socrate, en s'en rendant plus ou moins compte, croient au salut par l'intelligence et par la science, il est en effet sceptique ; car s'il croit au salut, c'est par la bonne volonté. Il a compris que la certitude qui a pour objet l'être, au lieu de

---

[1]. Voici un texte très explicite de St Augustin : « Pour toutes les choses qui pénètrent dans notre intelligence nous les comprenons, non pas en consultant la voix extérieure qui nous parle, mais en consultant au dedans la vérité qui règne dans l'esprit et que peut-être la parole nous porte à consulter. Et, cette vérité que l'on interroge et qui enseigne, c'est le Christ qui d'après l'Ecriture habite dans l'homme, c'est-à-dire l'immuable vertu de Dieu et son éternelle sagesse. Toute âme raisonnable consulte cette sagesse ; *mais elle ne se révèle à chacun qu'autant qu'il est capable de la recevoir en raison de sa bonne ou de sa mauvaise volonté*. Et lorsqu'on se trompe ce n'est point la faute de la vérité consultée, comme ce n'est pas la faute de la lumière extérieure si les yeux du corps ont de fréquentes illusions » (*Livre du Maître*, ch. XI). Les citations de ce genre pourraient être multipliées à l'infini. Aussi nous espérons que ceux qui de nos jours s'efforcent d'instituer systématiquement une philosophie de l'action, après avoir été accusés d'innovations dangereuses, finiront par être accusés de plagiat. La paix alors sans doute s'établira, et nous nous en féliciterons.

s'imposer du dehors comme une modification qu'on subit, est une action.

Est-ce à dire qu'il faut s'en tenir à sa doctrine ? Non, certes, et tant s'en faut ! L'opposition qu'il établit entre le phénomène et le noumène ou l'être en soi est artificielle et encore toute scolastique. Pour lui l'être est transcendant par rapport au phénomène, et il y a entre eux comme un abîme infranchissable. Mais tout au contraire l'être n'est-il pas immanent au phénomène ? Seulement pour que nous retrouvions l'être dans le phénomène, pour que nous n'y restions pas comme à l'état de poussière dispersée qui s'évanouit, il faut une action intérieure qui nous constitue volontairement dans l'être. Et ce que nous avons à faire par cette action, ce n'est pas de franchir un abîme, c'est de nous concentrer et de nous fixer par le dedans. C'est là ce qu'on peut appeler le sens philosophique du mot croire. La foi ainsi entendue, par laquelle dans sa vie librement voulue on se donne l'être et on le donne aussi à tout le reste avec le concours de Dieu, n'est donc pas du tout la même chose que la foi par laquelle on croit au témoignage d'autrui ; et on doit comprendre qu'il est ici d'une importance capitale de faire cette distinction. Et cette foi, qui n'est autre au fond que l'acte même de bonne volonté par lequel en quelque sorte nous acquérons Dieu, n'est pas un acte que nous accomplissons sans Lui, comme Kant le suppose dans son pélagianisme philosophique. Mais Dieu est dans la bonne volonté même, et sans Lui il n'y aurait ni bonne volonté ni foi.

De même que nous n'accordons pas à Kant qu'il y ait séparation absolue entre le phénomène et le noumène, ni non plus entre Dieu et nous, nous n'accordons pas davantage à Leibnitz qu'il y ait séparation absolue entre les sujets qui composent le monde. Les sujets qui composent le monde se pénètrent réciproquement, de telle sorte qu'à tous les points de vue ils existent les uns par les autres. L'être de chacun est comme constitué par l'être de tous. Chacun est dans tous et tous sont dans chacun.

Mais c'est justement là ce qu'il s'agit de reconnaître. Et ce que nous avons à chercher, c'est à quelles conditions nous trouvons les autres en nous en même temps que nous nous trouvons en eux[1]. Il peut sembler étrange sans doute, si les autres êtres sont en nous et si nous sommes en eux, que nous ayons à les trouver. Mais Dieu aussi est en nous, et cependant nous avons aussi à trouver Dieu. C'est qu'il peut être en nous de deux manières : comme principe et comme fin. Quand nous ne le prenons pas pour *fin*, cela ne l'empêche pas d'être en nous comme *principe;* mais alors nous le méconnaissons, nous le rejetons de notre vie librement voulue; et si nous ne le nions pas encore absolument nous sommes en voie de le faire. Avoir Dieu en soi seulement comme principe, c'est le subir; l'avoir en soi comme fin, c'est l'accepter, c'est le vouloir. La différence est grande.

Nos rapports avec les autres êtres imitent nos rapports avec Dieu. Nous pouvons aussi les *subir* ou les *accepter*. Sans doute ils ne sont pas notre principe et ne peuvent pas être notre fin au même titre que Dieu; et il y a aussi sans doute des distinctions à établir entre eux. Mais Dieu à divers degrés nous veut et nous fait exister par tous. Et c'est par eux, à travers eux, que

---

[1]. Ces expressions ne doivent étonner personne. Nous avons déjà cité cet adage de l'Ecole que le connu est dans le connaissant, *cognitum est in cognoscente.*

nous pouvons vouloir Dieu ; et nous ne pouvons vouloir Dieu sans les vouloir.

Là encore il importe de ne pas s'évertuer inutilement à démontrer que nous ne pouvons pas douter de l'existence des autres êtres. Nous pouvons douter de l'existence des autres êtres comme nous pouvons douter de l'existence de Dieu. Cela n'empêche pas non plus assurément que nous soyons par eux dans la mesure où Dieu nous fait être par eux. Mais être par eux et croire en eux, c'est-à-dire les prendre pour notre fin dans la mesure où ils sont notre principe, ce n'est pas du tout la même chose.

Tout en étant liés aux autres, pénétrés par eux en vertu d'une solidarité foncière, nous pouvons néanmoins nous séparer d'eux et nous isoler dans notre individualité. C'est ce qui arrive chaque fois que nous nous prenons pour fin au détriment des autres et que par égoïsme nous nous faisons centre du monde. Or se séparer ainsi des autres, c'est les méconnaître et les nier ; c'est ne pas croire à leur réalité comme êtres, comme sujets existant en eux-mêmes.

Et, encore une fois, qu'on ne dise pas que c'est impossible. Il n'est pas plus impossible de ne pas croire à l'existence en soi d'autres êtres, qu'il n'est impossibe de ne pas croire en Dieu. Dans un cas comme dans l'autre, c'est sans doute se mentir à soi-même ; certes, je n'en disconviens pas ; et j'espère bien qu'on ne m'accusera pas de dire que c'est légitime. Mais ces tristes mensonges, hélas !, s'expriment tous les jours et tous les jours se traduisent en actes. Et les dogmatiques qui s'efforcent de démontrer aux sceptiques qu'ils ne peuvent être sceptiques, ressemblent à certains sociologues de notre temps qui, constatant le fait de la solidarité, s'efforcent de démontrer aux égoïstes qu'ils ne peuvent être égoïstes. Mais les sceptiques et les égoïstes n'en continuent pas moins de subsister.

* * *

Souvent on parle d'instinct pour expliquer la croyance à la réalité d'un monde extérieur. En vérité, c'est là du fidéisme et même du fidéisme un peu grossier. L'instinct en effet est irréfléchi, aveugle, fatal. Ce qu'on fait par instinct on ne sait pas qu'on le fait. C'est le propre de l'animal. Comment ne voit-on pas qu'y faire appel c'est méconnaître les facultés humaines. Si en effet c'est animalement que nous croyons, comme la croyance est vraiment l'acte propre de l'homme en tant qu'être moral, à quoi nous sert-il donc d'être raisonnables et d'être libres ?

On devrait bien remarquer aussi que si nous croyions par instinct jamais personne ne s'aviserait de douter ; et il n'y aurait pas non plus des manières différentes de concevoir la nature de la réalité en soi : tous auraient la même conception, celle que l'instinct leur imposerait. Tandis qu'au contraire pour l'un la réalité est constituée par des atomes, pour l'autre par de l'étendue, pour l'autre par des monades, etc. Ce qui prouve que chacun met du sien dans sa conception. Et chacun aussi met du sien dans ses négations comme dans ses affirmations.

Ne pas croire à l'existence d'autres êtres ce n'est pas dire, quand on voit, quand on entend, quand on touche, qu'on ne voit pas, qu'on n'entend pas, qu'on ne touche pas. Cette remarque nous l'avons déjà faite. Mais c'est s'en tenir simplement à ce qu'on voit, à ce qu'on entend, à ce qu'on touche, en disant que tout n'est que phénomène, sans arriver par l'intermédiaire de ce qu'on voit, de ce qu'on entend et de ce qu'on touche à reconnaître des réalités en soi, des sujets, des êtres.

Nous avons vu que c'est en nous dégageant du **phénomène**, en nous recueillant dans la dispersion de l'espace et du temps que nous nous trouvons nous-mêmes, et que nous nous affirmons comme êtres, parce qu'ainsi, avec le concours de Dieu et en Lui, nous nous constituons dans l'unité et la permanence. C'est aussi en nous dégageant du phénomène que nous trouvons les autres êtres et que nous les affirmons dans leur réalité intérieure. Ils sont dans les données de l'expérience, dans les modifications qui se produisent en nous autant que nous y sommes nous-mêmes ; mais il faut savoir les y découvrir.

A ce titre les données de l'expérience sont des signes que nous avons à interpréter. Mais pour les interpréter il ne suffit pas de les subir en les percevant. Entendre le son d'un mot et le comprendre sont deux choses fort différentes. Interpréter un signe, c'est trouver en lui autre chose qu'une donnée sensible. Mais on ne trouve ainsi autre chose dans un signe que d'après ce qu'on trouve en soi. Si on parle à quelqu'un de sentiments ou d'idées qu'il n'a en aucune façon et à aucun degré, ce qu'on dit est pour lui lettre morte, ou bien il l'interprète à sa manière en le dénaturant. Les paroles n'ont de sens que si elles éveillent des pensées qui dorment en excitant des énergies latentes.

En conséquence, pour que les données de l'expérience ne restent pas simplement des phénomènes, ou bien pour que par elles en concevant de l'être on ne s'illusionne pas, il faut mettre en elles l'être qu'on découvre en soi après s'être librement affirmé avec le concours de Dieu. Concevoir et affirmer l'existence d'autres êtres ne résulte donc pas d'une perception sensible comme le supposent les empiristes, ni d'un instinct comme le supposent les fidéistes, ni d'un travail d'abstraction comme le supposent les idéalistes. Concevoir et affirmer l'existence d'autres êtres résulte d'un travail d'*interprétation*, et ce travail d'interprétation, pour s'accomplir dans la vérité, exige une transformation intérieure : car forcément l'interprétation se fait d'après ce qu'on est, et j'entends d'après ce qu'on est librement et par volonté.

Est-ce à dire qu'on doit voir partout et mettre partout des sujets en tout semblables au sujet qu'on est? Pas le moins du monde. Mais on ne concevra et on n'affirmera partout, comme réalité, que des sujets plus ou moins développés et plus ou moins concentrés intérieurement et dont on trouvera le type en soi-même. Tout degré d'être supérieur en effet enveloppe les degrés inférieurs. Et pour connaître et affirmer les degrés inférieurs, il faut les voir de haut. Et l'idée qu'on s'en fait est d'autant plus juste, d'autant plus adéquate qu'avec Dieu et par Dieu on s'est constitué plus hautement et plus fermement dans l'être. Pour voir la place et le rôle et la fin de chaque catégorie d'êtres, il faut arriver à les considérer du point de vue de Dieu; et pour croire à leur existence il faut arriver à les affirmer avec Lui.

* * *

Nous croyons pouvoir ici nous contenter d'indiquer seulement cette méthode d'interprétation, en faisant observer que par elle tout peut et tout doit être mis à profit. Le propre du métaphysicien c'est de ne rien subir, mais aussi de ne rien dédaigner. Ce que nous tenons à signaler, c'est le caractère moral de la méthode en question. La croyance à l'existence d'autres êtres et la connaissance qu'on en peut avoir ne s'imposent pas et n'entrent pas en nous du dehors. C'est quelque chose qu'on acquiert et qu'on se donne. Il n'y a là rien d'instinctif, rien d'aveugle, rien de fatal.

Il est essentiel de ne pas perdre de vue que les négations comme les affirmations ne portent jamais ni sur les apparences sensibles, ni sur les idées comme telles; elles ne portent toujours et ne peuvent porter que sur l'être. Et la condition des négations comme des affirmations se trouve dans l'état d'âme, dans les dispositions morales de ceux qui les formulent.

L'état d'âme de ceux qui nient, c'est l'égoïsme. Et il ne s'agit pas ici de ceux qui nient seulement en paroles — le cas peut se rencontrer — mais il s'agit de ceux qui nient en acte et en pensée. Qu'est-ce en effet qu'être égoïste? C'est se considérer comme un centre en qui tout doit s'unifier et à qui tout se ramène. C'est poser son individualité comme un absolu de qui tout dépend. L'égoïste voudrait remplir à lui tout seul le temps et l'espace. Il prétend n'exister que par lui-même et se suffire à lui-même. Et ainsi il s'affirme aux dépens de tout le reste. On peut dire qu'il se fait l'être de tout ; il veut que tout soit sa chose, que tout soit pour lui. Si cependant dans ces dispositions il a encore l'air de croire à l'existence de réalités en soi dont il cherche à s'emparer pour vivre et pour agrandir extérieurement son être, et s'il évite ainsi le scepticisme pur et simple, ce n'est que pour tomber dans un dogmatisme illusoire. C'est qu'en effet des réalités en soi qui à un degré quelconque n'existent pas pour soi, des réalités en soi qui n'ont pas une certaine autonomie, qui ne sont pas des sujets, ne sauraient être que des rêves ou des abstractions. Être réellement en soi, c'est aussi plus ou moins être pour soi. Or, en voulant que tout soit pour lui, l'égoïste ne reconnaît à rien le droit d'être pour soi : car ce qui existerait pour soi et non pour lui limiterait à ses yeux son existence. Et justement il ne veut pas que son existence ait des limites. Si donc il affirme encore malgré tout l'existence de réalités en soi, c'est en les concevant comme des choses relatives à lui. Et en conséquence son affirmation est menteuse : en fait et pratiquement il nie. Un égoïste qui jouit ne s'inquiète pas de savoir ce qui dans d'autres êtres correspond à sa jouissance. C'est que pour lui il n'y a pas d'autres êtres : il n'y a que des choses dont il use ou des idées dont il s'amuse et s'enchante. Aussi il est seul.

Et si d'une certaine façon il cesse d'être seul, ce n'est que par les contrariétés qu'il subit, quand les autres êtres lui font sentir qu'ils ne sont pas simplement des choses à sa disposition. De là résulte, relativement à l'existence des autres êtres, ce que nous pouvons encore appeler une foi de crainte qui s'oppose à la foi d'amour, et analogue à la foi de crainte que nous avons signalée en parlant de Dieu. Mais il faut redire aussi ce que nous en avons dit : croire uniquement par crainte, c'est croire en niant. En conséquence c'est là une foi qui tend à disparaître et qui peut finir par disparaître en effet. Quand on subit les autres êtres au lieu de les accepter on les sent peser sur soi comme une fatalité aveugle et sourde. On est écrasé par eux, et on s'efforce de les rejeter et de s'en délivrer. Si ce n'est pas la solitude, c'est pire que d'être seul.

En toute hypothèse il apparaît donc bien nettement que l'égoïsme est la négation des autres êtres comme tels et que toute négation des autres êtres implique l'égoïsme. Et nier les autres êtres c'est les méconnaître, c'est ne les voir que par le dehors et comme des phénomènes.

Mais peut-on s'affirmer soi-même sans être égoïste ? Et à cause de la compénétration des êtres toute affirmation de soi n'est-elle pas nécessairement une négation des autres ? Quand on nie les autres êtres c'est évidemment par le désir d'accaparer pour soi l'être tout entier. Et n'est-ce pas la seule manière d'être vraiment et pleinement ? Cependant, il a été dit : celui qui aime son âme la perd. Et en effet celui qui pour s'affirmer nie les autres êtres, en ne les considérant que par le dehors, en ne voyant en eux que des phénonèmes ou des choses à sa disposition, aboutit à s'isoler. Et une fois isolé, niant les autres, il se sent nié par eux. Tout le refoule et le resserre en lui-même. L'être qu'il s'efforce d'affirmer en lui au détriment des autres êtres lui échappe incessamment. Il peut avoir des instants ou même des années d'illusion, mais tôt ou tard son affirmation périclite et son rêve s'écroule.

Et qu'on ne dise pas que pour s'affirmer légitimement soi-même on n'a besoin que de Dieu seul. Oui sans doute, à qui perd tout Dieu reste encore ; mais c'est qu'avec Dieu on retrouve tout. Et cette formule : Dieu nous suffit, serait tout à fait inexacte si on l'entendait en ce sens qu'on peut ne pas tenir compte des autres êtres. Ce qui est vrai c'est que sans Dieu rien ne nous suffit. Nous sommes premièrement par Dieu et secondairement par tout le reste. Et en vertu de la compénétration des êtres et de la solidarité qui les lie nous avons besoin de tout le reste pour nous affirmer nous-mêmes et pour affirmer Dieu. Voilà pourquoi nous ne pouvons aimer Dieu sans aimer le prochain, ni aimer le prochain sans aimer Dieu. Aussi a-t-il été dit que ces deux commandements n'en font qu'un. En conséquence, comme Dieu nous veut par les autres, nous ne pouvons nier les autres sans être amenés par le fait même à nier Dieu. Et nier Dieu pour s'affirmer soi-même, nous l'avons vu, c'est une duperie.

Si donc on ne pouvait s'affirmer soi-même qu'en niant les autres, l'affirmation de soi-même ne serait jamais légitime ni solide; et il y aurait, comme le prétendent les pessimistes, un antagonisme irréductible entre tous les êtres. Mais aussi pour ne pas nier les autres il faut en un sens se nier soi-même. Seulement, s'il est vrai de dire qu'en aimant son âme on la perd, il est également vrai de dire qu'en perdant son âme on la sauve.

*
* *

On méconnaît les autres, comme on méconnaît Dieu, comme on se méconnaît soi-même, en voulant être par le dehors, en s'efforçant de se faire une place de plus en plus grande au soleil, et en se considérant comme un individu dont la destinée est de s'étendre à l'infini dans l'espace et dans le temps. C'est ainsi qu'on rêve de ne pas mourir et de posséder l'univers tout entier. Telle est la forme sous laquelle il faut se nier pour trouver Dieu et les autres, et pour se trouver soi-même dans la vérité de son être.

De même que c'est par égoïsme qu'on nie les autres êtres, c'est par désintéressement qu'on les affirme. Ils ne sont pour nous que si nous consentons qu'ils soient. Assurément si nous ne consentons pas qu'ils soient, cela ne les empêche pas d'être en eux-mêmes par la volonté de Dieu et par leur volonté propre, et nos négations n'y font rien. Mais en nous tout est différent selon que nous les affirmons ou que nous ne les affirmons pas. Or pour les affirmer, pour consentir qu'ils soient, il faut les vouloir en eux-mêmes et pour eux-mêmes dans la mesure où ils sont, c'est-à-dire dans la mesure où comme sujets ils ont une autonomie. Mais pour les vouloir ainsi et pour les reconnaître comme tels il faut r[enon]cer à les posséder comme des choses et aussi ce[s]ser de les redouter comme des ennemis. Il faut consent[ir] à n'être pas tout. Cette condition est indispensab[le] pour accomplir le travail d'interprétation dont nou[s] avons parlé plus haut, et pour arriver à donner à tou[t] ce que nous expérimentons son véritable sens.

Dès lors que notre égoïsme ne nous aveugle plus, [à] travers les phénomènes ou plutôt dans les phénomène[s] mêmes nous découvrons les autres êtres et nous les affi[r]mons. Nous reconnaissons que nous sommes par eux. En nous dépouillant de notre individualité égoïste, e[t] nous faisant petits par le dehors, pour nous retrouve[r] en Dieu intérieurement, nous les retrouvons ave[c] nous. Nous les voulons en Dieu et par Lui, en mêm[e] temps que nous nous voulons nous-mêmes.

De ce point de vue le monde n'apparaît plus seule[ment comme un système de phénomènes ou de chose[s] dont on serait le centre. Il apparaît comme un systèm[e] d'êtres, dont chacun est centre à sa manière, bien qu[e] tous soient solidaires les uns des autres. C'est un chan[gement complet de perspective.

Ce n'est qu'en cherchant à être par le dedans qu[e] nous pouvons avoir pour nous-mêmes une certitud[e] d'être pleine et solide. Mais c'est aussi en cherchan[t] à être par le dedans que nous pouvons être certain[s] de l'existence des autres êtres comme nous somme[s] certains de l'existence de Dieu. Quand en effet nou[s] cherchons à être par le dedans et que, par le fai[t] même, nous cessons de vouloir nous emparer de tout, comme si tout n'était que choses à notre disposition[,] nous ne trouvons plus d'obstacles dans les autres êtres. Et alors, comme ils sont en nous et que nous somme[s] en eux par compénétration et solidarité, nous les ren[controns intérieurement, voulus par Dieu ainsi qu[e]

us sommes voulus nous-mêmes. C'est de cette façon
[qu]e se rencontrent deux volontés qui s'aiment, et
[qu]i au lieu de se nier et de se limiter s'affirment
[ré]ciproquement et se redoublent l'une par l'autre.
Par le désintéressement il semble d'abord qu'on
[pe]rd tout et qu'on se perd soi-même ; mais en réalité
[on] ne perd que des illusions. Ce qu'on sacrifie on le
[re]trouve au centuple. L'existence des autres êtres à
[la]quelle on consent, qu'on accepte et qu'on veut,
[de]vient comme une extension de sa propre existence
[au] lieu d'en être une limitation, parce qu'en les vou-
[lan]t en soi on se veut en eux, parce qu'en les affir-
[ma]nt on se fait affirmer par eux. Et si du dehors on
[est] meurtri et écrasé, on ne domine pas seulement
[la] nature, ainsi que le disait Pascal, parce qu'on sait
[qu']on est écrasé par elle et qu'elle l'ignore : ce ne
[ser]ait là encore qu'une satisfaction stoïque, transitoire
[et] stérile ; mais on la domine en acceptant d'être
[écr]asé avec la certitude qu'on est impérissable, avec
[le] sentiment très ferme qu'en se dépouillant de son
[égo]ïsme par les meurtrissures et les négations qu'on
[sub]it, on ne fait que s'ouvrir à Dieu et aux autres
[pou]r s'affirmer avec eux dans la plénitude de l'être.

*
* *

C'est donc en aimant les autres qu'on les fait exis-
[ter] pour soi. Et on croit d'autant plus fermement à
[leu]r réalité qu'on les aime davantage. Mais, selon
[une] remarque déjà faite, il ne faut pas confondre
[aim]er et désirer : désirer c'est vouloir prendre, ai-
[mer] c'est se donner.

L'égoïste désire les autres êtres, et c'est en les
[dési]rant qu'il les transforme en choses à ses yeux et
[qu']il les nie. Mais malgré son désir il reste impuis-

sant à s'emparer d'eux parce que du dehors on ne peut jamais saisir des êtres en eux-mêmes. Ils se ferment à lui comme il se ferme à eux. Non seulement tout lui manque, mais tout se dresse contre lui. Et au lieu de la plénitude d'être qui est l'objet de son désir il ne trouve de toutes parts qu'obstacles irritants et limitations exaspérantes. Plus il s'étend à l'extétérieur, plus il accapare de choses, plus il devient riche ou puissant et plus en même temps il donne prise aux attaques du dehors. Plus il cherche à se remplir et plus le vide intérieur qui est en lui se creuse. Et ainsi en définitive ses négations retombent douloureusement sur lui. Et il a beau vouloir s'affirmer et affirmer des choses en dehors de lui, pour s'appuyer sur elles, sa certitude est blessée à mort.

Celui qui aime au contraire, en se donnant à tout, conquiert tout. Il fait tomber toutes les barrières qui le séparent des autres, tous les obstacles qui l'isolent. Il s'ouvre même à ceux qui le nient, répondant à la haine par l'amour, et tâchant, comme dit St Paul, de vaincre le mal par le bien. De cette façon il peut entrer en communion avec le système entier des êtres dans sa multiplicité et sa variété infinies. C'est ainsi qu'un St Francois d'Assise appelait tout ce qui l'entourait ses frères et ses sœurs. Ce n'était pas sans doute qu'il jugeât que tous les êtres de la nature fussent ses égaux. Mais partout il voyait des existences voulues par Dieu et qu'il devait vouloir avec Lui et en Lui, des existences avec lesquelles, du point de vue de Dieu, la sienne s'harmonisait. Ce n'était plus pour lui des choses bonnes à posséder ou des choses nuisibles à repousser. C'étaient des êtres. En leur ouvrant son âme il s'enrichissait de leur substance. Et en même temps il leur prêtait sa pensée et son cœur pour louer et pour aimer Dieu. Il croyait à leur réalité avec une foi d'amour : n'ayant d'eux rien à craindre, rien ne l'empêchait de leur reconnaître le droit à tous les degrés de s'épanouir dans l'être.

Avons-nous besoin de dire que nous ne prétendons pas ici présenter St François d'Assise comme un métaphysicien qui aurait eu une doctrine méthodiquement élaborée ? Ce que nous considérons ce sont ses dispositions et son attitude comme condition d'une croyance vraie et sincère, non pas seulement en paroles mais en actes, à la réalité des autres êtres. Et c'est justement parce qu'il ne désirait plus rien qu'il aimait tout en Dieu et Dieu en tout avec une âme toute grande ouverte[1].

Tous les êtres n'ayant pas la même réalité, nous n'avons pas à croire en eux de la même façon ni à les aimer également. Ce qui fait le plus ou moins de réalité d'un être c'est le plus ou moins d'autonomie dont il jouit. Comme les êtres subsistent les uns par les autres, ceux qui ont moins d'autonomie sont subordonnés par le fait même à ceux qui en ont plus.

A ce titre les êtres raisonnables et libres qui participent consciemment à la vie divine ont des droits sur les autres êtres. Mais la portée et le sens de ces droits sont déterminés par le rapport des êtres entre eux et par leur rapport commun au même principe et à la même fin.

Aucun être n'appartient à un autre être pour qu'il s'en serve à son gré et à son caprice. Quand nous agissons nous faisons toujours, d'une manière ou d'une autre, collaborer à notre acte des énergies étrangères

---

1. Il est intéressant aussi de constater avec quelle intensité, par exemple, un St Vincent de Paul croyait à la réalité des autres hommes, dont il sentait vraiment toutes les souffrances et toutes les misères. Combien différent de ceux pour qui les autres hommes ne sont que des instruments, ou simplement des fantômes dans un rêve et dont ils n'ont pas à s'inquiéter !

que nous captons. Mais si nous agissons en égoïste nous abusons d'elles; nous les détournons de leur fin. Quand nous commettons le mal ce n'est pas Dieu seulement ou nos semblables que nous méconnaissons; nous méconnaissons la nature entière, le système entier des êtres. Si au contraire nous nous servons des êtres inférieurs pour nous unir à Dieu et à nos semblables nous leur donnons une valeur qu'ils n'avaient pas et en même temps nous les pacifions en les unifiant[1].

Voir en eux seulement des moyens, ce serait nier leur réalité comme êtres : car tout être est plus ou moins une fin en soi. Il faut donc se servir d'eux de telle sorte qu'ils approuveraient et consentiraient, s'ils pouvaient prendre clairement conscience du but que nous poursuivons avec leur concours. Tout en agissant par eux nous avons aussi à agir pour eux. Les droits que nous avons sur eux sont des devoirs que nous avons à remplir envers eux. Nous devons les vouloir comme Dieu les veut, et les aimer comme Dieu les aime. Et les transformations que nous leur faisons subir ne sont légitimes que si nous les améliorons en nous améliorant.

On considère souvent la nature comme un système qui serait dès maintenant harmonieusement constitué. C'est un optimisme aveugle et décevant. S'il en était ainsi il n'y aurait rien à faire. Dans la nature au contraire — et par nature j'entends l'ensemble des êtres créés — les énergies s'opposent et sont en lutte les unes contre les autres. Et ce que nous avons à faire c'est de dompter, d'assouplir ces énergies pour

---

[1]. Expectatio creaturæ revelationem filiorum Dei expectat. Vanitati enim creatura subjecta est non volens, sed propter eum qui subjecit eam, in spe quia et ipsa creatura liberabitur a servitute corruptionis in libertatem gloriæ filiorum Dei. Scimus enim quod omnis creatura ingemiscit et parturit usque adhuc (*Rom.*, VIII, 19-22.)

les faire converger, comme par un seul acte d'amour, dans une fin commune. Mais pour obtenir ce résultat les êtres libres et raisonnables n'ont qu'à s'harmoniser entre eux. Et pour s'harmoniser entre eux ils n'ont qu'à s'harmoniser avec Dieu. « L'homme qui en est arrivé là, dit Rusbrok, est la joie de toutes les créatures. »

Si les êtres libres ont à se servir les uns les autres, ils n'ont jamais à se servir les uns des autres. A cause de leur égale autonomie, ils peuvent se séparer ou s'unir entre eux plus profondément qu'ils ne peuvent se séparer des autres êtres ou s'unir avec eux. Combien sont loin l'un de l'autre des ennemis qui se nient réciproquement par la haine et dont chacun dit de l'autre : il n'existe plus pour moi! Cette formule courante, à notre point de vue, est très significative. Mais combien aussi sont près l'une de l'autre des âmes qui se rencontrent en Dieu, au plus profond d'elles-mêmes, et qui s'affirment réciproquement en vivant l'une par l'autre et l'une pour l'autre! C'est là que la certitude et l'amour atteignent leur maximum d'intensité.

VII

CARACTÈRE MORAL DE NOS AFFIRMATIONS

Leibnitz disait que les monades n'ont pas de fenêtres ouvertes sur le monde. C'est vrai sans doute en un sens pour toutes celles qui, à quelque degré que ce soit, n'ont que des appétits ou des désirs et qui, incapables d'aimer et de croire, restent enfermées en elles-mêmes. Mais quand il s'agit des âmes, quand il s'agit de nous, qui par la raison et le libre arbitre avons une autonomie morale, si par égoïsme il nous est possible également de rester enfermés en nous-mêmes, sans fenêtres ouvertes sur le monde des êtres, nous pouvons aussi et nous devons en ouvrir par désintéressement et par amour ; et nous pouvons non seulement ouvrir des fenêtres pour voir et pour être vus, mais encore des portes pour sortir et pour laisser entrer.

Il est bien évident toutefois que pour trouver les autres dans leur réalité intérieure, il faut les chercher en Dieu comme il faut s'y chercher soi-même. Pour croire à leur être, pour dire : ils sont, comme pour dire : je suis, il faut les fonder en Dieu comme il faut s'y fonder soi-même, parce que sans Dieu rien ne peut être, et que sans Dieu aucune certitude n'a de garantie.

En se séparant de Dieu les êtres se séparent aussi les uns des autres ; et alors ils ne se voient plus que par le dehors ; ils ne se considèrent plus que comme des phénomènes qui s'écoulent dans le temps et comme des choses qui se limitent dans l'espace ; ils se prennent réciproquement pour moyens, chacun voulant que les autres ne soient que des instruments pour la satisfaction de ses désirs ; et ainsi ils se heurtent, en même temps qu'un abîme de plus en plus profond se creuse entre eux.

Au contraire en s'unissant à Dieu, ils s'unissent les uns aux autres, ils se pénètrent, ils s'affirment mutuellement, ils se considèrent comme des êtres. Dans leur fin commune qui est Dieu ils deviennent des fins les uns pour les autres. Ils constituent un système vivant, reliés les uns aux autres par l'amour, et affermis dans l'être les uns par les autres : comme les pierres d'un édifice solidement bâti qui se soutiennent réciproquement. Dieu est à la fois le fondement et la clef de voûte du système.

Il apparaît donc enfin que l'affirmation de soi, l'affirmation de Dieu et l'affirmation des autres êtres sont indissolublement solidaires. Il s'agit ici évidemment d'affirmations soumises à l'épreuve de la critique et de la réflexion, et pour lesquelles les déceptions ne sont plus à craindre. Je ne puis m'affirmer sans affirmer Dieu et sans affirmer les autres : car je suis par les autres et par Dieu. Je ne puis affirmer les autres sans m'affirmer et sans affirmer Dieu : car les autres aussi sont par Dieu et par moi. Enfin je ne puis affirmer Dieu sans affirmer les autres et sans m'affirmer moi-même : car, si Dieu n'existe ni par moi ni par les autres, mais par lui-même, il ne s'affirme cependant en moi que par mon concours et le concours des autres. Tout se fait par coopération. C'est justement ce qu'il s'agit de reconnaître. On perd tout quand on s'abandonne, quand on se livre[1], quand on croupit dans l'inaction intérieure, comme les quiétistes, sous prétexte que l'on n'est rien[2]. Mais on perd tout aussi quand on veut se suffire à soi-même et que pour être pleinement on s'imagine pouvoir s'emparer des autres et de Dieu par ses propres forces. On ne s'empare pas ainsi de ce qui est en soi. Dieu et aussi les autres s'appartiennent à eux-mêmes. Pour les conquérir, pour être par eux, pour avoir la certitude d'être par la certitude qu'ils sont, il faut se donner à eux.

*
* *

L'être est donc atteint et connu par une expérience intime d'un caractère unique. Ce n'est pas une

---

1. Nous avons cru pouvoir employer ces expressions pour signifier le fait d'être passif, bien que dans le langage des mystiques chrétiens elles aient en réalité un autre sens.

2. Ei autem qui non habet et quod videtur habere auferetur ab eo (Matt., XXV, 29 et Luc, VIII, 18).

intuition, c'est encore moins une sensation. C'est un acte par lequel consciemment et librement on s'affirme en Dieu et par Lui en affirmant les autres. Et à proprement parler cet acte est une acceptation, une ratification de l'acte créateur, une réponse d'amour à l'amour de Dieu.

La certitude qui a pour objet l'être, la certitude métaphysique, a donc pour caractère essentiel d'être vivante. Et étant vivante elle est morale. Et en disant qu'elle est morale nous ne voulons pas dire qu'elle ne repose, par exemple, que sur des probabilités ou qu'elle manque de garanties suffisantes. Elle est morale en ce sens qu'elle est notre œuvre, œuvre que nous accomplissons avec le concours de Dieu et le concours des autres, mais pour laquelle notre action propre est indispensable. Nous ne l'opposons nullement à la certitude absolue. Nous disons au contraire qu'elle est absolue parce qu'elle est morale, parce qu'elle est libre et que nous ne la subissons pas. Se réalisant par le dedans elle est pleinement nôtre, et rien du dehors n'y peut malgré nous porter atteinte. Elle est Dieu même agissant en nous et accepté par nous.

Et qu'on ne nous objecte pas surtout qu'en parlant ainsi nous nions, selon l'expression courante, la valeur de la raison humaine. On dénaturerait étrangement notre pensée. Nous avons montré que nos affirmations métaphysiques sont étroitement solidaires, et nous avons montré aussi que croire c'est agir et non pas seulement penser dans le sens de combiner, de déduire ou de systématiser des idées. Mais il est bien évident toutefois qu'on ne croit pas sans penser. Nous n'essayons pas de séparer ce qui est inséparable. Croire est un acte moral, et pour agir moralement il faut savoir ce que l'on fait. Sans boussole un navire ne peut pas se diriger. Néanmoins, ce n'est pas la boussole qui choisit le but où il tend, ni qui le fait avancer.

Mais qu'on ne s'y méprenne pas, en établissant que l'action a dans la certitude un rôle essentiel, nous ne prétendons pas que l'action se substitue à la connaissance et à la science. Ce ne sont pas là des choses qui s'opposent et qui peuvent se substituer l'une à l'autre. Nous ne disons pas que la raison est impuissante, que la pensée est stérile, et que la science est vide. Ce que nous cherchons, au contraire, c'est à avoir des pensées de plus en plus vivantes et une science de plus en plus pleine. Mais cette science de plus en plus pleine doit être une science de l'action, une science des conditions de la certitude, en un mot une science de la vie. Et ce qu'on doit chercher par elle c'est à s'éclairer soi-même jusque dans ses dernières profondeurs, en même temps qu'à éclairer les autres. Nous ne méconnaissons ni la nécessité de raisonner, ni les lois de la logique. Et ce serait singulièrement puéril de nous accuser de subjectivisme parce que nous disons qu'il y a lieu d'instituer une science du sujet et de ce qui se passe dans le sujet.

*.

Nous ferons remarquer cependant qu'en parlant, comme on le fait souvent, de la valeur de la raison humaine on risque de se duper par une abstraction. Il n'existe pas en effet de raison humaine en général, de faculté impersonnelle opérant uniformément la vérité chez tous les individus à la fois. Il faut faire attention à ne pas tomber inconsciemment dans l'Averroïsme. En réalité il y a votre raison, il y a celle des autres et il y a la mienne. Et elles valent ce que nous valons. Et la preuve c'est qu'elles sont loin, hélas ! de toujours s'accorder. Il y a des vérités pour vous qui sont des erreurs pour moi et réciproquement. Et qu'avons-nous à faire si ce n'est justement de travailler à mettre nos raisons d'accord? Mais nous aurons beau raisonner conformément à toutes les lois de la logique, si chacun de nous, sous prétexte de respecter en lui la valeur de la raison humaine, reste ce qu'il est, fixé dans son point de vue, l'accord ne s'établira jamais, et d'autant moins même qu'on raisonnera mieux. Encore une fois ce n'est pas qu'il soit inutile ni surtout nuisible de raisonner. Mais pour aboutir au but il faut se mouvoir en raisonnant, il faut se modifier, il faut au moins par condescendance et charité se mettre à la place des autres et à leur point de vue pour les comprendre. Celui qui gît dans un souterrain ne peut pas voir comme celui qui se dresse debout sur une montagne.

La vérité n'est pas une chose toute faite qui tombe d'en haut dans l'esprit. Quand on en parle comme d'une notion qui existerait objectivement au-dessus de nous et en dehors de nous, on est encore dupé d'une abstraction. La vérité, c'est l'accord des esprits, de même que le bien est l'accord des volontés. Et qu'on ne nous objecte pas que les esprits peuvent s'accorder dans l'erreur et les volontés dans le mal : car, ce qu'on appelle un accord dans l'erreur et dans le mal, ce ne peut toujours être qu'un accord restreint, apparent et provisoire. Tous les esprits ne peuvent pas s'accorder à la fois dans l'erreur, ni toutes les volontés dans le mal. Être dans l'erreur en effet c'est ériger une manière de penser relative et particulière en manière de pensée absolue et universelle ; l'erreur est par essence exclusive. De même être dans le mal c'est s'opposer par égoïsme à d'autres volontés. Et quand il arrive que plusieurs esprits s'accordent dans une affirmation erronée—et plusieurs volontés dans une disposition mauvaise, leur accord n'est qu'à la surface et tout extérieur ; il est instable, et par suite le plus petit changement dans les circonstances le fait disparaître. C'est ce que nous constatons tous les jours. L'accord, au contraire, qui constitue la vérité et le bien, accord réel et profond, a pour caractère d'être universel et absolu, indépendant des circonstances extérieures. Être dans la vérité c'est penser ce qui peut être pensé par tous les esprits à la fois, de telle sorte que si on est en opposition avec les autres, c'est parce qu'ils en sont encore à un point de vue exclusif. De même être bon c'est vouloir ce qui peut être à la fois voulu par tous ; c'est prendre une attitude telle que, si tous la prenaient, il n'y aurait plus d'opposition.

Ceci revient à dire évidemment que, si la vérité est l'accord des esprits et le bien l'accord des volontés, les esprits et les volontés ne peuvent s'accorder qu'en se rencontrant et en s'unifiant en Dieu. Finalement il faut donc dire que la vérité c'est de penser comme Dieu pense, et que le bien c'est de vouloir comme Dieu veut. Mais ainsi entendus ces mots : vérité et bien, signifient tout autre chose que des abstractions vides et froides. La vérité et le bien, c'est l'union de chaque âme vivante à Dieu vivant, et par Dieu à tous les autres êtres. On grandit dans la vérité comme on grandit dans le bien en se dépouillant de ce qu'il y a en soi de relatif. Et il y a toujours lieu de croire que le dépouillement n'est pas complet, si bien que pour progresser il faut incessamment se défier de soi. *Qui dicit semel sufficit, periit*, dit S¹ Augustin[1].

Chacun de nous est toujours porté à s'imaginer que le monde entier va crouler ou que la raison humaine est

---

1. « Quand l'homme croira avoir fini il n'en sera qu'au commencement. » Eccl., XVIII, 6.

en danger, quand le petit système d'idées dans lequel il s'abrite se heurte à des oppositions qui l'ébranlent. Le monde ne croule pas et la raison humaine ne périclite pas pour si peu. Ce n'est pas le monde du reste ni la raison humaine qui sont jamais menacés ; et ce n'est pas nous non plus, au moins dans notre réalité vraie, dans notre essence intime ; car rien du dehors ne peut la violer malgré nous. Ce qui est menacé, ce qui peut être détruit et enlevé, c'est seulement ce qu'il y a de relatif en nous. Si nous n'y sommes pas attachés nous n'avons jamais rien à craindre. Voilà ce qu'il faut comprendre afin de tirer profit des oppositions les plus déconcertantes. Voilà ce qui faisait dire à St Paul que tout coopère au bien de ceux qui aiment Dieu. C'est que tout les aide, les joies et les souffrances, à donner à leur vie son véritable sens.

*
* *

On doit comprendre enfin en quoi consiste ce que nous appelons le Dogmatisme moral. Spéculativement c'est l'explication de la certitude par l'action : pour connaître l'être et pour y croire il faut coopérer à se donner l'être à soi-même dans sa vie librement voulue. Pratiquement c'est la mise en œuvre de la méthode critique et de la méthode ascétique pour se dépouiller de toute relativité dans sa manière d'être et dans sa manière de penser. Il se distingue nettement du scepticisme, d'après lequel nous sommes invinciblement enfoncés dans le relatif, et du dogmatisme illusoire, d'après lequel il suffit de penser et d'avoir des idées pour être dans l'absolu. En vertu de notre condition humaine nous naissons et nous sommes en effet naturellement dans le relatif ; mais ce que nous avons à faire en vivant, c'est justement d'en sortir, et c'est parce que nous avons le pouvoir d'en sortir que nous sommes des êtres moraux.

Assurément en formulant ce Dogmatisme moral nous n'introduisons pas une nouvelle méthode de découvrir la vérité et de réaliser en soi la certitude. Et tout ce que nous prétendons à ce point de vue, c'est simplement que ceux, quels qu'ils soient, qui ont eu la certitude dans la vérité et qui ont cru à l'être sans subir aucune illusion, n'ont pas suivi d'autre méthode que celle-là. Sans aucun doute les circonstances extérieures, les causes occasionnelles, les motifs mêmes qui paraissent déterminants, sont différents pour chacun. L'un découvre Dieu dans l'histoire, un autre dans les beautés de la nature, un autre dans la joie, un autre dans la peine, un autre en étudiant les philosophes, etc. En ce sens on peut dire que chacun a sa voie propre, et que Dieu pour se faire accepter se fait tout à tous. Néanmoins, malgré toutes les différences, le passage de l'erreur à la vérité, et aussi le passage du doute à la certitude se fait toujours par un changement du cœur.

Et s'il en est qui s'imaginent que le changement du cœur leur est imposé au contraire par la vérité venant du dehors, c'est que derrière l'accident ou la circonstance qui les frappent, sous les raisonnements plus ou moins compliqués par lesquels ils passent, ils ne savent pas encore apercevoir la démarche essentielle et décisive par laquelle, en acceptant Dieu librement au plus profond d'eux-mêmes, ils modifient leur manière de voir en modifiant leur manière d'être[1].

---

[1]. Rien n'est plus instructif à cet égard que les récits de conversions où l'on prend pour ainsi dire la vie sur le fait.
Cf. *L'Inquiétude Religieuse*, par H. Brémond. Perrin. On trouvera là des études concrètes de Psychologie, faites avec autant de délicatesse que de pénétration, et qui peuvent servir grandement à illustrer la thèse que nous soutenons.

Pour s'épanouir dans la vérité, en se fixant dans la certitude et la possession de l'être, le tout est d'accepter Dieu, de s'ouvrir à Lui toujours plus profondément et plus largement. Mais il ne vient pas une fois pour toutes, à un moment donné, par une idée qui entre dans l'esprit. Il vient sans cesse; sans cesse il frappe à la porte et « il arrive toujours pour la première fois, comme s'il n'était jamais venu : car son arrivée, indépendante du temps, consiste dans un éternel présent; et un éternel amour renouvelle éternellement les joies de l'arrivée[1] ». L'amour est donc le premier et le dernier mot de tout. Il est le principe, le moyen et la fin. C'est en aimant qu'on sort de soi et qu'on s'élève au-dessus de son individualité temporelle. C'est en aimant qu'on trouve Dieu et les autres êtres et qu'on se trouve soi-même. Et on ne trouve Dieu et les autres êtres et on ne se trouve soi-même que pour aimer encore. Et ainsi toujours sans fin ni trêve. L'amour ne s'épuise pas, il s'engendre lui-même, il naît de lui-même toujours renouvelé et agrandi. Et l'amour est à la fois lumière, chaleur et vie.

1. Rusbrock.

Novembre 1898.

ÉCLAIRCISSEMENTS
SUR LE DOGMATISME MORAL

ÉCLAIRCISSEMENTS
SUR LE DOGMATISME MORAL

Les différentes manières dont quelques-uns semblent voir compris le *Dogmatisme moral*, en l'appelant soit le *Volontarisme*, soit le *Dogmatisme du cœur*, soit de tout autre nom, ont rendu nécessaires quelques explications nouvelles. Ce n'est pas que je veuille entreprendre de répondre directement aux critiques qu'on a pu faire. Mais, convaincu que je suis, en ce qui me concerne, et de l'imperfection de mes pensées et de l'imperfection de l'expression qu'elles ont reçue, je désire seulement essayer de les préciser sur certains points, afin de me mettre à l'abri, autant qu'il dépend de moi, des fausses interprétations.

I

LE DOGMATISME MORAL CONSIDÉRÉ COMME MÉTHODE

Qu'on me permette tout d'abord de dire aussi nettement que possible quelle a été mon intention.

Le subjectivisme dont on parle tant n'est pas une chimère, bien qu'on en parle souvent sans trop savoir de quoi il s'agit. C'est un état d'esprit, ou au moins une tendance, qui se manifeste incessamment autour de nous, et qui résulte de l'individualisme protestant ou rationaliste. Mais en définitive cependant ce n'est pas autre chose que la forme moderne du scepticisme[1].

Et contre ceux qui ont cru pouvoir me reprocher d'y prêter les mains, je proteste et j'affirme que je n'ai jamais eu d'autre dessein que de le combattre et d'y remédier. Toutefois, pour y remédier efficacement, il m'a semblé qu'il ne suffisait pas de le dénoncer, après l'avoir simplement constaté comme un fait, mais qu'il était indispensable d'en bien faire voir le sens et les origines.

C'est comme pour se délivrer d'un joug que les protestants et les rationalistes ont commencé par dire : « que chacun pense comme bon lui semblera ». Et sans doute ils étaient persuadés que l'accord entre les esprits allait se réaliser comme par enchantement, soit que les uns crussent que l'Esprit-Saint inspirerait à tout le monde la vérité, soit que les autres supposassent que la même raison éclairerait chacun des mêmes lumières.

Or ce qui est sorti de là, ce n'est point l'accord, mais une diversité infinie dans les façons de penser. Voilà le fait. Et c'est de ce fait que maintenant cer-

---

[1]. Il y aurait lieu néanmoins de distinguer deux sortes de subjectivisme : d'une part le subjectivisme conscient de ceux qui se déclarent eux-mêmes subjectivistes et qui prétendent assister au spectacle de leurs idées, comme à un jeu d'ombres chinoises, sans croire à rien ; et d'autre part le subjectivisme inconscient de ceux qui se font centre de vérité et qui, érigeant en dogme leur manière même de penser, s'imaginent que si les autres ont à changer afin de penser comme eux, ils n'ont jamais, eux, à changer, afin de penser comme les autres. Or ce subjectivisme-là est un péché dont nous sommes tous, hélas ! plus ou moins coupables ; et pour lutter efficacement contre l'autre, c'est contre celui-là qu'il faut tout d'abord se tenir en garde.

tains philosophes veulent prendre leur parti. L'accord autrefois rêvé ne s'étant pas produit, ils le considèrent comme une pure illusion. En conséquence chacun d'eux se juge en droit de s'enfermer en lui-même, de se faire sa vérité à lui, vérité particulière, relative, momentanée, dont il se sert et qu'il n'a jamais à servir.

Et il est curieux de remarquer que c'est seulement à cette condition qu'ils croient pouvoir se dire libres, et que c'est au nom de la liberté qu'ils rejettent tout dogmatisme. Ils ne veulent plus qu'il y ait de vérité qui soit la même pour tous, parce que, s'il y avait une telle vérité, ils devraient lui sacrifier leurs façons de voir individuelles. Et ainsi ils ne proclament qu'ils ne croient plus à rien que pour affirmer les droits sacrés de l'individu. Dans la phraséologie bruyante des libres penseurs de club, comme sous la plume d'un Renan, ces deux choses sont toujours combinées.

Et il faut bien le dire, en général et à des degrés différents, ce mot : « la vérité », a le privilège de faire peur à nos contemporains. Et s'ils en ont peur, c'est qu'ils s'imaginent que la vérité est une chose qu'on voudrait introduire en eux du dehors, comme de force, et qui, une fois entrée, leur ferait subir une contrainte en comprimant en eux le mouvement de la vie, et de la pensée. Nous touchons ici à la racine du mal. Il leur semble qu'il n'y a point d'autre alternative que la tyrannie ou l'anarchie ; et ils inclinent vers l'anarchie, au risque d'être obligés ensuite d'avoir recours à la tyrannie pour en pallier les effets.

Si, comme il a été dit, c'est la vérité qui doit nous délivrer, il y a là sans doute un énorme préjugé. Je n'ai pas à chercher en ce moment comment ce préjugé s'est formé, bien que cette recherche dût être assurément fort intéressante. Il me suffit de constater qu'en définitive il implique un sentiment très vif de la personnalité, de telle sorte que, lorsqu'on s'attaque à lui directement, on a l'air de méconnaître l'autonomie de la personne humaine et de porter atteinte à la liberté. Et voilà bien, en effet, me semble-t-il, ce qu'on reproche à tous les dogmatismes, au dogmatisme purement philosophique comme au dogmatisme religieux.

Dans ces conditions, pour qu'on ne puisse pas de prime abord nous opposer une fin de non-recevoir, si nous voulons attaquer l'individualisme et le subjectivisme de nos contemporains, la seule ressource que nous ayons, c'est de leur montrer que, contrairement à leur préjugé, la vérité nous délivre au lieu de nous asservir, et qu'au lieu d'être un obstacle à la vie elle est la vie même. Voilà le point de vue auquel je me suis placé et l'intention qui m'a dirigé.

Mais je n'ai pas cru, je l'avoue, que procéder ainsi c'était faire une concession à un préjugé temporaire ou simplement employer une tactique de circonstance. L'habileté et l'opportunisme ici ne sauraient être de mise. Il est misérable et mesquin de chercher à être de son temps, comme on dit. Ne sommes-nous pas toujours trop du temps, soit du temps présent, soit du temps passé? Et ce que nous avons toujours à faire n'est-ce pas de chercher de notre mieux, dans le temps où nous sommes, à être de l'éternité?

Le prétexte de nos contemporains à se tenir en garde contre ce que nous appelons la vérité, c'est qu'ils s'imaginent que cette vérité est asservissante et qu'elle constitue, comme ils disent, une hétéronomie. Nous ne pouvons pas évidemment leur promettre la liberté uniquement pour les allécher, quand même nous penserions avoir après coup quelque chose de meilleur à leur donner. Mais nous n'avons pas besoin de recourir à de tels subterfuges.

Ils ont raison d'aspirer à la liberté ; et, si la liberté ne se trouvait pas dans la vérité, ils auraient raison aussi d'avoir peur de la vérité. Et ce langage ne surprendra personne si l'on veut bien songer que l'Évangile n'est pas autre chose qu'une promesse de délivrance. S'ils se trompent en cherchant la liberté en dehors de la vérité et contre elle, ce n'est pas de la chercher qui est leur erreur. Ils croient la trouver en s'enfermant en eux-mêmes pour penser au gré de leur fantaisie. Elle n'est pas là, aidons-les à sortir d'eux-mêmes, à se détacher de leur individualité étroite et relative où ils sont comme emprisonnés ; et montrons-leur que la vérité n'est jamais une étrangère dans la vie.

Dès lors qu'on se place à ce point de vue on est amené tout naturellement à considérer la vérité par son côté moral. Ce n'est point là une nouveauté sans doute, puisque c'est le point de vue auquel se sont placés délibérément et explicitement les mystiques, et qu'en définitive c'est aussi le point de vue du Christianisme et de toute la grande théologie chrétienne. Mais il arrive qu'en se préoccupant de présenter la vérité comme un ensemble de notions liées ou juxtaposées, exigeant l'adhésion de l'esprit soit à titre de faits, soit par démonstration dialectique, on oublie de l'envisager dans son rapport avec la vie. On en fait ainsi un système défini, arrêté et mort. Et il semble après cela que le tout soit de le comprendre, comme on comprend un théorème de géométrie une fois donnée la notion sur laquelle il porte. Et c'est là ce qu'il convient d'appeler l'*Intellectualisme*. Or, contre un tel défaut, qui que nous soyons, nous avons toujours à nous prémunir. Et il ne suffit pas, certes, de le signaler chez les autres, pour n'y être plus sujet; car nous sommes toujours portés à croire que la vérité est enchaînée à notre manière de voir. Aussi le *Dogmatisme moral* doit-il être pris avant tout pour une méthode. Ce qu'il combat, c'est la prétention de faire de la vérité un système dont on pourrait s'emparer rien qu'en raisonnant, tandis que *la vérité est une vie*. Et personne, me semble-t-il, n'a eu à un plus haut degré le sens de cette méthode que St Thomas qui au moment de mourir, disait : « Tout ce que j'ai écrit ne me semble que de la paille » bonne à brûler; tant il avait conscience, malgré l'œuvre colossale qu'il venait d'accomplir, que ses pensées étaient restées inadéquates à la vérité! C'est que la vérité qui vivait en lui faisait éclater le moule humain dans lequel il l'avait mise[1].

On pourrait citer bien d'autres exemples également illustres. Et ce qui est surprenant, c'est qu'il y en ait qui s'acharnent à voir dans la philosophie de l'action ou le Dogmatisme moral une *innovation*. C'est tout simplement au contraire la continuation de la philosophie chrétienne, en tant qu'elle s'oppose radicalement au Rationalisme sous toutes ses formes et dans toutes ses prétentions. C'en est peut-être aussi, il est vrai, une *rénovation*. Mais ne sait-on pas que se renouveler est le propre de ce qui vit, et qu'en ce monde ce qui ne se renouvelle pas est déjà mort ou va mourir? Non, assurément, nous n'avons pas à nous séparer du passé. Et ceux qui se comportent comme si le monde commençait avec eux ne font que s'isoler et se rapetisser dans leur orgueil. Mais si, d'autre

---

1. Cf. *Le Mouvement Religieux*, par L. Birot (V. Lecoffre) : *La Philosophie de saint Thomas d'Aquin au XIXe siècle*. — On ne saurait mieux caractériser l'œuvre du grand théologien, en montrer la grandeur et indiquer en même temps comment nous devons nous comporter avec lui pour en tirer profit.

part, nous voulions nous transformer en simples appareils enregistreurs, en recevant la lettre de ce que nous apprenons du passé nous en laisserions infailliblement échapper l'esprit. Et aussi, disons-le bien haut, s'il est un enseignement qui se dégage de ce que dans le monde chrétien on nomme la tradition, c'est que sans cesse nous devons nous renouveler intérieurement. Et, en définitive, à ce point de vue, les partisans d'une philosophie de l'action ou d'un dogmatisme moral n'ont rien fait de plus que d'indiquer comment ce renouvellement s'effectue, en montrant que la vérité est pour nous la vie parce qu'il y a en nous une vie de la vérité.

Mais quand on envisage ainsi la vérité par son côté moral, c'est-à-dire en fonction de la vie, ce qui devient intéressant c'est moins son élaboration logique, sa mise en forme, que sa genèse dans les âmes. La vérité en effet n'est pas une chose qui vient en nous toute faite. Assurément ce n'est pas nous qui la faisons, et nous ne saurions trop répéter avec St Paul : qu'avons-nous que nous ne l'ayons reçu? Néanmoins, bien que ce ne soit pas nous qui la fassions, elle se fait en nous : elle s'y développe, elle y grandit, elle y vit. — Il arrive aussi, hélas! qu'elle y meurt. — La connaissance, par exemple, que j'ai de moi-même et que j'ai de Dieu à l'heure actuelle est très différente de celle que j'avais quand j'étais enfant. Mais si la vérité se fait en nous, et bien que ce ne soit pas nous qui la fassions, elle se fait néanmoins avec notre concours. Nous disions tout à l'heure avec St Paul : qu'avons-nous que nous ne l'ayons reçu? D'autre part nous pouvons dire aussi : qu'avons-nous que nous ne l'ayons acquis? La vérité en effet se donne, mais elle ne s'impose pas, elle ne nous enchaîne pas, elle ne nous nécessite pas, elle ne nous traite pas comme le maître antique traitait son esclave. Elle nous invite, elle nous presse. Pour pénétrer en nous elle s'adapte à nous, elle se laisse revêtir du symbole de nos misères. Elle se fait tout à tous, lait pour les enfants, aliment solide pour les hommes. Mais elle ne violente pas ; elle souffre plutôt violence. Pour l'avoir il faut écouter son appel, il faut la chercher. C'est que, dans son fond, elle est amour, et que l'amour, pour rester conforme à ce qu'il est, ne peut faire appel qu'à l'amour.

Ce caractère de la vérité se montre également si l'on considère le rôle qu'elle joue dans nos rapports les uns avec les autres. Supposons par exemple, que vous abordiez quelqu'un avec une preuve de l'existence de Dieu que vous jugez irréfragable. Quelle que soit votre preuve, si ce quelqu'un vit sans penser à Dieu, ou si, quand il y pense, il donne à ce mot, comme Proudhon, un mauvais sens, vous parlerez en quelque sorte dans le vide. Votre preuve, qui devait renverser toute résistance, se heurtera à un bloc dur et impénétrable. Bien loin de vous comprendre, on ne vous écoutera même pas. Mais commencez au contraire par vous rendre compte de l'état intérieur de celui auquel vous vous adressez, pénétrez en lui, entrez dans le vif de ses aspirations. Et, le prenant d'abord tel qu'il est, adaptez-vous à lui, prêtez-lui votre âme pour ainsi dire, partagez sa misère intellectuelle et morale, vivez avec lui sa vie, soufflez sur la mèche qui fume encore, non pour l'éteindre, mais pour la rallumer. Assurément vous aurez encore besoin de raisonner pour faire accepter la vérité que vous voulez communiquer ; mais alors vous raisonnerez avec des réalités, avec des éléments de vie, et non avec des abstractions. Vous pourrez démontrer Dieu ; mais vous le démontrerez en le faisant trouver et non en l'imposant.

Il importe de remarquer toutefois que, si pour avoir

la vérité il faut l'accepter, il ne s'ensuit pas que ceux qui ne l'acceptent pas s'en passent tout simplement. Ce serait trop commode. Ils ont beau la nier, absolument parlant, ils ne la mettent pas hors d'eux et ils ne se mettent pas hors d'elle. Ne l'acceptant pas ils la subissent. Et s'il reste juste de dire qu'elle ne *s'impose pas à eux*, en ce sens qu'il dépend d'eux de l'accepter ou non, néanmoins elle *s'impose en eux*. Malgré qu'ils la nient elle les gouverne encore. Et c'est précisément parce qu'ils ne peuvent pas s'en passer que leur négation retombe sur eux.

II

LA LIBERTÉ DANS LES AFFIRMATIONS DE L'ÊTRE

Ainsi apparaît en quel sens et dans quelle mesure j'ai dit que nos affirmations de l'être sont libres. Ceci évidemment ne signifie pas que nous ayons également le droit d'affirmer ou de nier au gré du caprice. Et il n'est sans doute pas nécessaire d'insister là-dessus davantage. Mais c'est à ce point de vue qu'il faudrait envisager la question du libre arbitre.

Pour éviter une confusion, au lieu de dire : « affirmation de la vérité », j'ai dit : « affirmation de l'être », et j'ai donné à ce mot *être* un sens concret, en opposant l'être au phénomène et en ajoutant que tout être en lui-même est un sujet ; non pas un sujet nu, sans modifications, ce qui ferait encore de l'être ainsi entendu une abstraction vide analogue à la notion d'être des logiciens, mais un sujet recevant de l'objet ses déterminations, réel et distinct comme vous et moi. Néanmoins, cela n'a peut-être pas suffi pour défendre ma pensée contre des interprétations qui la rendraient justement intolérable; et j'ai lieu de craindre qu'on ait seulement retenu en général que nos affirmations sont libres.

Et alors, si l'on considère les propositions axiomatiques du genre de celle-ci : deux quantités égales à une troisième sont égales entre elles; et si l'on considère aussi que ce qui caractérise les démonstrations c'est une rigueur nécessitante, on trouvera sans aucun doute singulier d'entendre dire que nous sommes libres en affirmant. Mais il y a lieu de distinguer entre ce qu'on peut appeler *la vérité logique et la vérité ontologique*[1]. L'une a pour objet des *rapports* entre des données ou des notions, et l'autre a pour objet des *existences* et leur *nature*. Dire d'une part, par exemple, que deux quantités égales à une troisième sont égales entre elles, ou attribuer à l'espèce ce qu'on a reconnu convenir au genre ; et dire d'autre part que Dieu *est* et qu'il est ceci ou cela, ou qu'un monde *existe* et que telle est sa *nature*, ce sont deux choses essentiellement différentes.

Or c'est uniquement quand il s'agit des existences

---

[1]. Il faudrait distinguer aussi *la vérité scientifique*, ce que les savants appellent les lois. Et nous donnons ici à ce mot *scientifique* le sens spécial qu'il a pris de nos jours, et par lequel il s'oppose à *métaphysique*. Mais étant donné l'objet de ce travail, nous n'avons pas présentement à nous en occuper. Nous pouvons dire cependant que, si l'affirmation de la vérité scientifique n'a pas à proprement parler de caractère moral, ce n'est pas non plus qu'elle s'impose à l'esprit objectivement et comme par elle-même. La vérité scientifique dépend du point de vue auquel on se place ; et le point de vue auquel on se place dépend du besoin qu'on a des choses pour aboutir aux fins qu'on poursuit en vivant. Là aussi l'activité du sujet et ses dispositions jouent un rôle. Et s'il convient d'appeler *moral* le dogmatisme métaphysique, peut-être conviendrait-il d'appeler *utilitaire* le dogmatisme scientifique.

Sur le vrai caractère de la science et sur sa portée, nous ne saurions mieux faire que de renvoyer aux articles, si remarquables à tous égards, de MM. Le Roy, Wilbois et Vincent (*Revue de Métaphysique et de Morale* — 1900-1902, *passim*).

et de leur nature que nos affirmations ont un caractère moral et que, par conséquent, elles sont libres, au sens que j'ai tout à l'heure indiqué.

Et, pour le dire en passant, peut-être ne devrait-on parler d'affirmations que quand il s'agit des existences et de leur nature. Est-ce affirmer en effet que de formuler des axiomes ou de tirer des conclusions une fois les prémisses posées? En tout cas il faut bien reconnaître que cela se fait comme malgré nous et que les affirmations de ce genre ne ressemblent pas aux autres. Il y a ainsi ce qu'on peut appeler un *dynamisme logique* de la pensée abstraite, en vertu duquel nous dégageons des notions déjà conçues ce qu'elles contiennent implicitement, ou nous organisons d'un point de vue une fois pris les données de l'expérience.

Mais sous ce dynamisme logique de la pensée abstraite, et en définitive le dirigeant et s'en servant comme d'un instrument, il y a le *dynamisme moral* de la pensée vivante en vertu duquel chacun se fait une conception de lui-même, du monde et de Dieu. Je dois me contenter ici de le signaler en faisant simplement remarquer que je l'appelle *moral* parce qu'il suppose l'action, et qu'*agir* au sens précis du mot c'est, si je puis m'exprimer ainsi, se déplacer intérieurement et devenir autre que ce que l'on était; tandis que par l'opération logique on va simplement du même au même en rendant explicite ce qui était implicite, ou en ramenant à l'unité une diversité donnée.

Aussi l'opération logique n'est-elle dynamique qu'en apparence. En réalité elle est statique. Et si on peut dire qu'en elle il y a mouvement, c'est un mouvement sur place qui à lui tout seul ne fait pas avancer. Mais puisque agir c'est se déplacer intérieurement, c'est aussi par le fait même se placer à un point de vue déterminé pour se concevoir soi-même et concevoir tout le reste. Toute action humaine, en tant qu'elle a un sens et qu'elle est animée d'une intention, comporte donc une conception de soi-même, du monde et de Dieu ; et non seulement elle la comporte, mais elle coopère au moins à la constituer en l'affirmant : car agir d'une certaine façon, c'est vouloir que la réalité soit de cette façon-là, et y travailler dans la mesure de ses forces. Et si, après avoir agi d'une certaine façon, nous ne sommes pas pour toujours enfermés dans la conception qui correspond à notre action, c'est que d'une part la réalité déborde toujours notre étreinte, et que, d'autre part, il y a toujours en nous du mouvement pour aller plus loin[1].

L'intellectualisme est un effort pour se suffire avec le dynamisme apparent de la pensée abstraite. S'il pouvait aboutir, il ne rendrait pas seulement inutiles la vie et l'action, il les supprimerait. Mais il est à remarquer que dans son fond il est, lui aussi, une attitude prise, une prétention, une démarche. A ce titre il apparaît donc lui-même comme étant d'un autre

---

[1]. L'occasion s'offrant, j'en profite pour défendre M. Blondel — et me défendre aussi moi-même — contre une singulière méprise. En rendant compte du livre de l'abbé Martin qui a pour titre : *la Démonstration philosophique*, la *Revue de métaphysique et de morale* a cru pouvoir dire que sa méthode rappelait à certains égards celle de M. Blondel. Et, à des allusions qui se trouvent de différents côtés, on devine que quelques-uns tendent au moins à assimiler leurs doctrines. C'est toujours si commode de mettre tout dans le même sac !

Or, ce qui caractérise l'abbé Martin, dont le livre malgré tout reste remarquable à tant d'égards, c'est de soutenir qu'en fait tout esprit est comme un système fermé et qu'il ne peut en quelque sorte que se mouvoir en rond. Pour lui il n'y a dans la pensée qu'un dynamisme logique, c'est-à-dire un dynamisme apparent. Le penseur et sa doctrine ne font qu'un, non pas en ce sens que la doctrine est rivée au penseur et lui appartient, mais en ce sens plutôt que le penseur est rivé à sa doctrine, rivé à sa conception, de telle sorte qu'il n'y peut rien changer. L'abbé Martin prétend, il est vrai, ne rien faire de plus que raconter l'histoire des grands métaphysiciens. Et peut-être ne lui a-t-on pas assez tenu compte de cette restriction. Mais, outre que cette histoire est tout à fait contestable, il la raconte de manière que les faits dans

ordre que celui de la pensée abstraite, et ainsi, bien loin de supprimer la vie et l'action, il continue de les supposer. Toutefois, en les méconnaissant il en pervertit l'usage.

On entend souvent exprimer le désir d'être conduit déductivement — par une chaîne de raisons, comme dirait Descartes — jusqu'à l'affirmation pleine et totale de la vérité, c'est-à-dire jusqu'à l'affirmation définitive d'une conception de soi-même, du monde et de Dieu. Si ce désir pouvait se réaliser, la vérité alors s'imposerait à nous. On dira peut-être que c'est justement ce qu'il faut pour qu'il y ait certitude et pour qu'on soit assuré de posséder la vérité. Mais si elle s'imposait, nous ne la posséderions pas, elle nous posséderait seulement; nous la subirions, elle nous façonnerait malgré nous; nous n'aurions plus d'autonomie; nous ne serions plus des personnes. — C'est donc se méprendre absolument sur la nature de la vérité et sur son rôle. Étant en elle-même la vie, elle est aussi la vie en nous. Elle ne nous envahit pas à la

---

son livre se présentent comme des nécessités. Et il apparaît comme un intellectualiste ayant nettement conscience de l'attitude qu'il prend et ne reculant devant aucune des conséquences qu'elle comporte. En définitive, il ne considère que ce qu'il appelle *la force intellectuelle*, et il entend par là la puissance d'organiser logiquement un système d'idées.

Mais la thèse de M. Blondel, thèse que j'ai essayé de reprendre pour mon compte et que je n'ai fait en somme que transposer, est si peu semblable à celle-là qu'elle en est exactement le contraire. Selon M. Blondel en effet il y a un développement réel de la pensée, et ce développement s'effectue par l'action, par ce que je viens d'appeler le dynamisme moral. Nous vivons, nous agissons: et en agissant nous nous modifions dans notre manière d'être et dans notre manière de penser. Comme nous ne pouvons ni être ni penser à nous tout seuls, il faut dire en un sens que nous sortons nécessairement de nous-mêmes. Mais comme d'autre part nous pouvons nous faire centre par égoïsme, il faut dire aussi en un autre sens que c'est librement que nous en sortons.

En vérité où est la ressemblance? L'abbé Martin, qui doit bien savoir ce qu'il a voulu dire, si l'on en juge par la netteté avec laquelle il s'exprime, ne s'y est assurément pas mépris.

façon d'un conquérant en nous subjuguant par la force. Elle ne nous sauve pas non plus à la façon d'un César aux mains de qui on s'abandonne pour se dispenser d'agir. Elle vient à nous, elle s'offre à nous par amour en pénétrant jusqu'à l'intime de notre être. Mais elle se fait vivre par nous pour que nous ayons réellement notre vie propre tout en ne vivant que par elle.

III

ROLE DE LA VOLONTÉ DANS LA CONNAISSANCE DE L'ÊTRE

Dire que nos affirmations sont libres, c'est dire qu'elles relèvent de la volonté. Ce n'est nullement dire qu'elles sont arbitraires ou sentimentales. Il importe donc de bien se rendre compte de quelle façon la volonté intervient ici.

Ce qui caractérise le *Dogmatisme moral*, c'est de soutenir que nous ne pouvons aller à la vérité qu'avec tout nous-mêmes, par un mouvement de vie. Il n'a donc rien de commun avec ce qu'on appelle ou le *Volontarisme* ou le *Dogmatisme du cœur*[1]. Et il n'est sans doute pas inutile de le faire remarquer, puisqu'il semble bien que, sous ces noms absolument différents, c'est le dogmatisme moral qu'on vise.

---

1. En substituant notamment, comme a fait le P. Schwalm, l'expression de *Dogmatisme du cœur* à celle de *Dogmatisme moral* que j'ai choisie, n'a-t-on pas cédé à un désir secret de jeter d'abord un discrédit sur les idées dont on entreprenait la critique? Je suis absolument convaincu qu'on l'a fait sincèrement et sans mauvaise intention. Et si je le signale, c'est parce que c'est là un procédé d'avocat que nous sommes tous plus ou moins enclins à employer. Mais en tout cas ce qui est certain, c'est que l'expression de *Dogmatisme du cœur* signifie évidemment qu'il s'agit là simplement de sentimenta-

Mais pour le critiquer on se fait vraiment la part trop belle. Il en est qui posent la question dans ces termes : est-ce par la volonté ou est-ce par l'intelligence que nous atteignons la vérité et que nous la possédons? Or, posée dans ces termes, la question doit être d'abord repoussée comme artificielle et oiseuse. Y a-t-il quelqu'un en effet qui ait jamais admis que la volonté, agissant comme volonté pure et sans intelligence, prend possession de la vérité? Évidemment non, car il est bien clair que ceci n'a pas de sens; seulement ceci permet de dire que l'idéal « des partisans de la *Médiation* de l'action » est un phénomène de même ordre que « les jouissances du mollusque étalé au soleil... un spasme délectable [1] ». Et on juge sans doute avoir assez fait pour triompher dans la discussion, quand on a pu ainsi délicatement loger les gens à pareille enseigne. Qui donc après cela oserait encore prendre le parti de la volonté? — On est libre assurément de réfuter telle absurdité qu'on voudra ; mais en se battant contre des fantômes il ne faudrait pas essayer de faire croire qu'on se bat contre des réalités.

Nous ne voulons pas à part, pas plus que nous ne pensons à part. Et c'est justement là ce que nous reprochons à l'intellectualisme de méconnaître. Nous pensons en voulant et nous voulons en pensant. Une volonté sans intelligence, ce n'est pas une volonté. Et par ce mot on signifie toujours l'activité morale qui en ce monde est le propre de l'homme. Un mollusque

---

lités vagues et d'aspirations mal définies; tandis qu'il s'agit de tout autre chose. Il est regrettable que l'on confonde ainsi le *moral* et le *sentimental*, comme si le *moral* n'avait rien de commun avec le *rationnel*, comme si parler de la vie et de l'action c'était ne plus tenir compte de la raison ! Et ce qui est un peu surprenant, c'est qu'après avoir malmené le Dogmatisme du cœur, on le cherche dans St Thomas. J'oserai dire qu'on ne l'y trouve pas, mais qu'on y trouve beaucoup de ce qui ressemble au Dogmatisme moral.

[1]. *Revue thomiste*, septembre 1899, p. 459. (Article du P. Gardeil.)

est capable de *désirer* et non de *vouloir*. La volonté
comme le désir, ne s'exerce, il est vrai, que par u[n]
objet. Mais ce qui distingue justement la volonté d[u]
désir, n'est-ce pas qu'elle concourt elle-même à s[e]
proposer son objet ? Qu'on y prenne bien garde, l[a]
question du libre arbitre, et par conséquent de la mo[-]
ralité, se trouve ici engagée. Si la volonté en effe[t]
au moment de s'exercer, trouvait en quelque sorte so[n]
objet tout fait et tout préparé en elle-même, que l[ui]
resterait-il à faire ? ne le subirait-elle pas simplement
et alors comment pourrait-elle être libre ? Voilà a[u]
moins ce qu'on doit se demander.

Si la volonté pour affirmer l'être — et, qu'on n[e]
l'oublie pas, il n'est pas question de l'être en géné[-]
ral, mais de Dieu, de moi-même et des autres être[s]
— n'agit point à part de l'intelligence et sans elle,
ne faut pas s'imaginer non plus qu'elle affirme l'êt[re]
seulement après coup quand l'intelligence lui a four[ni]
des objets par les idées. On semble avoir aussi com[-]
pris le Dogmatisme moral de cette façon : nous au[-]
rions d'une part des idées, mais des idées vides, e[t]
d'autre part la volonté interviendrait pour leur ac[-]
corder ou leur refuser l'être à son gré ; et, dans ce[s]
conditions, pour affirmer on ne serait guidé que par u[n]
instinct du cœur. Pour avoir dit que l'intellectualism[e]
constitue un dogmatisme illusoire, on m'a fait dire qu[e]
c'est la connaissance simplement qui est illusoire [et]
que la volonté seule est par elle-même réaliste. On [a]
ainsi absolument dénaturé ma pensée. J'ai dit qu'il [y]
avait des illusions, des erreurs, — et qui donc n'e[n]
dit pas autant ? — mais je n'ai jamais dit que la con[-]
naissance était illusoire.

Et je n'ai jamais dit non plus que c'est seuleme[nt]
quand les idées sont formées que la volonté intervie[nt]
pour y croire ou n'y pas croire. Elle intervient da[ns]

formation même des idées et dès le premier éveil de conscience qui est un appel de Dieu. S'il fallait attendre pour croire que nous ayons des idées adéquates nous ne croirions jamais. Mais à aucun moment nos idées d'êtres ne sont vides d'être : car si en un sens c'est nous qui les faisons, puisqu'en chacun de nous elles ont un caractère personnel, nous ne les faisons pas à nous tout seuls. Et pour être vraies il n'est pas nécessaire qu'elles soient adéquates. Autrement il n'y aurait pas de vérité pour nous ; car nous ne connaissons le tout de rien. Mais pour qu'elles soient vraies, tout en étant inadéquates, il faut que nous les considérions comme ayant toujours besoin d'être complétées ; il faut que nous les laissions ouvertes pour ainsi dire, de façon que leur contenu, en vivant en nous, se complète incessamment. Ce qui rend une idée fausse, c'est justement qu'étant inadéquate on la ferme, on la rend exclusive, en voulant s'y arrêter comme à un terme. Si quelqu'un, par exemple, ayant conçu Dieu, s'imagine qu'il en sait assez pour le connaître et prétend s'en tenir à ce qu'il sait, immédiatement, par le fait même, il s'en fait une idée fausse, parce qu'il exclut de Dieu ce qu'il en ignore et qu'ainsi il le rapetisse à sa mesure. Mais si, au contraire, vivant de ce qu'il en connaît, il le fait fructifier ; si, au lieu de vouloir ramener Dieu à lui, il est prêt à se ramener lui-même à Dieu, son idée alors, si inadéquate qu'elle soit, est toujours vraie. Et elle est vraie d'une vérité vivante qui marche et qui monte, d'une vérité qui est à la fois humaine et divine.

Ce n'est donc pas artificiellement que nous mettons de l'être dans nos idées. Et voilà pourquoi les sceptiques ou les subjectivistes se dupent étrangement en s'imaginant qu'ils se suffisent à eux-mêmes pour penser. Ils ne se suffisent pas plus à eux-mêmes pour penser qu'ils ne se suffisent à eux-mêmes pour être. Seulement ils refusent de reconnaître cette dépendance. C'est ainsi qu'ils deviennent sceptiques ou subjectivistes. Et si ce n'est pas ainsi qu'ils le deviennent, qu'on veuille bien nous dire comment. Et puisqu'au fond du scepticisme ou du subjectivisme il y a une disposition morale, c'est aussi une disposition morale qui fait le fond du dogmatisme. Si au principe de tout cela il n'y avait pas un acte libre on ne verrait pas se produire ainsi des contraires ; et si les idées étaient auto-affirmatives, comme le prétendait Spinoza, il n'y aurait ni scepticisme ni subjectivisme à réfuter. On devrait cependant bien s'en apercevoir et en tenir compte.

Mais quelques-uns procèdent ici avec une naïveté vraiment extraordinaire. Ils commencent par admettre qu'il y a des vérités de sens commun, entendant par là des vérités qui sont en quelque sorte constitutives de la raison, qui, comme telles, s'imposent en tout temps à tout esprit et dont on ne peut pas douter. Puis, par extension, ils attribuent ce caractère à tout ce qu'ils pensent et à tout ce qu'ils croient ; et ils ne manquent pas de faire remarquer que c'est là ce que Leibnitz appelait *philosophia perennis*. En même temps, néanmoins, comme malgré tout il faut bien se rendre devant les faits, ils reconnaissent aussi que ces vérités de sens commun, dont ils disent énergiquement qu'on ne peut pas douter, sont justement celles qui sont mises en doute, ou même niées et combattues autour d'eux. Et alors, sans le moindre embarras, ils se tirent de cette difficulté en disant que ceux qui les mettent en doute, les nient ou les combattent, ont la raison *pervertie*. C'est très simple. Et ils continuent quand même de soutenir qu'elles s'imposent, en ajoutant qu'elles s'imposent seulement à ceux qui ont la raison *saine*. Mais qu'est-ce donc que cette *perversion* et qu'est-ce donc aussi que cette *santé* de la raison ? Ils devraient bien se le demander. Ne sont-ce pas des dispositions morales qu'ils admettent à leur tour comme jouant un rôle dans la connaissance ? Oui, sans doute ; mais ils les admettent subrepticement en termes amphibologiques. On ne sait pas si c'est de folie ou de mauvaise foi qu'ils accusent ainsi ceux qui ne pensent pas comme eux. En réalité c'est l'une et l'autre de ces accusations qu'ils formulent tour à tour et comme indifféremment. Mais, ceux qui ne pensent pas comme eux ayant le pouvoir de leur rendre la pareille, et comme ils ne manquent pas de le faire, il en résulte qu'il n'y a plus en présence que des gens qui s'injurient ou qui se renvoient mutuellement au médecin. Et n'est-ce pas là en effet ce que nous constatons ? Pendant que pour les uns ce qu'ils appellent en bloc la *philosophie moderne* n'est qu'une maladie, on sait comment les autres traitent la *philosophia perennis*. Sous prétexte de sauvegarder les droits de l'intelligence, on ne saurait se heurter plus inintelligemment. Il faut sortir de cette impasse. Si le petit rationalisme des descendants de M. Homais les force à s'y enfoncer, c'est leur affaire. Je ne pense pas que nous ayons à les imiter.

Au lieu de parler, comme on le fait, sans préciser, de la santé et de la perversion de la raison, qu'on dise donc nettement ce qu'on entend par là. Et puisqu'on admet que certaines conditions sont requises de notre part pour connaître la vérité, qu'on cherche donc à les déterminer. On sera amené par le fait même à se placer explicitement au point de vue du Dogmatisme moral, et on s'apercevra qu'il est le seul d'où l'on puisse éviter les incohérences que je viens de signaler.

Il est impossible de s'en tenir à l'hypothèse d'une *Raison pure* imposant inéluctablement aux hommes ce qu'il convient d'appeler la vérité. Et la preuve, c'est qu'à peine a-t-on fait cette hypothèse, on est obligé de se rectifier en opposant la raison *saine* à la raison *pervertie*.

Etre dogmatique, d'un dogmatisme qui s'ouvre à la vérité, et non pas qui s'y ferme, ce n'est pas *subir*, c'est *accepter* en soi l'action de Dieu et l'action des autres êtres. Telle est la démarche primitive et constutive de la vie proprement humaine, de la vie raisonnable et morale. Mais ceci ne veut pas du tout dire que, livrés à nous-mêmes et dès que nous commençons à réfléchir, nous pouvons du premier coup et en une fois nommer Dieu et les autres êtres avec une connaissance claire, sinon adéquate, de ce qu'ils sont en eux-mêmes.

Pour nous rendre compte de ce qui se passe ici, il faut considérer notre origine par le dedans, par la conscience. Je sais bien qu'on a distingué la *conscience psychologique* de la *conscience morale*. Cette distinction est commode sans doute à certains égards. Mais qu'on ne s'y méprenne pas cependant. En réalité dès lors qu'on est sorti de l'animalité et qu'on a conscience de soi, cette conscience a un caractère moral. Or, elle a un caractère moral justement parce qu'en disant : moi, nous nous opposons à un non-moi, et que, par le fait même, vis-à-vis de ce non-moi, nous prenons une attitude qui détermine nos rapports avec lui. Il est à remarquer que, lorsque nous considérons ainsi notre origine par la conscience, nous nous apparaissons à nous-mêmes comme émergeant en quelque sorte du non-moi auquel nous nous opposons [1]. Ceci

---

[1]. C'est ce que M. Bergson a très bien fait ressortir, avec la finesse et l'originalité d'observation qu'on lui connaît. Le problème tel que le posent ordinairement les psychologues se trouve ainsi interverti. Cf. *Matière et Mémoire*, Alcan.

revient à dire que nous prenons conscience de nous-mêmes par tout le reste et que c'est dans tout le reste que nous nous alimentons. Dieu est donc là, puisqu'en nous rien n'est ni ne se fait sans lui. Et c'est bien le cas de répéter : *In ipso vivimus, movemur et sumus.* Mais encore une fois il ne vient pas en maître disant : c'est moi, et foudroyant les résistances par une lumière éclatante ; il vient en père qui veut être accepté et qui aime pour être aimé. Il est là, mais sa présence est tout d'abord comme anonyme. « Sans en connaître le nom et la nature on peut deviner son approche et comme éprouver son contact, tout ainsi que dans le silence de la nuit l'on entend les pas, l'on touche la main d'un ami qu'on ne reconnaît pas encore[1]. » Il se donne, mais il faut que nous le trouvions, et pour le trouver il faut que nous le cherchions, et c'est toujours à recommencer : car nous ne le trouvons pas une fois pour toutes. Quand nous avons répondu à son appel et que nous avons trouvé comme quelque chose de Lui, il faut, pour ne pas le perdre, qu'avec ce que nous avons trouvé nous nous remettions à vivre. Et alors en vivant nous revenons à Lui pour le trouver plus et mieux qu'auparavant. Et ainsi toujours, de telle sorte que notre vie morale est comme un rythme : nous nous reprenons sans cesse à faire le même mouvement, mais chaque fois il nous porte plus haut. Voilà comment, toujours ancienne, la vérité n'en est pas moins toujours nouvelle. Tout en la recevant nous avons le mérite de la faire en nous, et tout en la possédant nous avons la joie de la conquérir.

Pour se poser cette question : Dieu existe-t-il ? il

---

1. M. Blondel, *l'Action*, p. 340. — Nulle part mieux que dans ce livre on ne trouvera décrite cette vie de la vérité dont nous parlons ici.

faut d'abord avoir l'idée de Dieu. — Et on en doit dire autant quand il s'agit des autres êtres. — Il y a donc lieu par conséquent de se demander comment nous avons cette idée. Si nous ne la découvrons pas en nous, en vertu d'une intuition supérieure, comme semblent l'avoir supposé les *ontologistes*, c'est évidemment que nous la formons. Mais par quel procédé la formons-nous ? Est-ce par le procédé logique ? C'est impossible ; car par le procédé logique, nous ne formons que des concepts qui représentent des *espèces* et des *genres* et qui sont des *abstractions*. Or Dieu n'est ni une espèce ni un genre, pas plus du reste que rien de ce qui existe. Il est du concret et non de l'abstrait. Nous pouvons après coup, quand nous en avons déjà l'idée, le faire entrer dans le concept d'être. Mais c'est la preuve que l'idée de Dieu et le concept d'être ne se forment pas de la même façon. C'est par des retranchements successifs, par un appauvrissement systématique qu'on élabore le concept d'être, ainsi que tous les autres concepts. Au contraire, l'idée de Dieu se forme comme par des adjonctions, par un enrichissement incessant, par une sorte de croissance organique, mais interne, à la fois déterminée par le dynamisme de la pensée et imprégnée de la liberté de l'action. Nous en constituons et nous en modifions le contenu en vivant. Ce contenu, évidemment, c'est Dieu lui-même qui nous le fournit, mais qui nous le fournit en tant qu'il agit en nous, que nous acceptons son action, et qu'en l'acceptant nous nous rapprochons de Lui et acquérons de la ressemblance avec Lui. Si le contenu de l'idée de Dieu en effet est un contenu moral, si par ce mot nous exprimons une *vie*, il est évident qu'il ne peut être constitué qu'avec des éléments fournis par la vie.

Mais bien loin que ce soit seulement au terme et

après avoir nettement formé l'idée de Dieu que nous l'affirmons, c'est aussi au point de départ et dès l'origine. Le Dieu du commencement de la vie est le Dieu inconnu dont parle St Paul; mais pour être inconnu il n'est pas absent et encore moins étranger. C'est ce que St Thomas exprime très bien dans le texte suivant : « *Cognoscere Deum esse, in aliquo communi sub quâdam confusione, est nobis naturaliter insertum, inquantum scilicet Deus est hominis beatitudo... Sed hoc non est simpliciter cognoscere Deum esse, sicut cognoscere venientem, non est cognoscere Petrum, quamvis veniens sit Petrus*[1]. » Avant de pouvoir le nommer, nous le pressentons dans l'infini de nos aspirations, dans le mécontentement incessant de ce que nous avons, de ce que nous faisons et de ce que nous sommes, dans le sentiment de l'insuffisance de tout.

Nous avons donc à le chercher quand nous ne le connaissons pas encore. Avec la conscience que nous prenons de nous-mêmes, plus ou moins confusément, une alternative se dresse en nous. Il nous faut choisir : ou nous prendre nous-mêmes pour fin et pour centre, ou chercher une fin et un centre ailleurs qu'en nous et au-dessus de nous. Tout acte de générosité, tout effort pour sortir de nous-mêmes, si rudimentaire qu'il soit, en même temps que c'est une acceptation et une affirmation de Dieu, est un pas vers la lumière. Ainsi apparaît l'idée de Dieu qui d'inconnu devient connu par nos acceptations et nos affirmations mêmes.

Je n'ai pas à suivre ici les phases de ce développement, ni à indiquer les conditions complexes dans lesquelles il s'effectue pour chacun de nous. Qu'il me

---

1. *Summa Theol.*, I^a pars quæst. II, art. 2.

suffise de dire que nous avons à nous y employer tout entiers, en utilisant tout ce qui est à notre disposition, et que pour être parfaitement connu, d'une connaissance réelle et non seulement avec des formules et des mots appris, Dieu doit être parfaitement aimé ; car ces deux choses n'en font qu'une[1].

Mais si au point de départ nous subissions Dieu au lieu de l'accepter, si recevant tout nous voulions être et nous voulions faire comme si nous ne recevions rien, Dieu resterait pour nous l'inconnu, un inconnu présent, il est vrai, et un inconnu gênant qu'on a besoin de fuir, comme dans l'autre cas on a besoin de le chercher. Ne l'affirmant pas on se trouve dans la nécessité de le nier ou de dire au moins qu'on voudrait qu'il ne fût pas. On fera remarquer peut-être que le nier ou dire qu'on voudrait qu'il ne fût pas c'est cependant en avoir l'idée. Oui, assurément, mais quelle étrange idée ! Vouloir être et vouloir vivre, et en même temps ne pas vouloir que Dieu soit, Lui par qui l'on est et par qui l'on vit ! quelle incohérence ! quelles ténèbres intérieures ! Si donc il arrive qu'absolument parlant Dieu ne reste pas inconnu pour ceux qui le repoussent de leur vie, il est alors *méconnu*; l'idée qu'ils s'en font est fausse et dénaturante, et en un sens c'est pire.

Néanmoins une difficulté subsiste sur laquelle sans doute on est toujours prêt à revenir. Nous disons que pour arriver à connaître Dieu, à le connaître vraiment, il faut l'accepter, l'affirmer, en d'autres termes y croire. C'est le mot du prophète : *Nisi credideritis non intelligetis*. Mais pour arriver à l'accepter, à l'affirmer,

---

[1]. « Il ne faut point regarder ces deux opérations de l'âme, connaître et aimer, comme séparées et indépendantes l'une de l'autre, mais comme s'excitant et se perfectionnant l'une l'autre... Nous connaissons Dieu véritablement quand nous l'aimons. » Bossuet, *Méd. sur l'Evang.*, II° partie, 37° journée.

à y croire, ne faut-il pas aussi le connaître ? D'une part l'affirmation est posée comme condition de la connaissance, d'autre part la connaissance comme condition de l'affirmation ; c'est évidemment cette antinomie qui est l'origine du présent débat.

Il me semble que nous nous trouvons là en présence du mystère même de notre existence et de notre vie. Mais l'antinomie que je viens de signaler ne se ramène-t-elle pas à celle que j'ai signalée plus haut et que j'ai exprimée dans ces termes : *nous n'avons rien que nous ne l'ayons reçu; nous n'avons rien que nous ne l'ayons acquis.* Et en effet prétendre que pour affirmer nous n'avons pas besoin de connaître, ce serait prétendre que nous n'avons rien à recevoir. Mais en même temps aussi prétendre que pour connaître nous n'avons pas besoin d'affirmer, ce serait prétendre que, pour le posséder, nous n'avons pas à acquérir ce que d'autre part nous recevons. La difficulté peut donc s'exprimer ainsi : comment, n'étant rien et n'ayant rien par nous-mêmes, pouvons-nous être autonomes ? ou encore : comment, recevant tout, avons-nous tout à acquérir ? Je n'ai pas à entreprendre de lever le mystère. Mais si nous ne sommes rien et n'avons rien par nous-mêmes, c'est que Dieu en nous est au principe de tout. Tout commencement et tout achèvement viennent de Lui, bien qu'ils viennent aussi de nous par Lui. Or ils ne viennent pas de Lui agissant en nous du dehors : car à aucun moment nous ne sommes en dehors de Dieu, puisque nous ne subsistons qu'en Lui et par Lui. Ils viennent donc de Lui agissant en nous du dedans. *Et en agissant en nous du dedans Dieu ne respecte pas seulement notre autonomie, il la constitue :* car tout en étant dépendants nous sommes des êtres distincts et nous nous appartenons à nous-mêmes. Mais admettre que la connaissance préalable est la condition de l'affirmation, sans que l'affirmation soit la condition de la connaissance, c'est justement supposer que Dieu agit en nous du dehors et que nous sommes d'abord séparés de Lui, je ne dis pas moralement, ce qui est possible, mais ontologiquement, de telle sorte que ce que nous recevrions de Lui nous le subirions et que ce que nous ferions nous le ferions sans Lui. Et c'est là ce qui est inadmissible.

Pour se tirer d'embarras avec cette antinomie qui résulte de ce que nous sommes à la fois autonomes et dépendants, on fait donc deux parts en nous : la part de ce que nous *faisons* et la part de ce que nous *recevons*. Et c'est ainsi qu'on oppose l'*agir* et le *connaître*, en considérant l'un comme une œuvre propre et l'autre comme une œuvre étrangère en nous. Mais c'est là une solution factice. Ce que nous recevons et ce que nous faisons ne se juxtaposent pas ; c'est une seule et même chose et c'est tout nous-mêmes. L'agir ne nous appartient pas plus en propre que le connaître : car si nous ne connaissons pas par nous-mêmes, ce n'est point par nous-mêmes non plus que nous agissons. Et d'autre part ils nous appartiennent également l'un et l'autre : car *c'est nous qui connaissons, comme c'est nous qui agissons*. Et si nous n'agissons pas sans connaître nous ne connaissons pas non plus sans agir. Une fois la connaissance acquise, on peut, il est vrai, la considérer à part de l'action, en elle-même, comme une chose faite. Mais envisagée ainsi, elle n'est plus qu'une abstraction. Et c'est pour l'avoir ainsi envisagée que Kant l'a trouvée vide. Et si l'on veut se rendre compte de ce qu'elle est et de ce qu'elle vaut, ce n'est pas une fois acquise qu'il faut la considérer, mais dans son acquisition même. Notre vie est une ; et dans l'unité synthétique de notre vie l'action est connaissance et la connaissance est action, et l'une et l'autre sont amour.

IV

LA SOLIDARITÉ DANS NOS AFFIRMATIONS DE L'ÊTRE

Il ressort évidemment de tout ce qui précède que l'idée que nous nous faisons de nous-mêmes et l'idée que nous nous faisons des autres êtres sont toujours corrélatives de l'idée que nous nous faisons de Dieu. C'est pourquoi St Augustin disait : *noverim te, noverim me!* Toutefois, il ne faut pas l'entendre en ce sens que nous commençons pas avoir d'abord l'idée de Dieu pour en tirer ensuite l'idée de nous-mêmes et des autres êtres. Mais il ne serait pas plus juste de l'entendre en cet autre sens que nous commençons par avoir l'idée de nous-mêmes et des autres êtres pour en tirer l'idée de Dieu. Le déimorphisme et l'anthropomorphisme sont également faux et également vrais. Nous ne sommes pas Dieu et Dieu n'est pas homme. Mais pour concevoir Dieu, pour avoir de Lui une idée qui, tout en étant inadéquate, ne le dénature pas, il faut que nous travaillions à Lui ressembler. Seulement pour travailler à Lui ressembler, il faut le concevoir. C'est la difficulté que nous signalions tout à l'heure. Et nous avons vu que pour la surmonter il faut considérer que Dieu agit en nous du dedans, en se comportant pour ainsi dire humainement avec nous et en vivant notre vie.

Nous ne pouvons avoir une idée vraie de nous-mêmes — ni une idée vraie des autres êtres — sans avoir une idée vraie de Dieu. Puisque en effet nous n'existons qu'en Dieu et par Lui, pour nous connaître tels que nous sommes, c'est comme existant par Lui qu'il faut nous connaître. Mais ceci ne veut pas dire que nous commençons par voir Dieu pour nous voir ensuite en Lui ainsi que tous les autres êtres. C'est au contraire en nous et dans les autres êtres que nous commençons par découvrir Dieu. C'est ce qu'exprimait St Paul en disant : *Invisibilia enim ipsius, a creatura mundi, per ea quæ facta sunt intellecta, conspiciuntur*[1]. Mais tant que nous n'avons pas découvert Dieu, et tant que nous ne sommes pas arrivés à tout connaître comme existant par Lui, nous avons de tout des idées inadéquates, et ces idées inadéquates deviennent fausses dès que nous voulons nous en contenter.

C'est cette corrélativité des idées qui m'a fait dire que nos affirmations sont solidaires. Mais pour m'exprimer ainsi, je me suis toujours placé au point de vue dynamique de la vie. Et si pour comprendre on s'obstine à rester placé au point de vue statique de la logique abstraite, d'où l'on considère la connaissance comme une chose faite et non comme une chose qui se fait, on ne pourra aboutir qu'à une interprétation absolument inexacte.

Que signifie en effet au point de vue statique de la logique abstraite cette proposition que pour nous affirmer nous-mêmes et affirmer d'autres êtres il faut affirmer Dieu ? Elle signifie ceci que logiquement, avant de nous affirmer nous-mêmes et d'affirmer d'autres êtres, il faut affirmer Dieu par qui nous sommes et par qui sont aussi les autres êtres. S'il n'y avait point d'autre ordre que celui de la logique, il en résulterait donc que Dieu serait tout d'abord posé comme une sorte de principe parfaitement connu et affirmé dans sa plénitude.

Or rien n'est plus faux, puisque c'est un fait que

---

[1]. Rom., I, 20.

nous ne débutons pas du tout par une telle connaissance et une telle affirmation de Dieu, et que tout ce que nous avons à faire, c'est au contraire d'y aboutir comme à notre fin. Il est surprenant en vérité qu'on puisse m'attribuer de confondre l'ordre logique et l'ordre de la vie quand j'ai eu surtout en vue de dénoncer cette confusion même.

Mais si Dieu n'est pas le principe de la vie comme une proposition claire est le principe d'une démonstration, cependant il n'en est pas moins le principe. Et c'est du reste parce qu'il en est le principe qu'il en est aussi la fin. Seulement nous ne le reconnaissons clairement comme notre principe, nous ne l'affirmons pleinement comme tel qu'en le prenant pleinement pour fin. Quand on commence par supposer plus ou moins artificiellement qu'il n'est pas principe, et qu'ensuite on se demande comment on pourra l'atteindre comme fin, on ne trouve plus de chemin pour aller à Lui. Et c'est alors qu'on imagine d'avoir recours à des coups de volonté désespérés. Ainsi procèdent tous ceux qui, d'une manière ou d'une autre, prétendent à la fois être sceptiques et croyants; et c'est ce qui constitue le Fidéisme.

Puisque Dieu est le principe de notre vie et que rien ne se fait en nous sans Lui, on m'accordera bien que, considérées dans leur principe, nos affirmations se font par Lui. Et puisque d'autre part Dieu est également le principe de tous les êtres quels qu'ils soient, on m'accordera bien encore que les êtres que nous affirmons n'existent que par Lui. Tout cela est le plus simplement du monde conforme à la doctrine traditionnelle. Mais de ce que Dieu est ainsi de toutes façons au principe de nos affirmations, il n'en résulte pas nécessairement que nous le reconnaissions et que nous l'acceptions comme tel. Et si nous considérons nos affirmations dans leur fin, il y a lieu de distinguer ce qu'elles peuvent être, ce qu'il arrive qu'elles sont, et ce qu'elles doivent être.

Nous pouvons nous affirmer nous-mêmes et affirmer d'autres êtres sans penser à Dieu, comme en dehors de Lui ou même contre Lui. Mais alors nos affirmations sont au moins incomplètes quand elles ne sont pas erronées, puisqu'elles affirment comme existant sans Dieu des êtres qui n'existent que par Lui. En conséquence elles sont fragiles et caduques, sujettes à recevoir des démentis. Dire par exemple : je suis, et vouloir s'en tenir là, c'est dire : je me suffis à moi-même pour être ; c'est s'affirmer autre que ce que l'on est en réalité. Et pendant qu'on s'affirme ainsi on est comme emporté sans retour par le temps qui s'écoule. De même en est-il pour tout le reste. Que nous puissions de la sorte produire des affirmations séparées, c'est un fait qu'on aurait de la peine à méconnaître. Mais de ce que nous puissions les produire, il ne s'ensuit pas qu'elles soient légitimes et que nous ayons le droit de nous y tenir. Ce sont elles qui constituent ce que j'ai appelé le dogmatisme illusoire.

Pour affirmer dans la vérité, avec une certitude qui soit à l'abri des démentis et des déceptions, il faut tout affirmer en Dieu et affirmer Dieu en tout, puisqu'il est le principe et la fin de tout. Toutefois, c'est là pour nous comme un idéal qui n'est jamais atteint.

Notre vie est tout d'abord fragmentée et dispersée dans le temps. Nous voulons ceci et nous voulons cela ; nous affirmons à tort et à travers, attribuant de l'être aux phénomènes et cherchant à nous y fixer. Mais ce que nous affirmons ainsi nous échappe sans cesse. Nous nous créons des idoles en disant sans penser à Dieu : ces choses sont, possédons-les pour vivre par elles. Mais les idoles tombent en ruine et nous avec elles. Momentanément nous pouvons sans doute nous donner l'illusion, tout en affirmant en dehors de Dieu, que nous nous appuyons néanmoins sur un fondement solide. Mais en fait nous restons comme suspendus en l'air ; et finalement nous n'aboutissons toujours qu'à des déceptions ou à des remords. Tant qu'elles restent disjointes nos affirmations n'ont donc à proprement parler ni vérité ni solidité. Ce ne sont que des grains de sable mis les uns à côté des autres et qu'emporte le moindre vent. Il faut les unifier, il faut en faire un tout, non pas un bloc, mais un système vivant.

Or nous ne pouvons les unifier qu'en les organisant dans l'affirmation même de Dieu, qui, étant le principe de toutes les autres, doit en être aussi la fin. Dès lors en effet qu'on entreprend d'affirmer, si l'on veut rester conséquent avec soi-même, on doit finir par affirmer Dieu, puisque rien en dehors de Lui ne se suffit à soi-même. De ce point de vue c'est donc par tout le reste qu'on arrive à affirmer Dieu, et qu'on monte jusqu'à Lui. Mais quand on est monté jusqu'à Lui on revient à tout le reste pour affirmer tout le reste par Lui.

Voilà en quoi consiste la solidarité de nos affirmations.

Néanmoins, je ne saurais trop le redire, on ne fait pas cela en une fois et définitivement. Nous avons sans cesse à recommencer le même mouvement ; et nous passons par des tâtonnements, par des hésitations où l'inexpérience se mêle aux défections de la volonté. Chez la plupart d'entre nous, l'unification de la vie par l'organisation de nos idées et de nos affirmations dans l'idée et dans l'affirmation de Dieu est à peine ébauchée. Nous nous attardons aux choses qui passent. Après avoir constaté leur insuffisance nous

nous reprenons presque inconsciemment à vouloir nous suffire avec elles. Nous savons que tout est par Dieu et qu'il ne faut rien chercher qu'en Lui. Et puis, comme si nous le savions mal, comme si ce n'était qu'une leçon superficiellement apprise, nous l'oublions Et il faut que des déceptions nouvelles ou des remords nouveaux nous aident à le rapprendre. Mais, malgré nos faiblesses et nos ténèbres, dès lors que nous sommes orientés vers Dieu nous marchons dans la lumière. dès lors que sincèrement nous cherchons à nous unifier en Lui, si loin du terme que nous soyons, nous avons déjà une vraie certitude, une certitude que tout en nous concourt à constituer et qui est à la fois solide, libre et vivante. Et c'est pourquoi il convient de l'appeler *morale*, parce qu'elle est en même temps intellectuelle, volontaire et pratique.

Afin d'éviter toute méprise, je tiens à bien spécifier encore que les assertions qui précèdent n'ont rien de commun avec les assertions des *ontologistes*. Pour ceux-ci en effet Dieu est connu non seulement immédiatement mais premièrement. Nous le voyons en lui même tout d'abord par une intuition de l'esprit, et nous ne voyons tout qu'en Lui. C'est toujours là de l'intellectualisme avec une conception statique de la vérité. Connaître ne serait ainsi que subir et enregistrer ; ce serait *être agi*, ce serait recevoir la vérité tout simplement. Mais au contraire, du point de vue du Dogmatisme moral, si connaître c'est encore recevoir la vérité, puisque nous n'avons rien que nous ne l'ayons reçu, c'est aussi la conquérir. Nous ne commençons pas par connaître Dieu, ni par nous connaître nous-mêmes tels que nous sommes, ni par connaître les autres êtres tels qu'ils sont. C'est à cela que nous tendons, et c'est par là que nous devons finir. Nous avons donc en quelque sorte à gagner

Dieu, à gagner notre âme, à gagner les autres êtres. Et ce n'est pas par une intuition de l'esprit que nous les atteignons, ni par une opération logique, ni par un élan mystique du cœur. C'est laborieusement par toute notre vie, en pensant, en agissant, en aimant. Nous avons à utiliser notre expérience tout entière et à mettre en jeu toutes nos facultés à la fois.

En tout cela néanmoins ce qu'il importe souverainement de comprendre, et de ne pas oublier après l'avoir compris, c'est que Dieu travaille avec nous et qu'il est notre principe tout autant qu'il est notre fin. Mais, encore une fois, ce n'est pas un principe agissant du dehors, comme du dehors on agit sur un corps qu'on déplace; c'est un principe agissant du dedans. Ceci n'empêche pas assurément que Dieu soit transcendant par rapport à nous; mais cette transcendance de Dieu, pour être métaphysique, n'en est pas moins intérieure et morale. Et il ne faut pas se laisser duper ici par l'imagination en se la représentant comme une transcendance extérieure et spatiale. Si pour aller à Dieu nous avons à sortir de nous-mêmes, ce n'est pas en ce sens que nous avons à nous transporter d'un point à un autre, comme on transporte un corps dans l'espace. Il peut sembler oiseux de le dire. Mais n'est-ce pas par une telle duperie de l'imagination qu'on pose si souvent la question comme on le fait? On commence par se placer dans cette hypothèse que Dieu est radicalement séparé de nous, comme si le point de l'espace que nous habitons était soustrait à sa présence et à son action; et ensuite on se demande comment dans ces conditions on peut atteindre Dieu. S'il en était ainsi non seulement on ne l'atteindrait jamais, mais on ne penserait même pas à le chercher. Lorsqu'en effet on entreprend de chercher Dieu, c'est que déjà d'une certaine façon on l'a trouvé. Il est donc le principe de la recherche comme Il en est la fin. Pour l'atteindre nous n'avons pas à faire un saut en dehors de nous afin d'aller d'où nous sommes où Il serait. — Et on a bien eu raison de dire que c'était là vouloir sauter par-dessus son ombre. — Nous n'avons qu'à revenir à notre principe : mais nous avons à y revenir en réintégrant librement dans notre vie voulue et réfléchie tout ce qui se trouve impliqué et postulé nécessairement dans notre vie spontanée.

Sortir de soi ce n'est pas, étant dans un point de l'espace, se projeter en même temps dans un autre point. Et en définitive c'est pour l'entendre ainsi qu'on en arrive à dire que c'est impossible. Et Kant n'est pas seul coupable des conclusions qu'on lui reproche. Sortir de soi c'est, n'étant pas à soi-même son principe, ne pas se prendre soi-même pour fin. Mais n'être pas à soi-même son principe et ne pas se prendre soi-même pour fin, ce n'est cependant pas subir en soi quelque chose d'étranger. Dieu n'est pas un étranger. Il nous est plus intérieur que nous-mêmes, disait Bossuet. Et Bossuet le disait après St Thomas et après bien d'autres ; et St Thomas et les autres le disaient après St Paul et après l'Évangile. Se vouloir sans Dieu c'est le subir. On a beau faire, on ne se débarrasse pas de Lui, car, pour se débarrasser de Lui, il faudrait se débarrasser de soi-même. C'est en le subissant qu'on en fait un étranger pour soi, mais un étranger qu'on ne peut ni fuir ni mettre en fuite. Et ainsi ce sont les sceptiques et les subjectivistes qui sont intérieurement des esclaves ; et leur désinvolture et leurs négations dissimulent mal la servitude lamentable sous laquelle ils se débattent sans pouvoir y échapper. La liberté ne fait qu'un avec la vérité. Mais aussi la vérité n'est ni une *chose* ni une *abstraction*. Aucune de nos définitions ne la contient, aucune de nos formules ne l'exprime adéquatement, parce que la vérité pour nous c'est la vie, la vie allant jusqu'au bout de ses aspirations et se réalisant dans sa plénitude.

Janvier 1900.

LE PROBLÈME RELIGIEUX

LE PROBLÈME RELIGIEUX

Il a été dit que la foi doit être *obsequium rationabile*, c'est-à-dire une adhésion raisonnable aux vérités surnaturelles connues par révélation. Et il faut en effet qu'elle soit raisonnable : autrement elle ne serait pas chose humaine et morale. Mais comment peut-on adhérer raisonnablement à des vérités surnaturelles, c'est-à-dire à des vérités qui en elles-mêmes sont inaccessibles à la raison? En quoi consiste la rationabilité de la foi? C'est un problème sans cesse repris et qui semble sans cesse à reprendre, comme si nous étions condamnés à osciller entre le rationalisme et le fidéisme, poussés par deux tendances inconciliables, sans pouvoir jamais nous mettre en équilibre stable. La cause n'en serait-elle point dans une confusion qui empêcherait de voir quel est le vrai rôle de la raison dans la foi? C'est ce qu'a cru remarquer M. Blondel et c'est ce qu'il a cherché à montrer dans une lettre aux *Annales de philosophie chrétienne* [1]. Cette lettre faisait suite du reste, en la complétant sur ce point, à une thèse soutenue en Sorbonne, il y a quelques années [2].

---

1. Lettre sur les exigences de la pensée contemporaine en matière d'apologétique, et sur la méthode de la philosophie dans l'étude du problème religieux. (*Annales de philosophie chrétienne*, 1896.)
2. *L'Action*, par Maurice Blondel. Alcan, 1893.

Mais les malentendus ne sont pas faciles à dissiper : les habitudes d'esprit sont tyranniques comme les autres, et plus que les autres peut-être. M. Blondel a pu s'en apercevoir en lisant l'article que le P. Schwalm lui a consacré dans la *Revue thomiste*[1]. Le P. Schwalm se serait exercé sciemment et volontairement à accentuer le malentendu qu'il n'aurait pas mieux réussi. Et à cet égard, plus encore que par le ton et les procédés, son attaque est affligeante[2].

Nous essaierons d'abord, en prenant la question par un autre biais, et sans chercher, au moins pour le moment, à pénétrer plus avant dans le problème du rapport de la raison et de la foi, de faire constater ce malentendu qui peut avoir et qui a en réalité les plus graves inconvénients. Et de là nous prendrons ensuite occasion pour indiquer, étant donnée la vraie

---

1. Septembre 1896.
2. Nous ne pouvons nous empêcher, sans vouloir du reste y insister, pensant avoir mieux à faire, de signaler ce ton et ces procédés.
Le P. Schwalm le prend de très haut avec M. Blondel. Il l'appelle dédaigneusement « un jeune ». Il parle à son sujet de fanfaronnade et de désinvolture — il suffit d'avoir lu deux pages de *l'Action* pour savoir à quoi s'en tenir sur la valeur de ces accusations. — « Il faut châtier, dit-il, cet orgueil d'école et cette présomption de jeunesse. » Vraiment le P. Schwalm est à plaindre de n'avoir pas été autrement touché par tant de pages qui débordent de vie intense, où résonne l'accent d'une âme si chrétienne et où a passé à la fois comme un souffle de Pascal et de St Bernard.
Mais il semble être de cette catégorie d'esprits qui, fixés dans une manière de voir et de poser les questions, sont incapables de comprendre qu'on puisse envisager les choses d'un autre point de vue et s'exprimer autrement qu'eux sans commettre des hérésies. Aussi en trouve-t-il à foison chez M. Blondel. En prenant un auteur à contre-sens avec deux lignes de lui on peut toujours le faire pendre. Il y a longtemps qu'on savait cela. Le P. Schwalm, qui sans doute n'est plus jeune puisqu'il reproche à M. Blondel de l'être, devrait savoir aussi que, pour critiquer un auteur, la première règle à suivre, c'est d'abord de se placer à son point de vue pour voir le sens exact de ses propositions. S'il avait été moins préoccupé de découvrir des hérésies, il aurait sûrement découvert autre chose, et tout le monde s'en serait mieux trouvé. Puisque, pour se justifier de maltraiter M. Blondel, il s'appuie sur cet adage : « qui aime bien châtie bien », il devra comprendre et excuser que

nature du problème, quelle méthode il faut suivre pour le résoudre.

M. Blondel, comme il convenait pour faire œuvre philosophique, est parti de l'ordre naturel pour regarder de bas en haut les relations de cet ordre avec le surnaturel. Mais on peut procéder inversement, partir de l'ordre surnaturel, c'est-à-dire supposer le problème résolu et le christianisme admis, et rechercher de ce point de vue les conditions de la solution dont la philosophie est capable. C'est de cette manière que nous allons procéder. Et peut-être sera-t-on frappé de voir comment, en regardant ainsi les choses de haut en bas, on retrouve encore spontanément, par une régression analytique, les conclusions auxquelles M. Blondel est arrivé par sa libre investigation.

nous nous exprimions avec cette franchise. Il ne nous semble pas cependant que, si en écrivant nous avons à nous éclairer réciproquement, nous ayons aussi à nous « châtier » les uns les autres. Et il nous est pénible et nous regrettons d'avoir l'air de le faire. La faute en est à ceux qui nous y obligent, et il était nécessaire de protester contre le droit que sur ce point s'arroge le P. Schwalm, et quelques autres peut-être avec lui. Mais nous n'avons pas l'intention de le châtier, comme il a eu l'intention de châtier M. Blondel, ni de soulager par une riposte ceux, plus nombreux peut-être qu'il ne pense, que son article a intimement blessés. Nous souhaitons seulement de l'amener, lui et ceux qui pourraient l'avoir approuvé, à se demander si ses procédés de discussion et sa méthode ne sont pas mauvais à différents point de vue : car nous savons qu'ils ont fait du mal à plusieurs.

A l'article du P. Schwalm est venu s'ajouter peu de temps après un article de M. l'abbé Gayraud qui, lui aussi, pour juger M. Blondel, prétend se placer au point de vue de la même orthodoxie d'école. Mais il est tout à fait intéressant pour nous de remarquer qu'il accuse M. Blondel de *naturalisme* tandis que le P. Schwalm l'accuse de *fidéisme*. Il faut au moins que l'un ou l'autre se trompe. Et cette opposition aurait dû les amener à se demander s'ils ne se trompaient pas l'un et l'autre. D'autre part encore, M. Gayraud déclare qu'il accepte la méthode d'immanence en reconnaissant qu'elle a été pratiquée par S¹ Augustin. Et c'est cette méthode d'immanence surtout, où il voit ce qu'il appelle le kantisme et je ne sais quoi encore, que le P. Schwalm foudroie de ses anathèmes et de ses sarcasmes avec une parfaite assurance de frapper juste.

I.

LE DOUBLE ASPECT DU PROBLÈME RELIGIEUX

La foi peut être envisagée à un double point de vue : objectivement dans les vérités surnaturelles et révélées dont l'ensemble constitue la doctrine chrétienne ; subjectivement dans l'acte de croire. Il y a donc lieu de se demander quel est le rôle de la raison dans la connaissance des vérités surnaturelles, et le rôle de la raison dans l'acte de croire.

I. — En considérant objectivement l'ensemble des dogmes révélés, on peut d'abord les étudier en eux-mêmes pour ainsi dire et chercher à voir comment ils se relient entre eux de manière à former un tout organique et logiquement cohérent. On peut aussi les étudier pour chercher, non plus comment ils se relient entre eux, mais comment ils se relient à ce que nous connaissons naturellement.

Le premier point de vue est celui du théologien proprement dit, dont le but est de dégager tous les aspects du dogme, d'en tirer les conséquences, et, sous la riche variété des aspects et des conséquences, de montrer l'unité de la doctrine. Le but du théologien est donc de construire un système théologique, c'est-à-dire d'organiser scientifiquement les vérités religieuses. C'est là évidemment une œuvre de raison : la théologie est la science humaine des choses divines.

Une telle science doit être possible. Et le nier ce serait admettre que la religion est un rêve incohérent et sans consistance, fruit du caprice et de l'imagination. Une telle religion ne saurait être la religion d'un être raisonnable, d'un être qui pense. Il faut que l'esprit humain ait prise sur le dogme, une fois le dogme révélé, autrement le dogme n'aurait aucun sens pour nous. A ce point de vue donc, le rôle de la raison est très net et très simple : c'est de développer « le système rationnel de la foi en montrant que la suite du dogme considéré comme dogme forme une synthèse organique, et que la science sacrée est une science ». C'est M. Blondel qui parle ainsi, et il reconnaît même que cette science sacrée a été constituée par la scolastique qui, « rigoureuse de méthode et à certains égards parfaite en sa constitution,... représente l'organisation la plus authentique des vérités dont l'Église a le dépôt ».

Mais est-ce là tout le rôle de la raison par rapport à la vérité révélée ? N'est-il pas nécessaire encore, pour que nous ayons prise sur elle, pour qu'elle soit humaine tout en étant divine, que nous puissions la relier, au moins après coup, à ce que nous connaissons naturellement ? Le besoin d'unité n'est-il pas un besoin primordial de l'esprit ? En tout cas, dès lors que deux ordres de vérités sont donnés, le problème de leur rapport se pose. C'est là ce qu'on nomme le problème religieux. Résoudre précisément ce problème est l'objet de l'apologétique proprement dite. L'apologétique se propose donc de rapprocher l'ordre des vérités surnaturelles et l'ordre des vérités naturelles, c'est-à-dire d'en faire la synthèse rationnelle.

Or on se trouve ici en face d'une difficulté dont en général on ne semble guère avoir conscience. On répète chaque jour des propositions comme celle-ci : la raison conduit l'homme à la foi. Je sais bien qu'il faut les entendre non pas en ce sens que l'homme par la raison se suffit à lui-même pour s'élever à l'état surnaturel de la foi, mais en ce sens que par la raison l'homme peut arriver à connaître au moins d'une certaine manière la vérité de la Religion chrétienne. Néanmoins, même en ce sens, de telles propositions sont encore inquiétantes par leur manque de précision. On veut démontrer la vérité de la Religion. Rien de mieux. Mais qu'est-ce que démontrer? C'est faire voir qu'une vérité découle d'une autre vérité. La vérité surnaturelle peut-elle donc découler de la vérité naturelle comme les propriétés d'une notion géométrique découlent l'une de l'autre? Non, évidemment : et s'il en était ainsi il n'y aurait pas de surnaturel. Le surnaturel est libre dans son principe, et il diffère du naturel *non solum principio sed objecto*. A quelle condition le surnaturel pourra-t-il donc être démontré sans cesser pourtant d'être surnaturel? à la condition qu'il soit solidaire avec le naturel, non point par une solidarité logique et nécessaire, mais par une solidarité de fait ou plus exactement par une solidarité vivante. Et alors il faudra trouver une méthode qui prendra pour point de départ ce point de convergence des deux ordres. Mais où est-il ce point de convergence? C'est peut-être ce qui apparaîtra plus loin. En tout cas, n'est-ce point parce qu'on ne se demande pas tout d'abord de quelle manière les deux ordres peuvent être solidaires sans se confondre que l'apologétique est allée et va encore à l'aventure, cherchant partout un point d'appui qu'elle ne trouve nulle part, et semblant toujours attendre que la vérité surnaturelle apparaisse comme une vérité simplement philosophique ou scientifique? Poussée par le rationalisme, elle veut être une science, et le sentiment de son impuissance la fait passer successivement d'une méthode à l'autre sans pouvoir se satisfaire. Pourtant l'apologétique a raison de vouloir être une science. Les deux ordres, en effet, ont l'un et l'autre leur principe en Dieu. En conséquence il doit y avoir unité de plan ; et le surnaturel ne peut venir s'ajouter au naturel comme une superfétation. D'autre part en nous les deux ordres doivent constituer non pas deux vies juxtaposées, mais une seule vie qui prenne le caractère de vie surnaturelle : car on ne peut pas vivre en partie double.

C'est cette unité de plan et cette unité de vie que l'apologétique a pour objet de mettre en lumière. Sa prétention est donc fondée : autrement l'ordre surnaturel ne serait rien pour nous. Or, puisqu'il y a un ordre surnaturel, bien qu'il soit libre dans son principe, nous ne pouvons plus être dans la même situation que s'il n'y en avait pas. Et il faut aller jusqu'à dire, si l'on ne veut pas méconnaître la solidarité des deux ordres — l'unité de plan en Dieu et l'unité de vie en nous — qu'il n'est plus possible de parti pris de s'en tenir au naturel et à une philosophie séparée. « Nos pensées s'organisent inévitablement en un système lié... Si notre nature n'est pas chez elle dans le surnaturel, le surnaturel est chez lui dans notre nature ; il est donc inévitable que ne s'effacent jamais les titres de naturalisation qu'il laisse en nous : se dérober à sa destinée ce n'est point s'y soustraire. Et tel est le sens de la *nécessité* qui relie les deux ordres hétérogènes sans en méconnaître l'indépendance. » C'est encore M. Blondel qui parle ainsi. Et en conséquence, pour donner droit aux exigences du rationalisme, qu'on a tant à cœur de satisfaire par peur du fidéisme, ce qu'il demande, c'est que l'apologétique rationnelle, pour être vraiment rationnelle soit « dotée de toute la continuité et de toute la rigueur scientifique qu'elle n'avait point encore comportée ». A ce point de vue encore le rôle et l'usage de la raison sont parfaitement définis. Il appartient à la raison, avec les éléments divers qui lui sont fournis, de chercher à établir l'unité du plan divin et l'unité de vie en nous. Et ce rôle et cet usage de la raison sont nécessaires, pour que nous soyons hommes, pour que nous soyons des « ressemblances de Dieu », pour que nous participions à la vie divine.

Or il est évident que lorsqu'on entreprend de faire la science de la religion, tant au point de vue apologétique qu'au point de vue théologique, il y a lieu de procéder comme en toute science selon les lois de l'esprit humain. Une vraie science est toujours un système d'idées liées entre elles ; c'est un ensemble dont les différentes parties se tiennent et se correspondent comme les parties d'un organisme. Qu'il s'applique aux choses naturelles ou à l'objet de la foi, l'esprit humain n'a toujours qu'une logique à sa disposition. Le P. Schwalm énonce donc une idée juste — bien qu'en un langage peu précis — lorsqu'il dit que « philosophique ou croyante, la raison est toujours la raison ». Et quand il ajoute que le procédé de la raison et le procédé de la foi ne sont pas « hétérogènes[1] » et que « tous deux sont nécessairement rationnels », bien qu'il s'exprime de plus en plus confusément, ce qu'il dit nous paraît acceptable. Car il ne veut pas dire sans doute que croire est la même chose que savoir, ni qu'on croit par le fait même qu'on sait, ni qu'on arrive à croire par la seule raison ; mais il veut dire — je le suppose du moins pour donner un sens légitime à ses paroles — que la raison s'appliquant à l'objet de la foi use des mêmes procédés que

---

1. Nous ferons cependant remarquer au P. Schwalm, qui devrait bien le savoir, que St Thomas parle autrement : « Dico autem duplicem veritatem divinorum, non ex parte ipsius Dei qui est una et simplex veritas, *sed ex parte cognitionis nostræ quæ ad divina cognoscenda diversimode se habet.* » (*Contra Gentiles*, lib. I, cap. IX.)

lorsqu'elle s'applique aux notions naturelles. Mais sur ce point nous ne le contredirons pas, et, comme nous venons de le voir, M. Blondel ne le contredira pas davantage, bien qu'il y aurait lieu de préciser.

C'est donc chose admise : il y a une science possible de l'objet de la foi. Même la prétention de l'apologétique d'établir, malgré leur hétérogénéité, la solidarité des deux ordres, est une prétention parfaitement légitime et fondée. Bien plus, c'est une prétention nécessaire. Mais remarquons bien qu'il faut à l'apologétique une méthode qui lui permette de relier les deux ordres sans les confondre. Et si elle veut être une vraie science, il faut cependant qu'elle les relie réellement l'un à l'autre. Les juxtaposer ou les surajouter l'un à l'autre, ce ne serait point en faire la science.

Maintenant nous allons poser une question qu'on semble toujours oublier de poser : quel but poursuit-on en démontrant la vérité religieuse? Et cette question n'est-elle pas oiseuse en effet? Si l'on démontre la vérité religieuse, n'est-il pas évident que c'est ou pour arriver soi-même à croire, ou pour y amener les autres? Et si cette intention n'animait pas l'apologétique, que serait-elle autre chose qu'un dilettantisme d'un nouveau genre? Ce que l'apologiste veut, n'est-ce pas au terme de son argumentation de faire éclater la vérité pour ainsi dire, de manière qu'elle s'empare irrésistiblement des esprits? Qu'on y prenne garde cependant. Il ne s'agit pas certes de dépouiller l'apologiste de son intention et de l'empêcher de mettre son âme et ses convictions dans sa dialectique, tant s'en faut! Mais il s'agit de savoir ce que vaut sa dialectique pour atteindre ce but suprême : croire; et non pas ce qu'elle vaut par telle méthode en opposition avec telle autre méthode, mais ce qu'elle peut valoir par sa nature même et si on la suppose parfaite de méthode.

Cette question va peut-être nous amener à comprendre pourquoi M. Blondel a transposé le problème de l'objet au sujet, et à faire apparaître pleinement le malentendu que nous voulons signaler. Elle introduit dans l'apologétique un point de vue tout nouveau. M. Blondel l'a constamment présente à l'esprit. Et s'il ne laissait voir si souvent la réponse qu'il y fait, on pourrait dire que c'est sa pensée de derrière la tête. Le P. Schwalm ne s'en est point aperçu ; et il y a lieu de craindre que d'autres ne fassent comme lui. Uniquement préoccupé de l'objet de la foi, de l'ordre surnaturel considéré objectivement, il ne sort pas de là. Et voilà comment il commet la méprise de défendre contre M. Blondel l'apologétique rationnelle, que non seulement M. Blondel n'attaque pas, mais qu'il veut faire aussi rigoureuse que possible.

II. — L'aspect sous lequel nous venons d'envisager le problème religieux est purement spéculatif et objectif : il ne s'est agi en effet, dans ce qui précède, que de l'ordre surnaturel considéré en soi, ou de l'ordre surnaturel considéré dans son rapport avec l'ordre naturel, mais indépendamment de nous. Sans nous arrêter à signaler directement ce qu'il peut y avoir d'artificiel à considérer ainsi les deux ordres comme suspendus en l'air, sans lien avec la réalité vivante, nous pouvons constater au moins que le problème se présente aussi sous un aspect pratique et subjectif. Objectivement la foi est l'ensemble des vérités révélées : avoir résolu le problème à ce point de vue serait avoir démontré la solidarité de l'ordre surnaturel avec l'ordre naturel. Subjectivement la foi est l'adhésion aux vérités révélées : avoir résolu le problème à point de vue, c'est croire. Si l'on avait toujours présente à l'esprit cette distinction, pourtant bien élémentaire, on serait sans doute moins confus quand on parle du rapport de la raison et de la foi. Il est évident que la question n'est plus du tout la même, selon qu'on prend le mot foi dans un sens ou dans l'autre. Nous avons admis qu'une solution spéculative, philosophique, du problème religieux, devait être possible et qu'il y avait place pour une apologétique rationnelle. Mais quel rapport y a-t-il entre cette solution spéculative et la solution pratique? Et se poser cette question c'est encore se demander, mais on voit en quel sens très précis, quel est le rapport de la raison et de la foi : car la foi est la solution pratique elle-même [1].

Croire, avoir la foi, c'est posséder la vérité surnaturelle de manière à la faire sienne et à l'introduire dans sa vie pour vivre surnaturellement. Et il faut bien que ce soit cette possession de la vérité qui constitue la solution complète et définitive du problème, puisque, même à travers la solution spéculative, c'est toujours là qu'on tend. Mais s'imagine-t-on que la foi apparaîtra, et doive apparaître, au terme de la démonstra-

---

1. Dans le compte rendu, très bienveillant du reste et dont nous le remercions, que M. Pillon a consacré à cette étude, *Année philosophique*, 1897, il nous reproche d'avoir séparé la connaissance de la croyance, c'est-à-dire la pensée de l'action, et d'avoir admis « une sphère de l'intelligence pure où ne pénétrerait plus rien de moral ». Nous reconnaissons que la manière dont nous nous sommes exprimé dans ce passage et que la manière aussi dont nous avons distingué la théologie de l'apologétique semble justifier ce reproche. Il y a là évidemment quelque chose d'un peu artificiel, à quoi nous avons eu recours, pour marquer, aussi fortement que possible, le rôle de la volonté dans la croyance et pour montrer que l'acte de foi échappe au déterminisme intellectualiste de la logique abstraite. Seulement, pouvons-nous dire, c'est en quelque sorte provisoirement et afin de mettre en relief une vérité oubliée ou méconnue, que nous avons employé ce procédé. Et quand on envisage la croyance par rapport à la connaissance il faut bien admettre qu'elle en est en un sens indépendante, puisque la connaissance ne l'engendre pas.

Mais — et c'est ce que nous expliquons nettement plus loin — il

tion qu'on aura faite, comme une conséquence logique et nécessaire ? S'imagine-t-on qu'on se fera croire soi-même malgré soi, et qu'on fera croire les autres malgré eux, comme on voit malgré soi et comme on fait voir aux autres malgré eux la vérité logique d'une conclusion, une fois les prémisses posées ? Admettre que l'apologétique rationnelle a par elle-même la vertu de produire, je ne dis pas la science de l'objet de la foi, mais la foi elle-même dans les âmes, ce serait admettre que la dialectique est un moyen de salut suffisant. Et une fois admis qu'elle est un moyen de salut suffisant il faudra admettre qu'elle est le seul et l'indispensable moyen de salut : car, si elle réalisait la foi, ce serait que la foi ne pourrait se réaliser autrement. Et si la foi n'était que la conclusion d'un raisonnement il en serait de même de la charité. Il nous semble inutile — puissions-nous ne pas nous tromper ! — d'insister sur les conséquences d'une pareille doctrine qui nous ramènerait au déterminisme socratique. Mais il est cependant nécessaire de les signaler pour qu'on voie bien ce qu'on fait en ne considérant le problème religieux que d'un point de vue spéculatif et objectif. On se comporte comme

faut envisager les choses autrement. Et comme en réalité quand on pense par soi-même c'est sa propre vie qu'on pense, il en résulte que toute solution spéculative n'est qu'une solution pratique exprimée abstraitement. A ce point de vue par conséquent la science — et il s'agit ici de la science de la vie et non de la science des choses — ne vient qu'après coup et dépend de la vie elle-même.

Nous n'admettons donc pas du tout en définitive qu'il y ait dans l'ordre des spéculations philosophiques et religieuses une sphère de l'intelligence pure où ne pénétrerait rien de moral. Néanmoins il nous semble que le fait de combiner logiquement des idées et de tirer des conclusions, une fois les prémisses posées, n'implique pas en soi de moralité. Mais il est vrai qu'on ne s'arrête à combiner des idées et à tirer des conclusions que parce qu'on a une raison de le faire et que la vie morale et religieuse y est intéressée. Comme le dit fort bien M. Pillon, il y a toujours ainsi une « pénétration mutuelle du penser et de l'agir » ; et nous sommes complètement d'accord avec lui pour rejeter ce qu'il appelle « l'intellectualisme évidentiste et le fidéisme sentimental ».

si on admettait que la pensée suffit à tout et supplée à la vie et à l'action. Voilà ce que M. Blondel appelle l'*intellectualisme*. Et il est d'autant plus urgent de le combattre qu'il est inconscient et qu'avec de bonnes intentions il confirme le préjugé rationaliste.

Nous ne voulons pas dire, et qu'on le remarque bien, qu'il n'est pas possible de systématiser en un tout rationnel l'ensemble des vérités surnaturelles et l'ensemble des vérités naturelles, bien que peut-être ce ne soit là qu'un idéal. Mais un tel système, fût-il achevé, parfait, limpide et clair comme une démonstration géométrique, la science qu'on en aurait ne serait point par elle-même la foi. Et comme avoir résolu, réellement résolu le problème religieux, c'est avoir la foi, et non pas seulement la foi, mais la charité, puisque la foi sans la charité est, comme on dit, une foi morte, nous avons le droit de dire et il est nécessaire de dire qu'aucune forme d'apologétique spéculative, si rigoureuse qu'on la suppose, ne résout le problème religieux. Et si elle ne le résout pas, c'est justement parce qu'elle n'est qu'une science. En effet, scientifiquement, on ne peut aboutir qu'à une solution scientifique. Or le caractère d'une solution scientifique c'est d'être objective, c'est-à-dire impersonnelle, universelle : car l'universel seul est objet de science — n'est-ce pas Aristote qui l'a dit ? — Et qu'est-ce qu'une solution scientifique ? C'est un rapport établi. Une science en effet, comme telle, ne fait que cela, ne peut faire que cela : établir des rapports soit entre des phénomènes, soit entre des idées. Et lorsqu'un rapport est établi, c'est-à-dire lorsqu'un problème est résolu par quelqu'un, la solution fixée dans une proposition est acquise pour tout le monde.

Mais croire c'est tout autre chose que de voir des rapports et que de lier ensemble des idées abstraites pour en faire un système rationnel. Et c'est si vrai, et la solution pratique du problème religieux, c'est-à-dire la foi, est si peu une conséquence de la solution spéculative, qu'il n'est pas du tout nécessaire pour croire d'avoir fait la science de la vérité surnaturelle. Et s'il en était autrement, combien seraient-ils ceux qui arriveraient à la foi? Nous ne disons pas qu'il n'est pas nécessaire de connaître la vérité surnaturelle pour y croire. On pourrait le dire, et il faut le dire en un sens puisque tous les théologiens ont reconnu la possibilité d'une foi implicite. Mais présentement, ce que nous voulons seulement dire, c'est qu'il n'est pas nécessaire pour croire d'avoir appliqué les facultés logiques de son esprit à la vérité surnaturelle en vue de l'organiser méthodiquement à partir de certains principes ou de certaines données [1]. Aussi le caractère de la solution pratique par la foi c'est d'être subjective, personnelle, singulière. A ce point de vue il n'y a pas une solution du problème, mais des solutions. Les autres ont beau avoir résolu le problème, ils ne l'ont résolu que chacun pour leur compte, et il me reste à moi à le résoudre aussi pour mon compte. « On vit seul et on

---

[1] Il y a lieu en effet de distinguer deux sortes de connaissances des vérités religieuses et morales : l'une toute concrète et vivante pour ainsi dire, l'autre abstraite et fixée dans des concepts. Celle-ci appartient aux philosophes, aux théologiens ; celle-là appartient à tous ceux qui croient réellement et qui réellement vivent de la vérité surnaturelle et morale. On peut appeler l'une avec Pascal connaissance par le cœur, et l'autre connaissance par l'entendement. Cette distinction est traditionnelle. L'auteur de l'*Imitation* la fait. Ste Thérèse y revient à chaque instant de la manière la plus explicite. Elle dit qu'elle est ignorante parce qu'elle ne sait que par expérience, — il s'agit évidemment, non de l'expérience par les sens, mais de l'expérience par la vie intérieure — et elle indique le rôle de la science qui selon elle « est utile à tout » (*Château intérieur*, 4e demeure, chap. I). Voilà pourquoi toujours on a distingué la méditation de l'étude proprement dite. Méditer la vérité, c'est la vivre, pourrait-on dire, en la considérant comme une réalité vivante, dans un cœur à cœur intime ; tandis que l'étudier c'est seulement la penser, c'est la mettre dans un cadre logique et lui donner une forme abstraite.

meurt seul, les autres n'y font rien. » Si en un sens penser c'est penser pour tout le monde, croire ce n'est toujours que croire pour soi, parce que croire c'est vivre, et que personne ne peut vivre à la place de personne.

Voilà, j'espère, une proposition que l'on ne contestera pas. On dira plutôt que c'est une banalité. Oui, assurément, c'est une banalité. Néanmoins, cette banalité, pourquoi la méconnaît-on? Pourquoi parle-t-on sans cesse de la foi comme si elle devait être la conclusion d'un raisonnement? Et, ce qui ne serait point banal peut-être, ce serait d'arriver par cette voie à se demander ce que la foi apporte en nous, ce qu'elle ajoute à la connaissance spéculative que nous pouvons avoir du surnaturel. Et en examinant cette question on s'apercevrait sans doute qu'il est impossible, si l'on veut maintenir la distinction du connaître et du croire, d'accorder à la pensée spéculative, comme telle et par elle-même, une portée ontologique. Si la pensée spéculative en effet nous mettait en possession de la vérité au sens plein du mot, c'est-à-dire de la réalité substantielle, comment la foi pourrait-elle encore avoir un objet, une raison d'être? Mais il nous suffit de constater pour le moment que, relativement à la spéculation, la foi est d'un autre ordre. Et elle est d'un autre ordre non pas seulement parce que, pour se réaliser, elle suppose la grâce; mais elle est d'un autre ordre, même pyschologiquement, parce que la spéculation est affaire d'intelligence pure, tandis que la foi est affaire de volonté. La foi en effet n'est-elle pas une vertu? et je pense bien que c'est encore une banalité de le dire. Mais si la foi est une vertu, il y a à son principe un acte. Et puisque c'est par la foi seule que nous possédons pleinement la vérité, ne faut-il pas dire que le problème est résolu par l'action et non par la spéculation, non par la dialectique ? Et nous ne disons pas que cette action est seulement notre action. Avoir la foi, la foi vive et complète, c'est posséder Dieu. Mais nous ne pouvons posséder Dieu qu'en nous donnant à lui ; et nous ne pouvons nous donner à lui que parce qu'il se donne à nous. La foi apparaît ainsi comme la rencontre de deux amours et non pas comme la liaison de deux idées. Ce n'est pas une conclusion abstraite, c'est une action vivante. C'est donc dans l'action vivante, au plus intime de nous-mêmes, à la racine de notre être que s'accomplit la synthèse du surnaturel et du naturel. Et cette synthèse, qu'on ne se la représente pas comme une juxtaposition des deux ordres. C'est une pénétration vivifiante de l'un par l'autre. Dieu ne vient pas en nous du dehors, mais du dedans : il est en nous plus que nous n'y sommes nous-mêmes. Quand le P. Schwalm reproche à M. Blondel de faire intervenir l'action comme « le médiateur efficace et nécessaire entre la connaissance et la réalité », il oublie évidemment que la foi est un acte. Et s'il prétend jusqu'au bout que la connaissance spéculative suffit à nous donner la vérité substantielle, qu'il nous dise alors pourquoi il fait des actes de foi et ce que ces actes apportent en lui qui ne s'y trouvait déjà.

III. — On doit voir enfin maintenant comment se produit le malentendu qui pèse sur l'apologétique.

Les intellectualistes, ceux qui, quand ils raisonnent — heureusement quand ils vivent il n'en est pas ainsi — ne sont préoccupés que de l'objet de la foi et de la manière d'en faire la science, ne peuvent accepter qu'on parle du rôle de la volonté. Ils s'imaginent que par là on signifie nécessairement que l'objet de la foi est inconnaissable et qu'on doit croire sans connaître, à l'aveugle, comme par un coup de désespoir. Les fidéistes, au contraire, ceux qui ne voient que l'acte de foi dans sa subjectivité singulière et qui sentent ce qu'il y a là de personnel, de libre et d'incommunicable par la dialectique, ne peuvent non plus à leur tour accepter qu'on parle du rôle de la raison. Ils s'imaginent que par là on signifie que la foi est la conclusion d'un raisonnement et se confond avec la science. Et c'est bien en effet ce qu'ont toujours l'air de dire les intellectualistes avec des formules analogues à celles-ci : « La raison conduit l'homme à la foi » ; ou encore : « Les procédés de la raison et les procédés de la foi ne sont pas hétérogènes. » Mais ont-ils l'intention formelle et explicite de nier que la foi soit un acte ? Non évidemment, car s'ils le niaient ils ne seraient plus chrétiens. D'autre part, les fidéistes admettent-ils réellement que croire c'est croire sans connaître ? pas davantage. Pour croire il faut bien que quelque chose soit connu qui devienne objet de foi. Et il n'est point de fidéiste qui ait jamais osé soutenir qu'on pouvait croire ce qu'on voulait et comme on voulait, en imaginant soi-même à son gré l'objet de sa foi. Mais, tandis que les uns, se perdant dans des notions abstraites qu'ils combinent logiquement, tendent à méconnaître le rôle de la volonté et parlent comme s'ils le méconnaissaient ; les autres, tout entiers au sentiment concret de la réalité vivante, tendent à méconnaître le rôle de la raison et parlent aussi comme s'ils le méconnaisaient. Il y a des deux côtés une part de vérité. Mais les uns oublient que la pensée pour être quelque chose n'est pas tout ; les autres oublient que la volonté n'est volonté, c'est-à-dire activité morale, que par la pensée. Les uns tendent à la supprimer[1],

---

1. L'intellectualisme, à ce point de vue, trouve son expression la plus complète dans le Spinozisme.

les autres à en faire un instinct. D'une part comme de l'autre, le résultat serait le même : ce serait la suppression de la responsabilité.

Si la foi en effet était une affaire d'instinct ou de sentiment, elle ne serait pas plus une vertu que si elle était la conclusion d'un raisonnement. Elle ne peut être une vertu que s'il y a en elle une responsabilité. Et il ne peut y avoir de responsabilité dans la foi que si l'on sait ce que l'on fait en croyant, sans être pourtant déterminé à croire. Le problème de la foi se trouve ainsi ramené au problème du libre arbitre et de la grâce.

Quand on dit que la foi est raisonnable, *obsequium rationabile*, cela signifie que la foi est un acte libre, accompli avec le concours de la grâce : c'est une adhésion éclairée, une acceptation voulue. Et dire que la foi est libre, ce n'est pas dire qu'il est indifférent de croire ou de ne pas croire, ni non plus qu'on peut croire ce qu'on veut et comme on veut ; mais c'est dire qu'on ne croit que parce qu'on veut croire.

On n'est donc point fidéiste pour soutenir avec M. Blondel que la foi seule nous donne la vérité surnaturelle dans sa plénitude, et que la foi comme acte est de notre part affaire de volonté libre. Et on n'est pas non plus rationaliste, pour soutenir, toujours avec lui, que l'objet de la foi doit pouvoir être objet de science, et qu'il est légitime de chercher à en faire la science en suivant les lois ordinaires de l'esprit.

II

LA MÉTHODE D'IMMANENCE

Le surnaturel et le naturel doivent se relier l'un à l'autre pour former en nous unité de vie comme ils forment en Dieu unité de plan. Mais comment se relient-ils, et par quelle méthode pouvons-nous découvrir cette liaison ? Il résulte de ce que nous venons de dire qu'en aucune façon la solution spéculative du problème religieux ne constitue par elle-même une solution pratique. La solution pratique et complète résulte de la foi. C'est par la foi, par l'acte de foi que se fait dans notre vie voulue et réfléchie la synthèse du naturel et du surnaturel. Mais antérieurement à cette synthèse qui est la foi, synthèse à laquelle nous coopérons, il y a une synthèse qui se fait par grâce. Par la foi en effet nous ne faisons que ratifier le don que par grâce Dieu fait de lui-même. Le principe fondamental de la solidarité des deux ordres, c'est donc la grâce qui met Dieu en nous et qui nous met en Dieu. Par la grâce le surnaturel nous pénètre ; malgré l'hétérogénéité des deux ordres, il y a ainsi en nous unité de vie, et les deux ordres se trouvent par le fait même solidaires pour nous.

Voilà pourquoi, si on veut trouver leur unité, c'est en nous qu'il faut la chercher par une méthode d'immanence.

I. — Le P. Schwalm se scandalise qu'on ose parler de méthode d'immanence. Tout naïvement et sans y regarder de près, il flaire le kantisme, et avec le kantisme je ne sais quoi de monstrueux. On dirait vraiment, quand il raisonne, qu'il perd le sens de la vie chrétienne. Est-ce que tous les méditatifs, tous les vrais mystiques chrétiens, S' Augustin, S'ᵗᵉ Thérèse, l'auteur de *l'Imitation*, tous ceux en un mot pour qui penser n'est pas se repaître d'abstractions et de formules vides suspendues en l'air, n'ont pas répété sur tous les tons que c'est en nous que nous trouvons Dieu, que tout le reste n'est qu'un moyen pour nous amener à le chercher en nous, et que c'est en nous, au fond le plus intime de nous-mêmes, par une action immédiate de Dieu sur nous, que se réalise notre union surnaturelle avec lui ? Ce que tous constatent en eux par la méditation vivante, c'est le désir, l'appétit du divin. Et pour eux c'est Dieu, Dieu présent qui agit en eux. Et, bien que nous ne le reconnaissions pas toujours, n'est-ce pas Dieu aussi qui agit en nous tous par cette inquiétude, par cet inassouvissement, par ce besoin d'infini qui nous empêche partout de trouver le repos et qui nous donne toujours du mouvement pour aller plus loin et plus haut? Si ce n'était Dieu, que serait-ce donc en effet? Et si Dieu ne venait pas ainsi en nous, comment pourrions-nous jamais aller à lui et l'atteindre du dehors[1]? Les choses sont en un sens des moyens d'aller à Dieu ; mais ce n'est point dans les choses que nous le trouvons ; et les choses même nous le font souvent méconnaître et oublier. Est-ce que nous ne répétons pas sans cesse qu'il faut rentrer en soi-même pour y trouver Dieu? Et n'est-ce point là pratiquer la méthode d'immanence ? Si M. Blondel a innové sur ce point, c'est parce qu'il a usé de cette méthode comme personne ne l'avait su faire avant lui, et qu'il a renouvelé ainsi les perspectives de la pensée religieuse et de la pensée philosophique.

Considérés objectivement et abstraitement, indépendamment de nous, les deux ordres sont essentiellement hétérogènes : autrement il n'y en aurait pas deux. Par conséquent, à les considérer ainsi, on ne peut arriver à les relier l'un à l'autre ; on ne peut que les juxtaposer comme si le surnaturel n'était qu'une superfétation. Et en aspirant quand même et malgré tout à les relier de ce point de vue objectif et abs-

---

1. Nemo potest venire ad me, nisi Pater, qui misit me, traxerit eum. S. Jean, VI, 44.

trait, on aspire, bien qu'inconsciemment, à trouver entre eux une solidarité logique, un lien de nécessité analogue au lien de nécessité qui unit les différentes propriétés d'une notion géométrique. Et ainsi on tend à faire disparaître la distinction des deux ordres que d'autre part on pose comme irréductibles. Voilà le vice radical de toute apologétique objective et abstraite. Si, avant d'entreprendre la science du surnaturel, on se demandait à quelle condition cette science est possible, on ne s'engagerait pas dans cette voie.

Il faut partir de la réalité vivante que nous sommes. Mais, puisqu'il existe un ordre surnaturel, puisque tout homme en fait — nous ne disons pas en droit — est appelé à vivre surnaturellement, c'est que Dieu agit par sa grâce sur le cœur de tout homme et le pénètre de sa charité ; c'est que l'action même qui constitue fondamentalement notre vie est en fait comme informée surnaturellement par Dieu. Si donc on suit l'expansion et le développement de l'action humaine, on devra voir apparaître et s'épanouir ce qu'elle recèle en son fond. Même méconnu Dieu est toujours là. Et en effet en toute vie humaine, bon gré malgré, sous les attitudes les plus diverses et les plus opposées, n'y a-t-il pas toujours le désir de posséder Dieu, le désir d'être Dieu ? Mais ce désir n'est pas naturel, je veux dire que l'homme ne saurait l'avoir par lui-même car on ne peut pas posséder Dieu malgré lui, comme on possède une chose ; il faut que Dieu se donne. Et si l'homme désire posséder Dieu et être Dieu, c'est que déjà Dieu s'est donné à lui. Voilà comment dans la nature même peuvent se trouver et se trouvent des exigences au surnaturel[1]. Ces exigences n'appartiennent pas à la nature en tant que nature, mais elles appar-

---

1. Voir *Appendices*.

tiennent à la nature en tant que pénétrée et envahie déjà par la grâce. S'il n'est pas légitime, ni même possible, en un sens, de s'en tenir à une philosophie séparée, c'est qu'en fait il n'y a pas de nature séparée[1].

[1]. Par l'Incarnation en effet Jésus-Christ est le chef de l'humanité entière. De même que tous les hommes sont solidaires en Adam, ils sont aussi solidaires en Jésus-Christ. Tous ont été rachetés par sa passion. La grâce et le salut sont offerts à tous. L'action surnaturelle de Dieu dans le monde par Jésus-Christ n'est donc pas restreinte à ceux qui font partie de l'Eglise visible. Il y a « une Eglise invisible, formée des justes de tous les temps et de tous les pays... allant d'Abel ou du saint homme Job jusqu'au dernier de ceux que la grâce de Dieu ira chercher dans les forêts ou sur les plages sauvages, à travers tous ceux qui, hors de la synagogue ou de l'Eglise catholique, sans aucun lien extérieur entre eux, ont profité de la grâce méritée à tous par la mort de Jésus-Christ et sont arrivés au degré de connaissance surnaturelle sans lequel il n'est pas de salut. » (P. Bainvel, *Etudes*, 5 janvier 1897). C'est dans le même sens que St Augustin a dit : « Res ipsa quæ nunc christiana religio nuncupatur, erat apud antiquos, nec defuit ab initio generis humani, quousque ipse Christus veniret in carne, unde vera religio quæ jam erat, cœpit appellari christiana. » (*Retractat.*, lib. primus, cap. XIII-3.)

C'est là une idée essentielle au catholicisme et qui a été nettement exprimée dès l'origine. Mais il semble qu'on l'oublie un peu trop, et le P. Bainvel avec raison demande qu'on y revienne. Elle suppose évidemment que Dieu agit dans l'humanité autrement que par des moyens extérieurs et que tous les hommes peuvent au moins faire partie de l'Eglise invisible et reçoivent pour cela une grâce suffisante. A ce sujet, il est vrai, un problème se pose à la solution duquel on ne s'est sans doute pas assez appliqué, à savoir : quel est le rapport de l'Eglise invisible à l'Eglise visible ? Etablir par des textes et des témoignages — ce qui assurément en un sens est d'une importance capitale — la réalité historique des faits qui ont fondé l'Eglise visible, ce n'est pas en découvrir la raison d'être. En ne considérant le christianisme que du dehors, comme un ensemble de faits, on ne voit pas le sens et la portée de son organisation visible. Pour le comprendre, pour faire œuvre d'apologétique philosophique et rationnelle, c'est du dedans qu'il faut l'envisager, dans l'idée que les faits réalisent et qui constitue pour nous un idéal surnaturel. En se plaçant à un point de vue qui soit commun à tous les hommes, en s'adressant, si je puis ainsi dire, au germe de christianisme déposé en eux, germe en vertu duquel ils peuvent toujours faire partie de l'Eglise invisible, on pourra montrer que ce germe a son explication dans le dogme chrétien, qu'il ne tire son origine et sa vie que de l'Eglise visible vivant dans le Christ et qu'il ne trouve qu'en elle son complet développement. De cette façon on conçoit qu'il puisse y avoir une philosophie chrétienne, ou plutôt que la philosophie doive être chrétienne, sans cesser d'être la philosophie et sans que le christianisme cesse d'être surnaturel.

Par conséquent, en faisant la science de l'action humaine, puisque cette action est en même temps notre action et l'action de Dieu, on devra trouver en elle l'élément surnaturel qui entre dans sa constitution[1]. En fait l'action humaine postule le surnaturel. Assurément cela ne veut pas dire qu'on trouve dans l'action la vérité surnaturelle sous sa forme précise et dogmatique. Mais cela veut dire que dans l'action, qui, informée par la grâce, postule le surnaturel, on trouve ce qui nous permet de recevoir cette vérité et de lui donner un sens quand elle est révélée. Et lui donner un sens c'est avoir des motifs d'y croire, motifs qu'on peut toujours renforcer et multiplier de façons diverses, en considérant toutes choses à sa lumière et en résolvant par elle le problème de la vie, qui sans elle reste un mystère angoissant. De cette manière, et de cette manière seulement, on s'explique que la révélation puisse nous apparaître, selon un mot qu'on répète souvent, comme comblant un vide et comme répondant à un besoin de notre nature. Quoique venue du dehors, elle n'est plus une étrangère, parce que du dedans on va vers elle, et parce qu'en la recevant on a en soi un principe organisateur qui y correspond et par lequel on peut s'en emparer, se l'assimiler et la faire sienne[2]. Il se passe là quelque chose d'analogue à ce qui se passe dans les corps organisés. Les corps organisés reçoivent du dehors leurs aliments ; mais c'est du dedans qu'ils les organisent d'après « une idée directrice ». S'il n'y avait pas aussi en nous

---

1. Il est facile et intéressant de constater en effet que partout et en tout temps dans l'humanité, comme sous l'influence d'une poussée intérieure, l'idée du surnaturel est spontanément apparue et que partout et en tout temps elle a donné lieu à des manifestations religieuses.
2. *Et crediderunt quotquot erant præordinati ad vitam æternam.* — Act. XIII, 48.

surnaturellement comme une idée directrice, la vérité révélée ne pourrait jamais devenir notre vérité, nous ne pourrions jamais l'introduire dans notre vie, parce qu'elle ne répondrait pour nous à aucun besoin.

Cependant, le P. Schwalm ose écrire des phrases comme celle-ci : « Nous ne recevons la foi, comme la science, que par l'instrument de nos sensations. » Que veut-il dire ? que nous n'inventons pas la Révélation ? personne ne le nie. C'est ce que signifie le texte : *fides ex auditu*. Mais il faut donner un sens à ce que nous entendons ou à ce que nous voyons. Or comment Dieu serait-il compris quand il parle aux oreilles ou quand il parle aux yeux, si tout d'abord il ne parlait au cœur ? Ce serait comme si on nous présentait une nourriture qui ne fût en aucune façon assimilable. Si le P. Schwalm, comme nous le supposons bien, n'a pas l'intention de nier que la grâce joue un rôle dans la foi, qu'il s'exprime donc autrement[1]. Qu'il ne dise pas que M. Blondel, qui explique par elle la synthèse du naturel et du surnaturel, la fait intervenir comme un *Deus ex machinâ*. On pourrait croire, à l'entendre ainsi parler, que selon lui c'est par nous-mêmes que nous nous élevons de l'ordre naturel à l'ordre surnaturel. Et, puisque ce n'est point sa

---

1. Dans son livre sur Renan, si remarquable à certains égards, M. Séailles reproche aux théologiens d'être empiristes comme les positivistes, c'est-à-dire de ne voir que les faits et de supposer que les faits suffisent pour expliquer la croyance. Si par théologiens on entend les docteurs authentiques de l'Eglise, le reproche n'est pas fondé. Mais il faut bien reconnaître qu'en s'exprimant à la façon du P. Schwalm on a l'air au moins de donner pleinement raison à M. Séailles. Si nous recevions la foi par la sensation il ne pourrait plus être question de foi implicite, ni par conséquent d'Eglise invisible, d'âme de l'Eglise.
Selon St Augustin les faits qui ont eu lieu dans le passé, comme la mort et la résurrection de Jésus-Christ, de même que les faits qui doivent avoir lieu dans l'avenir, comme la résurrection des corps, sont eux-mêmes objet de foi. Il dit en parlant de ces faits : *sola fides est*. (Lettre CXX, à Consentius.)

pensée, qu'il fasse donc attention de ne pas reprocher aux autres d'admettre ce qu'il admet lui-même, et ce qu'il est impossible de ne pas admettre sans méconnaître l'essence même du Christianisme.

Puisque c'est la grâce qui fonde la solidarité des deux ordres, et puisque la grâce est tout intérieure et n'a rien de commun avec la sensation, c'est donc bien du dedans et uniquement du dedans qu'on peut donner un sens à la vérité révélée.

II. — Mais il y a plus à dire encore pour aboutir à la même conclusion. La Révélation extérieure sans la grâce intérieure n'aurait pas de sens pour nous. Pour être compris quand il parle du dehors, il faut que Dieu parle aussi du dedans. Mais cela même est-il suffisant? La grâce en tant qu'elle est reçue, en tant qu'elle fonde pour nous, mais indépendamment de nous, la solidarité des deux ordres, suffit-elle pour que nous donnions un sens à la parole de Dieu? Oui, sans doute, si on entend par là que, du côté de Dieu, il ne reste plus rien à faire : avec la révélation, les miracles et la grâce, on doit croire. C'est vrai; mais puisque avec tout cela on peut ne pas croire, c'est donc que la foi dépend encore d'une autre condition. Tout est fait du côté de Dieu : mais il reste tout à faire de notre côté. Et en effet, si nous recevons l'objet de la foi « par l'instrument de nos sensations », *fides ex auditu*, si nous recevons intérieurement la grâce qui nous rend capables de donner un sens à la vérité surnaturelle, nous ne recevons pas la foi, je veux dire l'adhésion réfléchie et voulue à la vérité, parce que la foi ainsi entendue est un acte, acte dans lequel nous coopérons à l'action de Dieu pour faire nôtre la vérité qu'il nous révèle. Il ne suffit pas que Dieu nous parle intérieurement, il faut qu'intérieurement nous écoutions sa voix[1]. Et n'est-ce pas encore une banalité de le dire[?] N'a-t-on pas remarqué de tout temps et ne remarqu[e-] t-on pas tous les jours que ce qu'on pense et ce qu'[on] croit n'est jamais indépendant de ce qu'on fait et [de] ce qu'on est. Aussi ne se contente-t-on pas, si inte[l-] lectualiste qu'on soit, de qualifier intellectuelleme[nt] les doctrines en disant simplement qu'elles sont vrai[es] ou qu'elles sont fausses. On les qualifie en outre mor[a-] lement : on dit qu'elles émanent d'une bonne ou d'u[ne] mauvaise inspiration. On reconnaît donc toujours, pl[us] ou moins explicitement, que sous toute doctrine il y [a] ce qu'on pourrait appeler une attitude morale. [Le] soleil brille pour tout le monde ; mais cependant l'[œil] n'est éclairé par lui que si l'on ouvre les yeux. [De] même en est-il pour la vérité. Nous avons vu qu'[en] toute hypothèse croire est autre chose que connaîtr[e.] Mais si par connaissance on entend la science propr[e-] ment dite, c'est-à-dire un système d'idées liées et [or-] ganisées méthodiquement, il faut aller plus loin et di[re] que, pour connaître, il faut d'abord croire — *fi[des* *quærens intellectum*] — c'est-à-dire qu'il faut d'abo[rd] ouvrir les yeux[2]. Et qu'est-ce ici qu'ouvrir les yeu[x ?] C'est être homme de bonne volonté. La bonne volo[nté] n'est pas la science. C'est l'attitude humble prise [in-] térieurement en face de Dieu, c'est le consenteme[nt] donné au désir de lui qu'il met en nous, c'est l'atte[nte] du don divin qui doit combler notre insuffisance. Sa[ns] doute cela suppose une certaine connaissance ; m[ais] c'est une connaissance de sentiment tout à fait dif[fé-] rente de la science. La bonne volonté consiste esse[n-] tiellement à ne pas vouloir se suffire à soi-même.

1. « La parole divine a la puissance d'éclairer et de toucher [les] hommes ; mais elle ne fait ni l'un ni l'autre, lorsqu'ils ne sont [pas] disposés. » St Jean de la Croix, *Montée du Carmel*, liv. III, chap. x[.]
2. Même dans un tout autre ordre d'idées Claude Bernard a [pu] dire : « Pour faire la science, il faut d'abord croire à la scienc[e.]

dès lors qu'on ne prétend pas se suffire à soi-même, peu importe qu'on sache ou non nommer Dieu, on l'accepte, on l'attend : on a la foi implicite[1]. Sans la foi implicite, sans la bonne volonté, ni révélations, ni miracles[2],

[1]. Au contraire, on a beau nommer Dieu et le confesser des lèvres, si intérieurement on n'éprouve pas le besoin de se renouveler, si on est content de ce qu'on est et content de ce qu'on pense, on méconnaît Dieu, on abuse de la grâce et on ferme son esprit à la lumière. C'est le pharisaïsme.

[2]. « Les miracles, dit M. Blondel, ne sont vraiment miraculeux qu'au regard de ceux qui sont déjà mûrs pour reconnaître l'action divine dans les événements les plus habituels. » Le P. Schwalm déclare cette phrase hétérodoxe et en contradiction avec le texte du concile du Vatican, où il est dit que les miracles sont « *divinæ revelationis signa certissima et omnium intelligentiæ accommodata* ». Mais M. Blondel ici ne nie pas du tout que les miracles soient des signes certains à la portée de toutes les intelligences. Il dit seulement que pour comprendre ces signes il faut y être préparé intérieurement. Et en effet les miracles ne font pas croire les gens malgré eux. Et on sait bien, car c'est un fait qui crève les yeux, que les non-croyants ont toujours quelque fin de non-recevoir à opposer aux miracles d'aujourd'hui comme aux miracles d'autrefois, et que les Juifs ont pu voir ceux-mêmes de Jésus-Christ sans en être touchés. *Signa certissima* veut-il donc dire pour le P. Schwalm que ceux qui voient des miracles croient nécessairement par le fait même? Il faudrait que le texte du concile eût ce sens pour être en contradiction avec ce que dit M. Blondel. Et puisque évidemment le concile n'a pas voulu dire que tous ceux qui voyaient des miracles croyaient nécessairement par le fait même, l'accusation du P. Schwalm n'est qu'un énorme contre-sens. Et on a ainsi un spécimen de sa manière de découvrir des hérésies.
Mais voici encore sur ce point ce qui le scandalise, et non moins mal à propos. M. Blondel dit dans sa lettre : « Comme pour la philosophie aucun des faits contingents n'est impossible... il n'y a sans doute, si l'on va au fond des choses, rien de plus dans le miracle que dans le moindre des faits ordinaires. Mais aussi il n'y a rien de moins dans le plus ordinaire des faits que dans le miracle. » Et il ajoute, en marquant avec une très grande précision le rôle du miracle : « Le sens de ces coups d'état qui provoquent la réflexion à des conclusions plus générales, en rompant l'assoupissement de la routine, c'est de révéler que le divin est, non pas seulement dans ce qui semble dépasser le pouvoir accoutumé de l'homme et de la nature, mais partout, là même où nous estimerions volontiers que l'homme et la nature se suffisent. » Le P. Schwalm voit là une négation du miracle, et il n'accepte pas qu'on puisse dire qu'il y a du divin partout, comme si selon lui la nature et l'homme se suffisaient à eux-mêmes pour exister et pour agir. Pour le rassurer il nous semble bon de livrer à ses réflexions le texte suivant de St Augustin : « *Ipse est enim Deus qui per universam creaturam quoti-*

ni raisonnements d'aucune sorte ne produiront la lumière dans l'esprit et n'amèneront à la foi explicite. La vérité révélée ne sera qu'une étrangère importune. Au lieu de s'y appliquer pour en faire la science et la mieux connaître, on s'en détournera[1]. Et en effet chercher à la mieux connaître, ce serait avouer qu'on a besoin d'elle. Or ne pas avoir la bonne volonté c'est justement prétendre qu'on n'en a pas besoin et qu'on se suffit à soi-même. En cela consiste l'endurcissement du cœur qui obscurcit l'esprit et dont il est si souvent question dans l'Écriture. Les discours que Jésus-Christ adresse aux Juifs, pour leur reprocher leur incrédulité, sont très instructifs à cet égard. Le sens qui s'en dégage est celui-ci : Vous dites que vous croyez en Dieu, vous le confessez de bouche, vous pensez avoir la vie éternelle en vous ; mais non, vous ne croyez pas vraiment en Dieu, vous n'avez pas écouté sa voix, son verbe n'habite pas en vous. Et voilà pourquoi vous ne me reconnaissez point et ne croyez pas en moi ;

---

diana miracula facit, quæ hominibus non facilitate, sed assiduitate valuerunt : rara autem quæ facta sunt ab eodem Domino, id est a Verbo propter nos incarnato, majorem stuporem hominibus attulerunt : non quia majora erant quam sunt ea quæ quotidie in creatura facit, sed quia ista quæ quotidie fiunt, tanquam naturali cursu peraguntur; illa vero efficacia potentiæ tanquam præsentis exhibita videntur oculis hominum. Diximus, sicut meministis, resurrexit unus mortuus, obstupuerunt homines; cum quotidie nasci qui non erant, nemo miretur. Sic aquam in vinum conversam quis non miretur, cum hoc annis omnibus Deus in vitibus faciat. » (*In Joannis Evangelium.* Tract. IX-1.) Il se trouve donc, comme on le voit, que les anathèmes du P. Schwalm portent plus haut qu'il n'a sans doute voulu. Et ceci doit lui faire comprendre qu'il serait tout de même bon d'y regarder d'un peu plus près avant d'accuser les autres d'hérésies.

On trouvera dans S¹ Jean de la Croix (*Montée du Carmel*, liv. III, chap. xxx) des considérations très instructives sur le rôle du miracle dans la vie religieuse. Le même S¹ Jean de la Croix dit ailleurs (*Sentences spirituelles*, 72) : « Si quelqu'un tâchait de vous persuader une doctrine relâchée, quand il ferait des miracles pour l'appuyer, ne le croyez pas. »

1. Voilà comment la sagesse de l'Evangile peut être folie pour les sages de ce monde.

voilà pourquoi ni mes discours, ni mes miracles ne vous touchent; si vous étiez de Dieu, vous verriez qui je suis[1].

Nous avons commencé par nous demander si la solution spéculative du problème religieux pouvait par elle-même amener la solution pratique qui est la solution réelle et vivante. Il a fallu répondre négativement. Il a pu sembler alors que la spéculation et la pratique, que la connaissance raisonnée et la vie réelle étaient radicalement séparées, et ne pouvaient se rejoindre. Il en est ainsi en effet du point de vue intellectualiste, à moins qu'on ne prétende que la pensée spéculative est la vie tout entière, à moins qu'on ne dise que vivre ce n'est rien autre chose que penser et combiner des idées. Pour que nos idées n'apparaissent pas seulement comme des idées, ou la vie comme un simple jeu dialectique, il faut donc envisager les choses autrement. Et de ce que nous venons de dire il résulte que la solution spéculative dépend de la solution pratique. Et en effet quand on pense par soi-même, c'est sa propre vie qu'on pense. A vrai dire toute solution spéculative n'est qu'une solution pratique exprimée abstraitement et dont les éléments analysés sont fixés dans des concepts et systématisés logiquement. C'est cette analyse et cette systématisation qui cons-

---

[1]. « Et qui misit me, Pater ipse testimonium perhibuit de me : neque vocem ejus unquam audistis, neque speciem ejus vidistis ; — Et verbum ejus non habetis in vobis manens, quia quem misit ille, huic vos non creditis. — Scrutamini scripturas, quia vos putatis in ipsis vitam æternam habere, et illæ sunt quæ testimonium perhibent de me : Et non vultis venire ad me ut vitam habeatis. — Claritatem ab hominibus non accipio. — Sed cognovi vos, quia dilectionem Dei non habetis in vobis. » St Jean, V, 37-42. « Incrassatum est enim cor populi hujus, et auribus graviter audierunt, et oculos suos clauserunt, ne quando videant oculis, et auribus audiant, et corde intelligant, et convertantur et sanem eos. » St Matthieu, XIII, 15.

tituent la science. La science ne peut donc venir qu'après coup[1]. Et en effet elle n'est possible qu'autant qu'il y a synthèse du surnaturel et du naturel. Or il se trouve que cette synthèse, qui se fait par la grâce et par la bonne volonté, est justement le résultat de la vie et de l'action. Pour qu'elle soit pour nous, dans notre vie voulue et réfléchie, il faut que nous la fassions, ou plus exactement que nous coopérions à la faire en nous. C'est seulement quand elle existe qu'on peut la penser explicitement ; et on ne doit pas considérer comme un résultat de la science ce qui en est la condition même. On peut sans doute — puisqu'en fait par la grâce la solidarité des deux ordres existe en nous indépendamment de nous — en partant de certaines données, constituer une science où le surnaturel et le naturel soient rationnellement systématisés, de telle sorte que la cohérence

---

[1]. Entendue en ce sens, c'est-à-dire comme résultat d'une argumentation dialectique, elle ne donne pas plus la substance de la vérité que le thermomètre ne produit la chaleur. Cette comparaison est de Newman.

S¹ Augustin au même point de vue a exprimé avec assez de force et de netteté la relation de la science et de la croyance dans l'ordre des vérités religieuses. « Absit ut ideo credamus, ne rationem accipiamus sive quæramus ; cùm etiam credere non possumus, nisi rationales animas haberemus. Ut ergo in quibusdam rebus ad doctrinam salutarem pertinentibus, quas ratione nondum percipere valemus, sed aliquando valebimus, fides præcedat rationem, quâ cor mundetur, ut magnæ rationis capiat et perferat lucem, hoc utique rationis est. Et ideo rationabiliter dictum est per prophetam : *Nisi credideritis, non intelligetis* (Isaï, VII, 9, sect. LXX)... Si hoc præceptum rationabile non est, ergo irrationabile : absit. Si igitur rationabile est, ut ad magna quædam, quæ capi nondum possunt, fides præcedat rationem, procul dubio quantulacumque ratio quæ hoc persuadet, etiam ipsa antecedit fidem... Si a me infidelis rationem poscit fidei et spei meæ, et video quod antequam credat capere non potest, hanc ipsam ei reddo rationem in quâ, si fieri potest, videat quam præpostere ante fidem poscat rationem earum rerum quas capere non potest. Si autem jam fidelis rationem poscat, ut quod credit intelligat, capacitas ejus intuenda est, ut secundum eam ratione reddita, sumat fidei suæ quantum potest intelligentiam ; majorem, si plus capit ; minorem, si minus : dum tamen quousque ad plenitudinem cogni-

logique du système soit accessible à tout le monde. Mais, tandis que pour les uns cette science sera la réalité même connue et possédée, pour les autres elle ne sera qu'un système d'idées sans attache avec la réalité, quelque chose d'analogue à une géométrie imaginaire. Les uns n'ont pas besoin d'elle pour croire et les autres ne sont pas amenés à croire par elle [1].

Ainsi, pour que la vérité révélée nous apparaisse comme telle, pour qu'elle soit reconnue, non seulement il est nécessaire que Dieu agisse en nous par la grâce et nous transforme intérieurement; mais il est nécessaire encore qu'au plus intime de nous-mêmes nous soyons dociles à cette action de Dieu. La vérité ne vient pas en nous sans Dieu, et elle ne vient pas non plus en nous sans nous. Ce n'est pas nous qui faisons la vérité : en ce sens elle s'impose à nous et « son sceptre est de fer ». Mais cependant elle ne

tionis perfectionemque perveniat, ab itinere fidei non recedat. » (Lettre CXX, à Consentius.)

La lettre d'où ces passages sont extraits serait fort intéressante à étudier et à discuter. Nous ne pouvons ici que la signaler. Tout en disant que la vérité de l'objet de la foi ne peut être saisie par la raison que si l'on croit d'abord, S¹ Augustin parle d'un usage de la raison qui précède la foi. Mais par cet usage de la raison qui précède la foi ce qu'on peut faire, ce n'est pas d'arriver directement et dialectiquement à reconnaître, avant de croire, la vérité de l'objet de la foi. Et essayer de procéder ainsi c'est prendre les choses à rebours, *præpostere*. « Non in dialecticà complacuit Deo salvum facere populum suum. » (S¹ Ambroise.) Ce qu'on peut faire, c'est de comprendre que l'acte de foi est en lui-même chose raisonnable. — Et qu'est-ce à dire sinon que pour l'homme il est raisonnable de prendre une attitude humble et soumise, une attitude d'attente qui implique l'aveu de sa propre insuffisance ? Avec cette disposition on est prêt à recevoir le surnaturel, prêt à comprendre le sens des miracles et la valeur de la vérité révélée. Et du reste cette disposition même est déjà surnaturelle et c'est une action. Mais procéder ainsi n'est-ce pas justement pratiquer la méthode d'immanence que M. Blondel a si heureusement renouvelée et dont il a pour ainsi dire pris nettement concience?

1. Nous n'avons pas l'intention — est-il même nécessaire de le faire remarquer? — de nier le rôle et l'utilité de la science. Mais présentement, ce que nous voulons indiquer, c'est à quelles conditions elle est possible, en marquant ce qui doit la précéder et ce qu'il ne faut pas attendre d'elle.

devient nôtre que si nous l'acceptons, elle ne nous éclaire que si nous le voulons. Il faut la grâce qui constitue comme une parenté entre nous et la vérité révélée; et il faut en même temps la bonne volonté par laquelle nous reconnaissons cette parenté. C'est donc bien en nous de toute façon que se trouvent les conditions de la vérité pour nous.

Mais il ne faut pas se représenter la bonne volonté comme se juxtaposant à la grâce, et comme jouant son rôle à part. Elle ne se produirait point sans la grâce; et sans la grâce elle n'aurait point d'efficacité, de même que sans elle la grâce n'en aurait pas non plus. Par la grâce qui fonde en nous, mais indépendamment de nous, la solidarité des deux ordres, l'ordre surnaturel est raisonnable en soi — ce qui signifie qu'en Dieu la nature et la surnature sont unies dans un même plan. Par la bonne volonté, qui ratifie librement ce que la grâce met en nous, le surnaturel devient raisonnable pour nous dans notre vie voulue et réfléchie, — c'est-à-dire qu'avec la bonne volonté le surnaturel prend un sens pour nous qu'il n'aurait pas sans elle. Ainsi c'est de ce que Dieu fait en nous et de ce que nous faisons avec lui que vient la lumière. *Fac et videbis*.

De cette manière la connaissance que nous avons de la vérité dépend de nous. Le sens que chacun de nous en son for intérieur attache à la doctrine révélée est relatif à ce qu'il est[1]. Mais ceci ne veut pas dire que la

---

1. « Dieu, dit S' Jean de la Croix, est une source où chacun puise selon la capacité du vaisseau qu'il y apporte ». *Montée du Carmel* (liv. II, chap. xx.)
Toutefois, il ne suit pas de là qu'il est possible de juger de la responsabilité des gens par leurs affirmations ou leurs négations. De même qu'on peut confesser des lèvres, en se dupant soi-même et en dupant les autres, ce qu'au fond du cœur on rejette; de même on peut nier des lèvres et en apparence ce qu'au fond du cœur on croit implicitement.

vérité dépend de nous, et que chacun peut se faire à son gré sa vérité. Tout au contraire ceci veut dire que nous dépendons d'elle. Et c'est parce que nous dépendons d'elle que, pour la connaître et la posséder, il faut avoir la bonne volonté. Si nous n'avions aucune condition à remplir, c'est alors que la vérité dépendrait de nous : elle serait pour ainsi dire à notre merci, puisque nous pourrions l'avoir sans être dignes d'elle. Cette relativité de la connaissance n'implique donc pas du tout que la vérité absolue soit hors de nos prises ; mais elle implique seulement que la bonne volonté est une condition requise de notre part pour que la vérité se donne et se montre à nous[1]. S' Augustin a dit : *ama et fac quod vis*, ce qui suppose qu'on peut dire également : *ama et cogita quod vis*. Puisqu'en effet notre pensée est comme le reflet et le prolongement de ce que nous sommes, si nous sommes ce que nous devons être, nous penserons ce qui doit être pensé. Or nous sommes ce que nous devons être par la bonne volonté. La bonne volonté en effet est vraie. Elle est vraie en ce sens que par elle nous sommes d'accord et en paix avec nous-mêmes, que par elle nous voulons librement dans notre vie réfléchie ce que nous voulons nécessairement dans notre vie spontanée. Et ainsi il convient de dire, à strictement parler, que la bonne volonté contient en elle la vérité. Faut-il entendre

---

1. Nous trouvons cette manière de voir exprimée dans un livre de Newman qui a pour titre : *The grammar of assent*. « Ses rayons, dit-il en parlant de la vérité, ne pénètrent jusqu'à l'intime de notre âme qu'à travers notre être moral » (P. 304.) — « Le langage courant laisse voir, lorsque des vérités concrètes sont en question, qu'un élément personnel est impliqué dans l'appréciation de la valeur des preuves... Cela signifie que nous arrivons à nos conclusions non pas *ex opere operato* par une nécessité scientifique indépendante de nous, mais par l'action de notre propre esprit, par notre perception individuelle de la vérité en question, perception accompagnée du sentiment de l'obligation où nous sommes d'accepter ces conclusions. » (P. 310-311.)

par là qu'avec la bonne volonté on aura la science, la connaissance explicite de la vérité ? Nullement, mais avec la bonne volonté on possédera la vérité dans son principe, on aura réalisé dans sa vie la synthèse du naturel et du surnaturel et résolu le problème autant qu'il peut se résoudre ici-bas. Et pour, non plus seulement posséder la vérité dans son principe, mais en avoir la science, il suffira d'appliquer sa pensée à une telle vie, d'en analyser le contenu, d'en distinguer les éléments et de les organiser logiquement[1]. Mais il faut dire qu'au moins tant qu'on vit la solution ne saurait être achevée et définitive : car la bonne volonté d'où elle émane a toujours à se perfectionner, toujours à mieux faire pour mieux voir, et toujours à mieux voir pour mieux faire. Avoir la bonne volonté c'est toujours avouer son insuffisance. Quand il s'agit de nous, être bon c'est ne jamais croire qu'on l'est et ne jamais être content de soi; c'est toujours attendre de Dieu qu'il comble le vide infini de notre nature créée. Pour nous, par conséquent, être bon c'est tendre à le devenir. De Dieu seul il faut croire qu'il est bon ; et le croire de soi c'est cesser de l'être. De même croire qu'on possède et qu'on connaît définitivement la vérité, qu'on l'a enfermée dans un système achevé et clos, c'est oublier qu'elle est infinie, c'est la ramener à soi et la rapetisser à sa mesure, c'est en perdre le sens[2]. On dit souvent : la vérité ne peut pas changer. Non assurément elle ne peut pas changer. Mais ce qui peut et ce qui

---

1. A ce point de vue ne pourrait-on pas dire qu'une véritable apologétique ne serait rien de plus qu'une science de la vie des saints ? L'apologiste aurait à penser explicitement et méthodiquement ce que les saints ont vécu.

2. « Nemo enim ad cognitionem veritatis magis propinquat, quam qui intelligit in rebus divinis, etiam si multum proficiat, semper sibi superesse quod quærat. Nam qui se ad id in quod tendit pervenisse præsumit, non quæsita reperit, sed in inquisitione deficit. » S‍t Léon Pape, Serm. 9, de Nativitate Domini.

doit changer et ce qui change, c'est la connaissance que nous en avons. Vivre c'est se mouvoir. Et en vivant nous sommes comme le voyageur pour qui la perspective se modifie à mesure qu'il avance. Ce qui importe c'est de ne pas aller à l'aventure. La vérité pour nous n'est pas dans le repos, elle est dans la fixité de l'orientation. Et la fixité dans l'orientation c'est la bonne volonté qui nous la donne. Avec elle nous changeons et nos pensées changent; mais en changeant nous marchons dans la lumière. On peut dire vraiment qu'elle est pour nous le critérium, critérium vivant et toujours libre, mais toujours aussi à notre disposition. Voilà pourquoi il a été dit : « Paix sur la terre aux hommes de bonne volonté. »

C'était un axiome dans l'École que le bien et le vrai sont une même chose. Cet axiome nous le transposons de l'objet au sujet en disant que c'est aussi la même chose qu'être bon et avoir la vérité. Mais, tandis que du point de vue intellectualiste on devrait dire que c'est du vrai qu'on va au bien, et que c'est par la connaissance de la vérité qu'on est bon — ainsi disait Socrate — nous disons que c'est par la bonté qu'on possède la vérité et que c'est le bien qui est vrai[1]. Dieu est vérité, mais il n'est vérité que parce qu'il est bonté. Ce n'est point la pensée pure, dont parle Aristote, qui, toute enfermée en elle-même, ignore le monde; c'est la bonté pure qui circule pour ainsi dire à travers notre vie : *in ipso vivimus, movemur et*

---

1. « Ubi est major charitas, ibi est majus desiderium, et desiderium quodammodo facit desiderantem aptum et paratum ad susceptionem desiderati. Unde qui plus habebit de charitate perfectius Deum videbit et beatior erit. » (St Thomas, pars Iª, quæst. XII, art. 6.) Ce texte se rapporte aux bienheureux qui sont dans le ciel, mais il n'en exprime pas moins en général comment on ouvre son esprit à la vérité par les bonnes dispositions morales. Qu'on se rappelle du reste la parabole du semeur : « Quod autem in bonam terram : hi sunt qui in corde bono et optimo audientes verbum retinent et fructum afferunt in patientia. » St Luc, VIII, 15.

sumus. Dieu n'est pas en nous comme une notion abstraite, fixée et figée dans un système, mais comme la réalité vivante qui nous soutient et nous anime encore, alors même que nous le méconnaissons. Sans lui nous ne serions pas, nous n'agirions pas, nous ne penserions pas. Si nous pensons Dieu, c'est parce qu'il est dans notre vie. Et ce n'est pas en tant qu'il est vrai que nous le connaissons d'abord, mais en tant qu'il est bon : c'est en effet en tant qu'il est bon et par bonté qu'il est en nous; et c'est dans la bonne volonté et par elle qu'il se révèle à nous.

Mais puisque c'est par la bonté qu'on possède la vérité et puisque c'est par la volonté qu'on est bon, c'est donc du point de vue de la volonté qu'il faut envisager la vérité, c'est-à-dire du point de vue subjectif et immanent.

III. — Ces considérations auraient besoin d'être complétées par une critique méthodique de l'intellectualisme : on y montrerait qu'on ne peut être à la fois intellectualiste et chrétien que par un compromis en vertu duquel, parce qu'on veut admettre en même temps des contraires[1], on est comme forcé de vivre en partie double et de séparer la spéculation de la pratique. Il y aurait lieu aussi d'étudier le rôle de la connaissance sous ses diverses formes dans son rap-

1. Ces contraires qu'on veut admettre, et qui au point de vue intellectualiste restent irréductiblement contraires, peuvent se ramener à deux couples de propositions antinomiques :
1° Le surnaturel et le naturel sont hétérogènes. — Le surnaturel et le naturel doivent former un système rationnel et pouvoir être objet de science;
2° La foi est libre dans son principe et croire est toujours une solution personnelle et singulière. — La science amène à des conclusions qui s'imposent nécessairement selon un déterminisme logique et rigoureux, et ces conclusions sont impersonnelles et universelles.
Que ceux qui veulent être à la fois intellectualistes et chrétiens nous disent comment ils résolvent ces antinomies.

port avec la bonne volonté. Mais il nous semble au moins que nous en avons dit assez pour qu'une conclusion précise se dégage de ce qui précède. En partant du christianisme, comme nous l'avons fait, en nous demandant comment nous croyons et comment la vérité surnaturelle devient notre vérité, nous avons dû reconnaître que, bien qu'en un sens elle s'impose à nous du dehors, elle ne devient nôtre cependant, et nous ne la possédons, et nous ne la connaissons que parce que du dedans nous allons vers elle. En conséquence, pour montrer comment la vérité surnaturelle devient légitimement notre vérité — ce qui est le but de l'apologétique — c'est donc bien la méthode d'immanence qu'il faut employer. Cette méthode d'immanence implique, il est vrai, une philosophie de la volonté, une philosophie de la vie et de l'action, mouvante comme la vie et l'action elles-mêmes. Elle se trouve ainsi en opposition avec l'intellectualisme qui est une philosophie de l'idée[1], et qui aspire, sans pouvoir aboutir du reste, à la fixité et à l'immobilité qu'il prête artificiellement à l'idée. Nous nous rendons bien compte qu'une telle méthode et une telle philosophie gênent et contrarient des habitudes d'esprit. Mais cela ne prouve rien contre elles. Et elles ne gênent et ne contrarient vraiment que des habitudes d'esprit. En écrivant son livre sur l'Action et sa lettre sur l'apologétique, si M. Blondel a renouvelé et précisé la manière de poser le problème, en montrant qu'il doit être transposé de l'objet au sujet, il n'a nullement introduit par là ce

---

[1]. A ce titre on peut dire de l'intellectualisme qu'il est une *idolâtrie*. Il consiste en effet en ceci que l'esprit humain, prenant ses conceptions pour la vérité définitive et totale, veut s'y arrêter et les adorer, sans s'apercevoir qu'elles sont un produit de son activité et une expression de sa vie, et que, si vraies qu'elles soient, une vie plus ample et meilleure doit toujours les rendre plus vraies, c'est-à-dire moins inadéquates à la réalité.

qu'on nomme en théologie des nouveautés et ce qu'on redoute avec raison. Et c'est justement pour cela qu'il a fait œuvre si profondément originale[1]. Du reste, qu'on ne s'y méprenne pas, il a des ancêtres : ce sont les grands mystiques chrétiens, et parmi eux il faut ranger Pascal. D'autre part néanmoins et en même temps il a écouté toutes les voix de la philosophie moderne et il a laissé passer en lui l'âme de vérité qu'elle porte en elle. Et c'est ainsi qu'avec une science « large et accueillante comme la charité », intégrant en lui pour ainsi dire des courants de vie et de pensée les plus divers en apparence, il a fait surgir une merveilleuse synthèse où s'organisent des vérités jusque-là fragmentaires pour nous ou même antinomiques.

Aussi nous comprenons très bien qu'un critique allemand, M. Lasson, n'ait pas craint pour caractériser son œuvre d'employer le mot de conception géniale. Avec lui l'apologétique qui allait à l'aventure, dont les essais multiples dans notre siècle se sont amoncelés comme des ruines, se précise enfin et prend nettement conscience de son rôle et de sa portée. Et qu'on le remarque bien, ce n'est pas qu'il substitue un système d'apologétique à ceux qui existaient déjà : c'est bien plutôt qu'il les accepte tous à la fois, mais en les unifiant et en les hiérarchisant. De son point de vue en effet ils ont tous un sens et une valeur : car, tandis qu'objectivement ils s'opposent ou simplement se juxtaposent, subjectivement ils s'harmonisent parce qu'ils répondent tous à des moments divers du développement de l'esprit qui, sous l'influence du besoin d'unité qui lui est essentiel, cherche à systématiser, du point de vue de la vérité religieuse, l'ensemble des connaissances humaines. Ce que M. Blondel a cher-

---

[1]. C'est ce que fait remarquer fort judicieusement M. Albert Lamy dans un excellent article du *Sillon*.

ché — et ce qu'il a découvert — c'est un fondement assez large pour tout recevoir et qui permît de donner à l'édifice de la science une solidité parfaite en même temps qu'une ampleur indéfinie. Jusqu'ici, semble-t-il, la méthode ascétique et vivante des mystiques et la méthode spéculative et abstraite des dialecticiens restaient comme isolées. Il était bon — et on ne l'avait pas encore fait — de montrer qu'elles sont, non seulement solidaires, mais complémentaires et de ne pas laisser la spéculation prétendre indûment se suffire à elle-même et suffire à tout [1].

---

[1]. Un peu de tous les côtés à la fois des articles ont surgi au sujet de la lettre de M. Blondel. Nous avons déjà signalé celui de M. Albert Lamy qui, brièvement, mais avec pénétration et d'une manière personnelle et vivante, a cherché à marquer comment pour ceux de sa génération se présente le problème religieux. (*A propos d'apologétique contemporaine. Le Sillon*, 10 décembre 1896.)

Nous signalerons en outre celui de M. Désiré Hesse, qui, pour corroborer la méthode d'immanence, a montré avec beaucoup de force et de finesse les insuffisances de la méthode historique. (*La position du problème religieux. Le Sillon*, 10 juillet et 10 août 1897.)

Une étude de M. Fonsegrive (*le Catholicisme et la Vie de l'esprit*, Paris, Lecoffre) mérite tout spécialement notre attention. L'auteur y précise fort heureusement certains aspects de la question, et il s'efforce, lui aussi, de dissiper les malentendus. Il ne nous paraît pas fort éloigné de s'accorder avec M. Blondel. Mais en tout cas il constate, comme nous, que la critique du P. Schwalm porte à faux et n'entame en aucune manière ses positions. Et dans tout le reste de son livre, avec un sentiment très juste et très profond des besoins de son temps, qui, sous des manifestations différentes, sont aussi les besoins de tous les temps, c'est en fonction de la vie, de la vie individuelle et de la vie sociale, qu'il détermine le sens et la portée du Catholicisme.

M. l'abbé Mano a abordé la question dans une thèse qu'il a soutenue devant la faculté de théologie de Toulouse, et qui semble avoir attiré particulièrement l'attention des théologiens. Cette thèse a le mérite d'être claire; mais la question y est peut-être un peu trop simplifiée.

M. l'abbé Denis, après avoir provoqué la lettre de M. Blondel sur l'apologétique par des critiques qu'il lui avait adressées au sujet de son livre : l'*Action*, s'est fait depuis lors, en de nombreux articles parus dans les *Annales de philosophie chrétienne*, le défenseur acharné de la méthode d'immanence. Il a le mérite, dont nous serions ingrats de ne pas lui savoir gré, d'avoir fait de sa *Revue* une tribune ouverte. Et il a mis dans la lutte un entrain et une fougue, et aussi une abondance et un courage qu'il serait injuste de ne pas reconnaître. Mais peut-être, y en a-t-il trop mis. Malgré des aperçus lumineux, des formules énergiques, ses articles ont je ne sais quoi de hâtif et de tumultueux dont la pensée ne se dégage pas toujours et où elle prend, quand elle se dégage, des allures risquées. Ils ont pour excuse d'avoir été faits dans la bataille. Mais nous croyons qu'en ces matières surtout les discussions ne doivent pas être menées comme des batailles ; il y faut plus de réflexion, plus de maturité qu'on n'en peut mettre en des polémiques quotidiennes. Et quand on nous convie à des polémiques de ce genre, nous n'avons qu'à ne pas répondre.

Et ceci nous amène à protester contre un procédé devenu familier à quelques-uns et qui consiste à attribuer à tels ou tels la responsabilité de ce que tels ou tels autres ont pu dire ou écrire, sous prétexte que sur certains points des sympathies d'idées se manifestent entre eux. Il faut qu'on sache bien que nous n'avons pas la prétention archaïque de former une école et que nous voulons encore moins former une coterie. Nous devons aspirer à nous entendre, mais dans la vérité et pour la vérité. Et chacun en travaillant pour son compte, garde seul la responsabilité de ce qu'il fait.

L'APOLOGÉTIQUE
ET LA MÉTHODE DE PASCAL

L'APOLOGÉTIQUE
ET LA MÉTHODE DE PASCAL[1]

Le rôle de l'apologétique est de s'adresser à ceux qui ne croient pas pour les amener à croire. L'apologétique vise donc particulièrement ceux du dehors. Mais il est évident qu'elle doit en même temps avoir pour résultat d'éclairer, de fortifier, de faire croître la foi chez ceux du dedans, chez ceux qui croient déjà : car il n'est personne dans cet ordre de choses qui n'ait de progrès à faire. Sans doute la différence est grande

---

[1]. Cette étude sur Pascal est une réponse indirecte à certains articles qui ont été publiés sur l'apologétique, en particulier dans la *Revue du clergé français*, par M. l'abbé Besse et M. l'abbé Gayraud. Derrière les critiques qu'ils contenaient et qu'on aurait pu croire formulées du point de vue d'une doctrine complètement arrêtée et nettement définie, il existait en réalité de très grandes divergences et beaucoup d'indécision. Voilà pourquoi, au lieu de faire face à des contradicteurs dont nous ne parvenons pas encore à bien déterminer les positions, il nous a paru préférable de reprendre certaines idées fondamentales et de les mettre en lumière en les présentant sous un nouvel aspect. Peut-être ainsi contribuerons-nous à les faire comprendre plus rapidement et mieux que par des discussions. C'est au moins ce que nous espérons. Et si en même temps nous pouvions en amener quelques-uns à ne plus se faire peur à eux-mêmes — comme ces enfants dont parle Pascal qui s'effraient du visage qu'ils ont barbouillé — avec les mots devenus fatidiques d'*immanentisme*, de *subjectivisme*, de *kantisme*, sous lesquels ils mettent je ne sais quoi de ténébreux et de perfide, en l'attribuant à quiconque ne pense pas comme eux, nous estimons que nous rendrions à tout le monde un très grand service.

entre ceux qui marchent et qui avancent dans le chemin de la vérité et ceux qui ne marchent pas ou qui s'égarent dans l'erreur. Néanmoins, à proprement parler, personne en ce monde n'a le droit de se croire arrivé. A ce point de vue on pourrait donc assez bien définir l'apologétique en disant qu'elle est l'effort de l'esprit humain pour se convertir à la vérité chrétienne, pour la connaître et se l'assimiler, en un mot pour en faire *notre vérité*, de manière à ce qu'elle vive en nous et à ce que nous vivions par elle. Mais comment faut-il s'y prendre? Voilà la question.

Sur cette question, qui est plus que jamais à l'ordre du jour, nous voudrions apporter quelques éclaircissements en cherchant, à la lumière des controverses récentes, comment Pascal s'y est pris pour y répondre. Parmi les apologistes du passé, il n'en est pas un en effet dont l'œuvre, quoique inachevée, soit restée aussi vivante et aussi actuelle que la sienne [1]. Sans

---

[1]. L'intérêt qui s'y attache loin de diminuer se renouvelle incessamment. Les travaux sur Pascal se succèdent sans que personne paraisse s'en lasser. Dans ces derniers temps encore plusieurs éditions nouvelles des *Pensées* ont été publiées.

Celle de M. l'abbé Guthlin (*Paris, Lethielleux*) est une édition de vulgarisation. On s'y est proposé de faciliter la lecture de Pascal en disposant les *pensées* dans un ordre méthodique pour en faire, autant que possible, un véritable livre. L'introduction contient une étude fort complète sur Pascal et fort instructive.

Celle de M. G. Michaut (*Collectanea Friburgensia* VI, Fribourg, Suisse, 1896) a ceci de particulier qu'elle reproduit simplement ce qu'on pourrait appeler le pêle-mêle des manuscrits; mais elle est accompagnée d'une étude sur *les époques de la pensée de Pascal*, pour fournir par sa vie un commentaire à son œuvre. Cette manière d'envisager Pascal est d'autant plus importante que nous n'avons sa doctrine qu'en voie de formation et qu'il n'a pas eu le temps de revoir et de mettre au point ce qu'il avait écrit. M. Michaut a eu raison de s'y attacher spécialement; et pour suivre Pascal il nous paraît être un guide excellent.

Celle de M. Léon Brunschwieg (*Paris, Hachette*, 1897) a plutôt pour objet de nous donner la doctrine en elle-même et telle que finalement elle se serait présentée. A ce point de vue, avec sa longue introduction où les idées de Pascal sont exposées dans leur suite logique, elle est certainement fort remarquable.

Parmi les autres ouvrages récents nous indiquerons particuliè-

avoir en aucune façon la prétention d'en faire un chef d'école, ils sont nombreux parmi nous ceux qui néanmoins relèvent de lui et que son souffle a touchés. Et il a le privilège rare de ne laisser personne indifférent. En insistant plus qu'on ne l'a fait d'ordinaire sur l'originalité de son attitude et de sa méthode, nous

rement celui de M. Giraud : *Pascal, l'homme, l'œuvre, l'influence* (*Fontemoing, Paris,* 1900) et enfin celui de M. E. Boutroux (*Pascal, Hachette, Paris,* 1900).

A proprement parler, M. Giraud n'a pas fait un livre. Il a simplement rassemblé les notes d'un cours professé à l'Université de Fribourg. Il nous fournit une abondance de matériaux considérable qui pourraient servir à une histoire complète et détaillée de la *littérature pascalienne*. Tout ce qui tient à Pascal, tout ce qui dépend de lui se trouve là indiqué. Les rapprochements sont multipliés qui mettent en lumière et en valeur sa doctrine. Peut-être même sur ce point y a-t-il une certaine profusion; mais ordinairement et dans l'ensemble ils sont extrêmement suggestifs. M. Giraud n'est pas accablé par son érudition. Loin de la subir, il la domine parce qu'il ne s'en contente pas. A travers toutes ses recherches on sent que ce qui l'intéresse c'est l'âme de Pascal pour ce que l'âme de Pascal porte en elle. La critique littéraire ainsi comprise devient essentiellement philosophique et morale. Et c'est bien ce qu'elle doit être, si l'on veut en faire autre chose qu'un jeu, un amusement de dilettante.

Le livre de M. Boutroux est sorti des conférences qu'il a faites en Sorbonne pendant l'hiver de 1896-97. Ceux qui eurent le bonheur de les entendre ne les ont certainement pas oubliées. Avec une absolue simplicité de ton, dépouillée de tout artifice de mise en œuvre, mais claire, précise et ferme, la parole du professeur tirait tout son intérêt du fond même des choses et de la gravité du sujet. Chacun sentait qu'avec Pascal c'était la question suprême qui se posait. L'auditoire était recueilli et dans l'attente. A travers l'esprit de critique et d'analyse, minutieux et sévèrement méthodique, apparaissait une sympathie d'autant plus communicative qu'elle était plus discrète et plus contenue. On assistait à la reconstruction, si je puis m'exprimer ainsi, de l'âme, de la vie et de la pensée de Pascal. On le voyait vivre devant soi, de cette vie extraordinairement intense qui fut la sienne et où se révéla dans toute sa grandeur tragique l'infini de la destinée humaine. A ceux qui en lisant savent méditer, le livre auquel ces conférences ont donné naissance permettra de retrouver ce que nous venons de dire. C'est une étude purement objective où, tout en laissant voir comme malgré lui sa sympathie, l'auteur s'est abstenu, ou à peu près, de formuler un jugement. Il n'a voulu que remettre sur pied Pascal, en dégageant sa vraie physionomie que les interprétations plus ou moins fantaisistes des uns et des autres, depuis Voltaire jusqu'à Victor Cousin et aux critiques littéraires de notre temps, avaient singulièrement dénaturée. Ce travail était à faire, et personne n'était mieux à même de l'entreprendre.

essaierons donc d'en montrer le véritable sens et la portée, d'en faire comprendre la valeur et de les justifier au moins dans ce qui les caractérise essentiellement.

I

Quand il s'agit d'apologétique, on peut dire *a priori* que deux méthodes seulement sont possibles entre lesquelles nous avons à choisir.

Ou bien en effet admettant que c'est par un accident heureux que nous avons entendu parler du Christianisme, nous commençons par le considérer comme quelque chose d'absolument étranger à l'homme tel qu'il est. La connaissance que nous en pouvons avoir nous viendrait uniquement de l'extérieur et s'imposerait à nous, comme s'impose un fait dont nous constatons la réalité dans le temps et dans l'espace. Nous aurions ainsi à prendre la vérité chrétienne au dehors pour la mettre en nous comme après coup. C'est la méthode empirique.

Ou bien, partant du besoin et du devoir qui nous incombe de savoir, pour vivre en homme, ce que nous sommes et ce que nous avons à faire, nous nous préoccupons tout d'abord et essentiellement de trouver une explication de notre vie et de déterminer l'idéal qui doit nous diriger. Dans ces conditions, sous l'impulsion de ce besoin et de ce devoir, nous irions à la rencontre du Christianisme pour y chercher l'explication désirée. Et ainsi la vérité chrétienne serait accueillie et acceptée comme attendue et réclamée du dedans, et non pas seulement comme s'imposant du dehors. C'est la méthode d'immanence.

Depuis quelques années, un certain nombre d'apologistes, qui ont pris nettement parti pour la première méthode, prétendent que c'est la méthode traditionnelle. Nous n'avons pas à entreprendre une discussion sur ce point. Nous dirons cependant que c'est là une opinion tout à fait contestable. En réalité, dans le passé, on ne s'est pas du tout posé la question d'une façon tranchée comme nous nous la posons maintenant. Il est facile assurément de signaler des cas où le Christianisme avec sa doctrine est présenté comme un fait que nous aurions à connaître empiriquement. Mais il est non moins facile de signaler d'autres cas où il est présenté comme la solution de l'énigme qu'est pour nous notre existence. Et si l'on veut bien y regarder de près, sans parti pris, on verra que c'est cette considération qui domine chez tous les écrivains chrétiens, chez ceux surtout qui ont eu et qui ont conservé une influence réelle sur les esprits. Ce qui est vrai par conséquent c'est que, tout en cherchant et tout en trouvant dans le Christianisme la vérité dont on avait besoin pour vivre, on n'a pas eu l'idée de systématiser méthodiquement la vérité chrétienne en se plaçant délibérément à un point de vue plutôt qu'à l'autre.

Or ce qui caractérise Pascal, c'est qu'il a eu cette idée-là. Il a conçu une apologétique sous une forme rigoureuse, pressante, scientifiquement ordonnée, où le Christianisme ne se présenterait que comme une explication de la vie. Et à ce titre, nous semble-t-il, il est une date dans le développement de la pensée chrétienne à travers les siècles.

Qu'on ne s'étonne pas qu'il faille attacher tant d'importance à cette question de méthode. Le débat qui s'élève à cette occasion est tout autre chose qu'une dispute de logiciens. C'est qu'en effet, selon la méthode qu'on préconisera et qu'on emploiera, si l'on reste conséquent avec soi-même, on sera amené à se faire des idées très différentes du surnaturel et de son rapport avec la nature, des idées très différentes de la vérité chrétienne révélée et de son rapport avec l'esprit humain. Il y va donc de l'essence même de la religion. C'est un point que nous voudrions mettre pleinement en lumière avant d'aller plus loin.

Commençons donc par supposer qu'on suive la première méthode et voyons ce qui en résultera. D'après cette méthode, on considère tout d'abord le christianisme comme étant essentiellement un fait historique, qui s'est produit à un moment du temps et dans un point de l'espace, analogue par conséquent à tous les faits historiques, et dont il s'agit de bien constater la réalité pour en déterminer ensuite le caractère. Et la vérité proprement chrétienne est un ensemble de propositions connues uniquement par ouï-dire, qui dépassent complètement la portée de notre esprit et dont toute la crédibilité repose sur les titres de l'autorité qui l'enseigne. La question en résumé peut se poser dans ces termes : Jésus-Christ a-t-il réellement existé? a-t-il réellement fait ce qu'on lui attribue d'avoir fait? a-t-il réellement dit ce qu'on lui attribue d'avoir dit? Pour y répondre on emploie les procédés ordinaires des historiens, exactement comme s'il s'agissait d'événements quelconques, des faits et gestes par exemple d'Alexandre ou de César. Et sur les événements en question on aboutit ainsi à ce qu'on appelle une certitude historique. Examinant ensuite en eux-mêmes les faits reconnus réels, à cause de leur caractère extraordinaire, on juge qu'ils sont miraculeux, c'est-à-dire qu'ils dépassent la puissance de la nature et la puissance de l'homme. On en conclut en premier lieu que celui qui en est l'auteur est au-dessus de la nature et au-dessus de l'homme, et que par conséquent il est réellement Dieu comme il l'a déclaré lui-même. Mais, puisqu'il est Dieu, on en conclut en second lieu que la doctrine qu'il a enseignée et confirmée par ses miracles est divine et que par conséquent nous devons la croire, bien qu'elle dépasse la portée de notre esprit.

Il serait facile de découvrir dans cette méthode, qui cependant a l'air d'être purement empirique, de nombreux postulats admis *a priori*. Mais ce n'est pas nécessaire pour le but que nous nous proposons. Ce qu'il importe de remarquer, c'est que de cette façon la doctrine chrétienne se présente à nous comme quelque chose d'absolument étranger et d'absolument extérieur à ce que nous sommes. C'est comme si quelqu'un, venant d'un pays inconnu, d'une autre planète par exemple, nous racontait des choses extraordinaires et inouïes et nous imposait de les croire rien qu'en manifestant par des miracles son pouvoir sur la nature et sur nous. Les choses qu'il nous dirait s'ajouteraient à ce que nous pensons déjà ; mais elles s'y ajouteraient en s'y superposant seulement, et sans s'y mêler et s'y fondre. Dans ces conditions, les raisons que nous aurions d'adhérer à la doctrine chrétienne seraient purement extrinsèques : cette doctrine ne répondrait pas aux questions que nous nous posons sur nous-mêmes ; elle n'apporterait pas de lumière dans notre vie. Tout en restant ce que nous sommes nous pourrions nous en passer sans que rien nous manquât. De ce point de vue le surnaturel, les vérités révélées, tout le christianisme apparaissent donc comme une sorte de superfétation, quelque chose de surérogatoire dont nous serions chargés, qui pèserait sur nous et qui nous asservirait. La religion ne serait ainsi, au sens étymologique du mot, qu'une *superstition* étrangère à la vie morale ; et le Dieu de la religion n'aurait pour nous d'autre caractère que celui d'une *puissance* qui nous commanderait d'en haut, arbitrairement, comme on commande à des esclaves. Elle constituerait donc vraiment une *hétéronomie*, c'est-à-dire un esclavage, pour parler le langage de nos philosophes contemporains.

On pourrait sans doute citer des exemples de gens qui ont prétendu s'en tenir à une telle conception du Christianisme en tant que religion révélée. C'est le cas de Hobbes. Mais cette conception est tellement contraire à l'esprit chrétien, tellement contraire à l'esprit de vie et de liberté qui circule dans l'Evangile, qu'après y avoir été amené on s'efforce comme par instinct d'y échapper. C'est qu'en effet, pour peu que par la vie chrétienne on ait acquis un sens chrétien, on cherche en Dieu un père et non un maître, un père qui aime et non un maître qui donne des chaînes. Et ainsi on ne se résigne pas à subir simplement la doctrine chrétienne, à la porter comme un poids : car c'est là une situation intolérable. Et on entreprend après coup de la comprendre au moins dans une certaine mesure, de lui donner un sens en vertu duquel, au lieu de la subir, on puisse l'accepter; on tâche d'une façon ou d'une autre de lui trouver comme une parenté avec nous.

Seulement, par suite même de la position prise, on considère toujours le surnaturel comme s'ajoutant à la nature sans la pénétrer et sans la changer, comme restant au-dessus d'elle et en dehors d'elle. On suppose donc d'une part que, par la raison, nous sommes en présence d'un ordre de vérités naturelles constituant une philosophie achevée, définitive, qui se suffit à elle-même et sur laquelle il n'y a plus à revenir; et on suppose d'autre part que, par la révélation, nous sommes en présence d'un ordre de vérités surnaturelles, parfaitement connues de la façon dont elles peuvent l'être, et dont le sens et la portée sont entièrement fixés pour nous. On fait abstraction de ce que la pensée humaine est mouvante et de ce que nous avons toujours à nous modifier et à progresser. Et ainsi, semble-t-il, le problème ne consiste plus qu'à concilier les deux ordres de vérités, sans sacrifier l'un à l'autre, en évitant le rationalisme qui méconnaît la révélation et le fidéisme qui méconnaît la raison.

Comme il ne serait pas suffisant, pour le besoin d'unité qu'on cherche à satisfaire, de montrer que la révélation ne contredit pas la raison et qu'elle dit seulement autre chose, on s'efforce d'établir des analogies qui rendent les vérités surnaturelles au moins vraisemblables pour nous, qui leur donnent, si je puis m'exprimer ainsi, un air de famille avec les autres. On découvre de la sorte, par exemple, une image de la Trinité dans le triangle, dans l'étendue à trois dimensions, etc. Les considérations de ce genre sont bien connues. En réalité elles deviennent de vraies tentatives d'explications du point de vue d'une théorie donnée et acceptée comme étant la philosophie même. C'est ainsi qu'au moyen âge on se préoccupe de concilier le Christianisme avec Aristote. Après Descartes la même chose se produit, et Malebranche pourrait être dit le St Thomas de ce nouvel Aristote. Des tentatives semblables ont même été faites avec la philosophie de Kant. Et de nos jours nous avons vu apparaître une apologétique scientifique qui s'est mise à la remorque des savants, en prenant pour définitives, pour vraies absolument, leurs théories sur la formation de la terre, sur l'origine des espèces, etc. Il y a quelques années encore on démontrait avec fierté que le récit de la Genèse s'accordait parfaitement bien avec tout ce qu'avait dit Cuvier ; on commence à démontrer maintenant qu'il s'accorde non moins bien avec ce qu'a dit Darwin.

Il est évident qu'en tout cela, malgré bien des différences, nous trouvons l'application du même procédé : concilier deux ordres de vérités données séparément.

Certes, et bien que l'ayant déjà dit, nous avons hâte de le redire, nous ne prétendons pas du tout que les efforts qu'on a faits n'ont abouti qu'à des conciliations provisoires et artificielles avec des théories philosophiques ou scientifiques plus ou moins caduques. Dans toutes ces tentatives il y a eu une vie intense de la pensée chrétienne proprement dite. Et dans la plupart des cas, ceux mêmes qui ont cru instituer une philosophie séparée et indépendante, tout aussi bien que ceux qui ont cherché simplement à concilier le Christianisme avec une philosophie donnée, vivifiaient et renouvelaient tout en introduisant en tout l'esprit chrétien. En réalité les uns ont fait souvent beaucoup plus et beaucoup mieux que de la philosophie séparée ; et les autres dans l'ensemble infiniment plus et infiniment mieux que des conciliations provisoires. Ce serait être bien malheureux et bien sot que de ne pas le reconnaître.

Mais en tant qu'on a essayé et qu'on essaie de faire des conciliations, il est impossible de sortir d'embarras. C'est qu'en effet, quand on veut maintenir dans son esprit deux ordres de vérités juxtaposés, on ne peut éviter qu'ils se gênent l'un l'autre. Bon gré mal gré ils luttent pour la prééminence. La religion paraît une ennemie pour la philosophie et la philosophie pour la religion. — Et qui ne voit qu'à l'heure actuelle surtout c'est exactement sous cette forme que le conflit se manifeste et s'exaspère ? — La religion réclame la suprématie dans la vie humaine ; la philosophie réclame la liberté comme étant l'essence et l'idéal de la vie elle-même. On ne peut les satisfaire ni l'une ni l'autre.

Pendant que l'activité naturelle de l'esprit est censée s'épanouir librement en philosophie et en sciences toujours progressantes ou du moins toujours changeantes, l'apologiste qui ne veut pas laisser supplanter la vérité révélée ne semble avoir d'autre tâche que de la garder intègre telle qu'il l'a reçue, comme un dépôt qu'on lui a simplement confié et qui ne lui appartient en aucune façon. Il s'évertue donc à montrer que les découvertes qu'on fait et que les vérités naturelles qu'on met en lumière ne l'atteignent pas ou même témoignent en sa faveur. Mais dans ces conditions il se trouve complètement sous la dépendance de la philosophie et de la science qui s'élaborent à côté et indépendamment de lui. Il ne marche qu'à la suite des philosophes et des savants. Il ne pense qu'après eux et par eux. Vraiment c'est une attitude bien humiliée et une situation bien précaire! Et on sait du reste à quels mécomptes et à quelles déceptions il est exposé. La suprématie à laquelle on prétendait devient en fait une subordination. Et pour reprendre un vieil adage en le retournant, il faut dire que l'apologétique ainsi conçue n'est plus qu'une servante qui ne se reconnaît pas le droit d'avoir son initiative propre : *Theologia ancilla philosophiæ*.

Mais en même temps parce qu'on suppose, au moins implicitement, que la vérité révélée réside uniquement dans une parole que nous entendons du dehors et d'en haut, qui viendrait en nous sans nous, comme par accident ou par décret arbitraire, et dont la signification pour nous ne se rattacherait pas à ce que nous sommes dans notre réalité vivante, il en résulte aussi que, dans la mesure où l'on s'en tient à ce point de vue, on ne peut venir à bout d'empêcher qu'elle apparaisse étrangère et extérieure à la vie. Tous les efforts qu'on fait, toute l'habileté et toute la subtilité qu'on déploie pour lui enlever — soit par des analogies, soit par tout autre procédé — le caractère de superfétation que nous signalions tout à l'heure, n'aboutissent au contraire qu'à mettre ce caractère en relief et à nous le faire sentir. C'est qu'en effet, une fois admis qu'en fait elle est totalement en dehors et au-dessus de l'humanité considérée dans sa réalité actuelle, il devient impossible de trouver après coup un moyen de se l'assimiler et de la faire sienne. Dans ces conditions elle resterait donc uniquement quelque chose d'imposé en nous que nous aurions à porter; un poids et non un aliment; quelque chose que nous subirions sans savoir pourquoi et qui, au lieu de nous donner force et lumière pour vivre et pour penser, ferait obstacle au développement même de nos énergies natives. Elle continuerait donc inéluctablement de constituer une hétéronomie. Elle nous asservirait au lieu de nous délivrer. Et cependant c'est en parlant d'elle qu'il a été dit : la vérité vous délivrera. L'inconvénient doit paraître singulièrement grave.

Il y aurait lieu, nous semble-t-il — et cette remarque pourrait préciser notre manière de voir et la portée de nos critiques — de faire un rapprochement entre la conception qui se trouve ainsi postulée par la méthode empirique et l'opinion connue dans l'histoire de la théologie sous le nom de molinisme. On sait en effet que, selon le molinisme, l'action de la grâce se juxtapose seulement à l'action de la volonté, que le surnaturel, par conséquent, reste extérieur à la nature, agit avec elle sans doute, sur elle peut-être, mais sans la pénétrer : d'où résultent un dualisme irréductible et les embarras que nous venons de signaler.

Si la religion n'a pas du tout le caractère qu'on serait amené à lui attribuer par l'emploi systématique d'une telle méthode, si elle est et si on veut qu'elle soit essentiellement une vie, ainsi qu'elle se présente à nous dans l'Évangile et dans les œuvres des grands docteurs chrétiens, c'est évidemment qu'il faut l'envisager d'un autre point de vue.

Supposons donc maintenant qu'avec Pascal nous suivions nettement la seconde méthode, c'est-à-dire la méthode d'immanence, et voyons également ce qui en résultera. Les choses vont changer d'aspect. Du point de vue de Pascal il ne s'agit plus tout d'abord de vérifier la réalité d'un fait historique : car pourquoi nous inquiéterions-nous de savoir si tel fait en particulier est réel ou non, quand il y en a tant d'autres sur lesquels notre curiosité pourrait également s'exercer? En tout cas ce ne serait pas un devoir qui nous guiderait, mais un caprice, une fantaisie qui pourrait nous tourner tout aussi bien d'un autre côté. Pour ne pas procéder à l'aventure il faut avoir une raison de s'occuper de celui-là plutôt que des autres, et une raison qu'on n'a pas le droit de décliner. Il ne s'agit pas non plus de concilier un système d'idées connues surnaturellement avec un système d'idées connues naturellement. Mais il s'agit essentiellement et primordialement de trouver un sens à notre existence, d'expliquer ce que nous sommes dans notre réalité vivante, si étrangement complexe, et de nous rendre compte de ce que nous avons à faire ici-bas. S'il y a quelque chose à concilier, ce sont les oppositions que nous découvrons en nous, dans notre être humain, dans notre vie humaine, oppositions que nous expérimentons et qui n'ont rien de factice. Le problème n'est donc plus abstrait et théorique ; il est concret et pratique. Il se pose en nous par le fait seul que nous existons et que nous sommes capables de penser et de vouloir.

Or c'est justement ce fait qui sert de point de

départ à Pascal. En cela on peut dire qu'il procède encore comme il avait coutume de procéder en physique. Toutefois, le fait dont il part n'est pas un fait sensible, un fait extérieur considéré dans sa matérialité et situé dans l'espace : car envisager les faits de cet ordre et sous cet aspect c'est le propre des physiciens ou des historiens, c'est-à-dire de ceux qui regardent en dehors d'eux pour connaître les choses. Ce ne sont plus les choses que Pascal cherche maintenant à connaître. Il ne regarde plus au dehors, comme au temps où il s'occupait de physique, mais en lui, pour connaître l'homme dans sa réalité intérieure. Le fait dont il part c'est donc la vie elle-même ; c'est sa propre vie et celle des autres qui se répercute dans la sienne. On sait ce qu'il y trouve ; on sait ce qu'il dit de la grandeur et de la misère de l'homme, de cette dualité, de cette contradiction intime qui nous met en opposition avec nous-mêmes. Nous n'avons pas à le répéter. Mais il nous semble bon de signaler qu'il a le souci de ce qu'on appelle de nos jours le *document humain*. Qu'on se souvienne en effet de ses remarques sur le nez de Cléopâtre, sur les enfants qui se disputent une place au soleil, sur l'appareil dont s'entourent les grands, etc. C'est aussi à titre de documents humains qu'il s'intéresse tant à Epictète et à Montaigne. Epictète et Montaigne ne sont nullement pour lui des autorités, des maîtres dont il écoute et suit les enseignements : ce sont des manifestations typiques de la vie humaine qu'il prend sur le fait. Il se sert de tout cela pour déterminer avec précision notre condition réelle. Et quand il l'a déterminée, avec l'impartialité d'un observateur sagace qui constate ce qui est, en dehors de tout préjugé, il en cherche alors l'explication.

Mais si d'abord il signale l'impuissance des philosophes à la lui fournir, ne pensez pas que ce soit par scepticisme et parce qu'il méconnaît la valeur de la raison. En réalité il renvoie dos à dos les dogmatiques et les pyrrhoniens, les uns parce qu'ils s'imaginent qu'ils peuvent tout par eux-mêmes et que la vérité est leur chose, les autres parce qu'ils s'imaginent qu'ils ne peuvent rien et qu'il n'y a pas de vérité. Il ne prend donc pas parti pour les pyrrhoniens contre les dogmatiques, ainsi qu'on l'a dit; mais il cherche un point de vue supérieur d'où il domine le conflit qui s'élève entre eux.

Ce point de vue c'est le Christianisme qui le lui fournit. L'explication dont il a besoin il la trouve dans le dogme de la chute originelle et dans le dogme de la Rédemption, et par là dans toute la doctrine chrétienne dont ces deux dogmes sont pour nous comme les deux pôles. Mais la chute originelle et la Rédemption ne se présentent ainsi tout d'abord que comme des hypothèses. De ce que ces hypothèses semblent rendre raison de ce que nous sommes, il ne serait pas légitime d'en conclure absolument qu'elles sont vraies. Il faut donc les vérifier; il faut voir si réellement il y a eu une chute et si réellement il y a eu une rédemption. Et la critique historique reprend son rôle. Seulement, qu'on le remarque bien, elle est maintenant dirigée dans son enquête, elle ne va plus à l'aventure. Et les faits dont elle établit la réalité ne sont plus seulement quelque chose de matériel et de constatable empiriquement; ils ont un sens par rapport à nous.

Ce qui tout à l'heure était pris comme point de départ devient donc ici le point d'arrivée, et il en résulte une conception toute différente de la vérité révélée et de nos rapports avec Dieu dans l'ordre surnaturel. Il n'y a plus maintenant comme tout à l'heure une doctrine qui nous serait imposée d'en haut et du dehors, sans relation avec nous, et que nous n'aurions qu'à enregistrer passivement. Les dogmes eux-mêmes apparaissent comme des faits ; et entre ce que nous sommes et ces faits il existe une relation. Ils sont donc explicatifs de ce que nous sommes, explicatifs aussi de ce que nous avons à devenir. Ils n'ont plus le caractère abstrait qu'ils avaient tout à l'heure et qui en faisait pour nous quelque chose d'extérieur et d'étranger, quelque chose de mort. Ils expriment la vie de Dieu et la vie de l'homme dans son rapport avec Dieu.

La chute d'Adam, par exemple, n'est plus seulement un événement qui se serait produit il y a quelques milliers d'années et qu'une autorité enseignante serait chargée de nous faire connaître comme un fait historique à jamais évanoui. Mais c'est un événement qui domine le temps, qui s'est prolongé jusqu'à vous et jusqu'à moi et qui se prolongera jusqu'au dernier des humains. Nous l'expérimentons dans notre condition actuelle, et c'est le sang d'Adam déchu qui coule dans nos veines. La chute prend donc un sens par ce que nous sommes, de même que ce que nous sommes prend aussi un sens par elle.

Il en faut dire autant de la Rédemption. Le mystère s'en reproduit dans la vie de chacun de nous. Si nous sommes solidaires d'Adam nous le sommes également de Jésus-Christ, et c'est aussi son sang qui coule dans nos veines. Quand nous souffrons pour mourir au péché, pour nous dépouiller du vieil homme, c'est Jésus-Christ qui souffre et qui meurt encore pour nous. Et, comme le dit magnifiquement Pascal avec un sentiment d'une intensité prodigieuse, il sera ainsi en agonie dans l'humanité jusqu'à la fin du monde. Et quand nous revêtons l'homme nouveau par la charité, c'est

Jésus-Christ également qui ressuscite encore en nous. Ainsi, par l'instinct de vie divine qui se manifeste dans notre misère même, le fait de la Rédemption prend un sens pour nous, et par le fait de la Rédemption s'explique également cet instinct de vie divine. C'est ce que Pascal signifie en faisant dire à Jésus-Christ s'adressant à lui : Tu ne me chercherais pas si tu ne m'avais trouvé.

Le surnaturel n'apparaît donc plus comme quelque chose qui s'ajouterait du dehors à la nature en se juxtaposant ou en se superposant à elle. Mais il apparaît comme imprégnant la nature, comme s'infiltrant en elle au dedans. Ce n'est pas une entité placée à côté d'une autre entité, ou une force placée à côté d'une autre force, ou un ordre de vérités placé à côté d'un autre ordre de vérités. C'est la vie même de Dieu pénétrant au cœur de notre vie et nous informant jusque dans les dernières profondeurs de notre être.

Dans ces conditions il ne peut plus être question de concilier le naturel et le surnaturel. Posé dans ces termes, comme nous avons vu précédemment qu'il se posait, le problème est supprimé. Pascal pourrait dire avec Thaulère ce mot très significatif : « Ne cherchez point par des raisonnements curieux quelle est en vous-mêmes, ô âmes fidèles, la lumière de la grâce et quelle est celle de la nature[1]. » Il distingue toutefois très nettement la science des choses extérieures, comme la physique, de la science de l'homme. Mais la science des choses extérieures, qu'on peut appeler naturelle si l'on veut, n'a pas pour objet ce que nous appelons *la vérité*, la vérité dont nous avons besoin pour vivre moralement, pour savoir ce que nous sommes et ce que nous devons être. En conséquence la science des

---

1. *Institutions* XXIII.

choses extérieures ne se rencontre pas avec la Révélation. Et les choses qui ne se rencontrent pas on ne peut avoir à les concilier. Personne n'a jamais songé à concilier la morale et les mathématiques.

Pour que nous eussions à opérer une conciliation il faudrait qu'il y eût comme deux sciences de l'homme également vraies. Il faudrait que d'une part, en dehors de toute influence surnaturelle, par un travail propre de notre esprit se suffisant à lui-même, nous pussions instituer une philosophie qui nous assignerait une destinée naturelle nettement déterminée. Et il faudrait, d'autre part que la Révélation nous apportât un système de vérités qui s'ajouterait à cette philosophie et qui nous assignerait une destinée surnaturelle au-dessus de la première. Mais nous ne trouvons rien de semblable. Étant donné ce que nous sommes, il n'existe pas pour nous de solution naturelle au problème de la destinée, constituant un système de vérités achevé, auquel nous pourrions nous en tenir.

Et en effet toute doctrine philosophique qui prétend nous donner une conception de la vie autre que la conception chrétienne est par le fait même en opposition avec le Christianisme, et en opposition de telle sorte qu'il faut choisir entre les deux. Prenez la conception épicurienne, la conception stoïcienne, la conception d'Aristote ; prenez encore la conception individualiste de Rousseau ou la conception solidariste d'Auguste Comte, si vous voulez être chrétiens, vous ne pourrez pas les accepter telles quelles, pas plus les unes que les autres, en disant simplement que vous y ajoutez la conception chrétienne. Ce serait vouloir vivre en partie double. Le cas ne se présente donc pas d'une philosophie, c'est-à-dire d'une doctrine de la vie, que nous aurions à garder dans son intégralité et avec laquelle nous serions obligés de concilier le Christianisme. Si le Christianisme contient la vérité sur nous, c'est que le reste ne la contient pas. Être chrétien ce n'est pas ajouter à des pensées et à des actes naturels des pensées et des actes surnaturels; mais c'est donner un caractère surnaturel à toutes ses pensées et à tous ses actes. C'est comme une élévation de tout notre être à une nouvelle puissance.

Nous avons dit plus haut qu'il y avait lieu de rattacher la première méthode à l'opinion moliniste. Par suite nous croyons qu'il y a lieu de rattacher la seconde à l'opinion thomiste. D'après le thomisme en effet la grâce s'unit à la volonté de telle sorte que quand nous agissons il n'y ait qu'une action. C'est ce que St Bernard avait très nettement exprimé en disant que cette action est tout entière de Dieu et tout entière de l'homme. Le surnaturel ainsi ne se juxtapose pas seulement à la nature, mais il la pénètre, ne fait plus qu'un avec elle en l'élevant au-dessus d'elle-même. Les néo-thomistes qui se sont récriés si fort contre la méthode d'immanence pourront sans doute tirer profit de ce rapprochement. Et il est assez curieux de remarquer que la querelle reprise de nos jours au sujet de l'apologétique n'est peut-être au fond qu'une vieille querelle. Mais il est vrai qu'elle se trouve singulièrement rajeunie et renouvelée par l'effort de pensée qui s'est produit depuis trois siècles.

II

C'est grâce à cette conception, qui en définitive est la conception augustinienne et thomiste, d'un surnaturel qui pour être transcendant n'en est pas moins immanent à la nature, parce qu'il la pénètre et l'informe, qu'il n'existe plus pour Pascal d'une part la philosophie et d'autre part le Christianisme. Mais pour lui il y a d'une part une doctrine vraie et d'autre part des doctrines fausses ; il y a une doctrine qui contient réellement et parfaitement la solution du problème de la vie et de la destinée, et il y a des doctrines trompeuses qui la promettent et ne la contiennent pas.

Nous n'avons pas à concilier, nous avons à choisir : en conclurons-nous que de ce point de vue il ne faut tenir aucun compte de ce que disent les philosophes qui sont ou qui semblent être en dehors du Christianisme ? Pas le moins du monde. Nous savons comment Pascal se servait d'Epictète et de Montaigne. Nous pouvons nous servir ainsi de tous les philosophes. Ce qu'ils disent constitue pour nous des documents d'une valeur inappréciable. Leurs solutions mêmes qui se heurtent mettent en relief et précisent les éléments du problème. Et plus d'un sans doute, répondant secrètement aux inspirations de la grâce, qui ne fait acception de personne, ont contribué, au moins par leurs efforts et leur bonne volonté, à orienter l'esprit humain vers la vérité.

Mais surtout qu'on n'accuse point Pascal de dire que la raison est impuissante ! Il y a des gens qui sont toujours prêts à formuler cette accusation-là. Et je ne connais rien de plus insupportable. Chaque fois qu'on ne pense pas comme eux, c'est la raison même qu'on méconnaît, comme si la raison était incarnée en eux, comme s'ils étaient la raison en personne. Pascal n'admet pas qu'une philosophie en dehors du christianisme puisse nous donner la vérité sur l'homme et sur sa destinée. Mais il prétend bien être fondé à ne pas l'admettre. Et si en effet d'une part les conditions dans lesquelles nous vivons, si ce que nous sommes réellement vous, moi et les autres, s'expliquent par notre solidarité avec Adam pécheur ; et si d'autre part ce que nous avons à devenir pour sortir de notre misère native, si ce que nous devons faire et ce que nous sommes appelés à être, s'explique par notre solidarité avec Jésus-Christ Rédempteur, en quoi, je vous le demande, Pascal méconnaît-il le pouvoir et le rôle de la raison en soutenant que c'est ainsi que s'explique ce que nous sommes et ce que nous devons être ? Pour ne pas méconnaître le pouvoir et le rôle de la raison, faudrait-il donc qu'il nous fît autres que ce que nous sommes et qu'il nous inventât une autre destinée ? C'est ce qu'on voudrait sans doute ; et c'est pour cela qu'on l'accuse de scepticisme. Mais tout son scepticisme consiste à maintenir contre les incroyants, en démasquant vigoureusement leurs illusions, que le Christianisme seul est la science de l'homme.

Il est vrai que selon lui, pour acquérir cette science de l'homme, il y a tout autre chose à faire que de raisonner conformément aux règles de la logique. Il y faut d'abord et essentiellement la bonne volonté, les bonnes dispositions du cœur. A proprement parler cette science est une vie où l'homme tout entier avec toutes ses facultés est intéressé. « C'est par la charité, dit-il après St Augustin, qu'on entre dans la vérité. » Et la charité ne va pas sans la grâce. C'est à la fois Dieu aimant l'homme et l'homme aimant Dieu. Notre destinée étant surnaturelle, la science de nous-mêmes est aussi surnaturelle. Et ce que Pascal rejette de cette façon c'est le rationalisme, en tant que le rationalisme est la prétention de l'homme à se suffire à lui-même.

Mais en même temps si d'autre part on entend par jansénisme la doctrine qui fait de l'homme un simple instrument aux mains de Dieu — et c'est bien ainsi qu'on l'entend d'ordinaire — il faut dire qu'à ce point de vue personne n'a été moins janséniste que

Pascal. Il n'est personne en effet qui moins que lui ait abdiqué sa personnalité, ni personne qui plus que lui ait fait librement usage de sa raison. Et qui donc a scruté comme lui, avec une pareille hardiesse, les fondements de toutes choses et surtout les fondements de la religion [1] ?

Pour comprendre nettement ce qui le caractérise encore sur ce point, nous ne saurions mieux faire que de le comparer à Descartes. On sait que Descartes, après avoir imaginé un domaine de la philosophie pure qu'il distinguait radicalement de la religion, prétendait, en s'y cantonnant, ne relever que de lui-même. La solution du problème philosophique, selon lui, ne pouvait être qu'une solution personnelle à laquelle chacun devait aboutir isolément par l'exercice de sa propre raison. Mais en face de la religion il s'arrêtait. Il considérait que ce n'était plus de son ressort; et il disait que sur ce point il s'en rapportait à M. Digby, un théologien de son temps. Il voulait évidemment faire entendre par là que, d'après lui, tandis que la philosophie n'était qu'affaire de raison individuelle, la religion au contraire n'était qu'affaire d'autorité, et qu'en conséquence dans cet ordre-là il n'y avait qu'à enregistrer simplement les vérités enseignées. Il s'interdisait donc de faire de la religion un objet d'étude et de recherche.

Eh bien ! ce que Descartes s'interdisait de faire par une réserve et une prudence qu'on pourrait être tenté

---

[1]. S'il y a du jansénisme dans Pascal — ce que nous ne contestons pas — c'est d'une autre façon qu'il se manifeste. Il semble avoir cru que, pour le chrétien qui veut réaliser sa destinée surnaturelle, il ne saurait y avoir aucun usage légitime des créatures. En conséquence il y a dans son ascétisme comme une prétention d'échapper aux conditions humaines de l'existence qui le rend dur et inacceptable. Mais cette attitude s'est produite chez lui par réaction contre les casuistes. Ce n'est pas le lieu d'insister et ceci demanderait une étude particulière.

d'admirer, Pascal l'a fait, et il a eu conscience de le faire. Il ne s'arrête pas, lui, en face de la religion sous prétexte de la respecter ; il ne juge pas que pour être soumis il n'a qu'à s'incliner passivement. Pour lui le problème religieux ne se distingue pas du problème de la vie et de la destinée. Et comme il sait bien qu'en définitive il ne peut pas confier à d'autres par procuration le soin de vivre pour lui, de décider pour lui, de croire pour lui, il entreprend hardiment de donner à ce problème une solution qui en un sens soit toute personnelle. Et en tant que son apologétique s'adresse aux autres, comme il sait bien que lui non plus ne peut se substituer à eux, ni les faire croire, ni les sauver malgré eux, elle n'est qu'un appel pressant par lequel il les invite à faire ce qu'il fait lui-même. C'est pour eux qu'il le fait tout autant que pour lui et peut-être davantage ; mais il le fait pour eux de manière à ce qu'ils le fassent avec lui. Il faut donc dire de lui qu'il est le Descartes de l'apologétique. Et il n'y a rien de plus injuste, et il faudrait peut-être dire rien de plus sot, que de lui reprocher, en l'accusant de fidéisme, ou de mysticisme, de s'abandonner par sentiment d'impuissance[1]. L'abandon de soi entendu en ce sens! mais tout en lui proteste contre une pareille lâcheté et une pareille folie. Qui donc autant que lui a cherché à savoir ce qu'il faisait en vivant ? Et ce qui lui met au cœur à la fois une immense pitié et une profonde indignation, c'est que les pauvres humains ne s'en inquiètent pas ; c'est qu'ils s'en vont vers

---

1. C'est un reproche si souvent adressé à Pascal du point de vue d'un rationalisme étroit qu'il en est devenu extrêmement banal ; et ce n'est vraiment pas la peine de prendre la plume pour le rééditer. Nous le trouvons encore cependant dans un article de MM. Dugas et Riquier (*Revue philosophique*, septembre 1900 p. 245). Il est vrai qu'en même temps les auteurs de cet article accusent Pascal de « s'attacher à son sens propre », sans s'apercevoir que cette accusation détruit l'autre en la contredisant.

la mort aveuglément, tête baissée, uniquement préoccupés de se distraire et de se fuir eux-mêmes, faisant de tout un amusement pour échapper au sérieux de la vie.

Nous sommes donc ainsi amenés à constater dans Pascal le sentiment très haut et très ferme d'une personnalité qui ne doit jamais abdiquer. Ce sentiment-là du reste ne lui appartient pas en propre. Et nous en saisirons mieux le caractère si nous voulons bien faire attention qu'il se manifeste avec une vivacité toute particulière au commencement du XVIIe siècle. En ce temps-là en effet on se recueille, on prend profondément conscience de soi et on s'affirme énergiquement comme réalité spirituelle et morale : *Je pense, donc je suis.* Cette formule contient et résume en quelque sorte l'état d'âme de l'époque. Les héros de Corneille ne font que la vivre et la paraphraser. Mais, contrairement à ce qui s'était produit au siècle précédent, on conçoit l'autonomie, la possession de soi, dans une discipline et par une discipline de l'esprit et de la volonté. On comprend que pour faire son métier d'homme il ne suffit pas de se laisser guider par l'instinct de la nature ou par une prétendue inspiration individuelle. C'est ainsi qu'on réagit à la fois contre le naturalisme de la Renaissance et contre l'illuminisme de la Réforme. Et on a tout spécialement le souci de donner à la discipline à laquelle on s'astreint une portée intérieure. Comme pour la rendre plus spirituelle et plus morale, pour empêcher qu'elle ne se cristallise en routine, on s'efforce d'en faire une attitude d'âme, une manière d'être et de vivre qu'on s'impose librement à soi-même à chaque instant et qu'on renouvelle à chaque occasion par une adhésion volontaire. N'est-ce pas là ce qui a donné naissance à la congrégation de l'Oratoire d'abord et ensuite à la compagnie de Saint-Sulpice ? Bossuet en a magnifiquement exprimé l'idéal dans l'oraison funèbre du P. Bourgoing. Entre l'esprit d'une part qui a présidé à ces institutions et d'autre part l'esprit qui anime la philosophie de Descartes et l'apologétique de Pascal, la corrélation nous paraît tout à fait visible.

Mais c'est dans Pascal surtout que nous trouvons sur ce point une hardiesse vraiment décidée et conséquente avec elle-même jusqu'au bout. Il semble parfois que lui-même s'en effraie. « Les malheureux, dit-il, qui m'ont obligé à parler du fond de la religion! » Toute son œuvre exprime et affirme l'autonomie de la personne humaine, comme aucune œuvre peut-être ne l'avait encore exprimée et affirmée. Et c'est là aussi un des traits de son originalité. C'est ce qui fait de son apologétique quelque chose d'essentiellement vivant. Cette apologétique en effet n'a rien d'abstrait, rien de livresque, rien d'artificiel. Elle n'est subordonnée ni à une philosophie, ni à une science quelconque. Elle relève d'elle-même ; et elle domine toute science et toute philosophie en cherchant simplement à répondre à cette question qui est la question suprême : qu'est-ce que la vie et qu'y venons-nous faire ? A cette question-là nous ne pouvons opposer aucune fin de non-recevoir pour justifier notre indifférence. Et celui qui prétendrait malgré tout s'en désintéresser rien qu'en vivant se donnerait un démenti à lui-même. Mais aussi, quand nous entreprenons de réfléchir pour y répondre, ce n'est pas à un ordre extérieur que nous obéissons ; c'est à un ordre intérieur qui vient de la vie elle-même et qui se prononce en nous au plus profond de nous-mêmes par le fait seul que nous vivons et que nous voulons vivre. En rattachant l'apologétique à la vie — et c'est là, puisse-t-on enfin le comprendre ! ce qui constitue essentiellement la méthode d'immanence — Pascal suppose donc, rien que par son attitude, qu'en tout ordre de chose et même en face de Dieu, l'homme relève encore de lui-même et continue à s'appartenir. Pour lui il n'existe donc point de cas, comme semblait l'admettre Descartes, où nous n'aurions simplement qu'à subir une autorité, qu'à être dirigés et façonnés par elle sans y rien mettre de nous-mêmes. Pour lui la religion est donc chose du dedans, chose personnelle, tout aussi bien et tout autant que la philosophie l'était pour Descartes[1].

Bien loin donc de s'abandonner lui-même par sentiment d'impuissance, bien loin d'abdiquer sa personnalité, il s'affirme au contraire, il se dresse avec toutes ses énergies, avec toute la liberté d'allure d'un homme qui a conscience que sa destinée est entre ses mains.

1. On a dit de lui qu'il avait laïcisé la théologie. L'expression n'est pas heureuse, étant donné surtout le sens qui désormais s'attache au mot laïc. Mais on pourrait plutôt dire, comme on l'avait dit de Socrate pour la philosophie, qu'il a ramené la théologie du ciel en terre, signifiant par là qu'il l'a fait sortir de l'Ecole où elle semblait n'avoir pour objet que des questions dont le reste des hommes n'avaient pas à connaître, si ce n'est pour en recevoir les solutions tout élaborées. Pour lui en effet la théologie est la science de la vie chrétienne que chacun a, non seulement le droit, mais le devoir d'acquérir dans la mesure des moyens qui sont mis à sa disposition. En conséquence de l'ébranlement produit par la Renaissance et la Réforme — ébranlement qui dure toujours et qui sans doute durera longtemps encore — est résulté pour les esprits modernes un besoin de donner à leurs convictions un caractère personnel et réfléchi. Chacun est comme disposé à tout mettre en question pour son compte. C'est ce besoin dont Bossuet s'effrayait et qui lui faisait prédire qu'au nom du Cartésianisme un grand combat se préparait contre l'Eglise. En cela, certes, il ne se trompait pas. Mais Pascal a mieux fait que de s'en effrayer. Il s'en est emparé ; et il a montré, par l'œuvre même qu'il a entreprise et la méthode qu'il a suivie, que ce besoin — qui n'est autre au fond que l'obligation où nous sommes d'accepter la responsabilité de notre vie — au lieu d'éloigner de la religion, est la voix de Dieu en nous qui nous y ramène. Tandis que les philosophes, par suite d'une méprise énorme et lamentable, se faisaient une idée absolument fausse du surnaturel chrétien et allaient se dresser contre le Catholicisme, sous prétexte de défendre l'autonomie de la personne humaine, Pascal a indiqué à l'avance l'attitude à prendre et la méthode à suivre, non seulement pour démasquer leur méprise, mais encore pour faire tourner au profit de la religion les efforts même qu'ils devaient diriger contre elle.

Et, dans ces conditions, il semblera peut-être à quelques-uns que ce qu'il faut se demander, c'est bien plutôt comment une telle attitude se concilie avec la soumission à l'autorité de l'Église chargée d'enseigner la vérité révélée. N'y a-t-il pas là en effet un germe au moins de protestantisme, une tendance à s'isoler, une prétention à se suffire à soi-même dans son individualité ? Et l'autorité peut-elle encore avoir un rôle à jouer pour celui qui se pose ainsi comme relevant de lui-même ?

A cette occasion il sera bon de rappeler tout d'abord que nous devons veiller à ne pas nous laisser influencer par l'opinion de ceux, quels qu'ils soient et d'où qu'ils viennent, qui considèrent qu'être catholique, c'est n'être plus intérieurement qu'une chose malléable ; de telle sorte que la soumission à l'autorité de l'Église soit une obéissance passive, une obéissance servile en vertu de laquelle on ne se reconnaît plus le droit ni de penser ni de vouloir sans un ordre venu du dehors. Evidemment l'attitude de Pascal n'a rien de semblable à celle-là, puisque son âme nous apparaît comme un foyer de vie spirituelle qui s'épanouit et se développe par une force intérieure. Mais aussi, disons-le bien haut, si avec une telle attitude on peut avoir les apparences du Catholicisme, on n'en a que les apparences. Etre catholique c'est tout autre chose qu'obéir passivement et servilement. L'Eglise du reste a toujours condamné toutes les doctrines qui ont méconnu ou qui tendaient à méconnaître l'autonomie de la personne humaine, comme le quiétisme et le fidéisme. Et l'on n'a sans doute pas oublié que tout dernièrement encore, à propos de ce qu'on a appelé l'américanisme, l'autorité elle-même à laquelle nous devons être soumis nous a fait savoir très explicitement qu'il n'y a point de vertus passives.

Si donc il n'y a point de vertus passives, et si cependant l'obéissance nous est demandée comme une vertu, c'est que l'obéissance vraie est un acte autonome ; c'est que pour obéir réellement, et non seulement en apparence, il faut savoir ce que l'on fait et vouloir le faire. L obéissance ainsi entendue est active et non passive. C'est du dedans, c'est du cœur qu'elle vient. Et il ne servirait de rien en effet de subir passivement la direction et l'enseignement d'une autorité extérieure : car cela ne changerait pas le fond intime de notre être ; et c'est le fond intime de notre être qui doit être changé, pour que s'opère en nous la transformation du vieil homme en homme nouveau, c'est-à-dire l'œuvre du salut.

Or il résulte de là que l'autorité de l'Église n'a nullement pour but, en intervenant dans notre vie, de se substituer à nous. Nous n'avons pas plus à nous décharger sur elle du soin de notre salut que nous n'avons à la subir. Bon gré mal gré nous gardons notre initiative, et nous restons toujours responsables de nous-mêmes. Mais ceci ne veut pas dire que nous avons le droit de nous mettre à l'écart, de nous isoler pour penser et pour agir. Nous relevons de nous-mêmes, c'est entendu. Mais, comme d'autre part cependant nous recevons tout ce que nous avons et tout ce que nous sommes, comme nous ne vivons que d'emprunts et que la vie elle-même nous est donnée, il faut reconnaître que nous relevons aussi de Dieu et que nous relevons aussi des autres hommes. Et dès lors l'obligation nous incombe de penser et d'agir, si je puis m'exprimer ainsi, en fonction de Dieu et en fonction des autres. Cette subordination est pour nous la condition même de la vie. Nous naissons en société et nous devons former une société en vivant et pour vivre. Considérée par son côté extérieur, dans son organisation matérielle, dans son corps, l'Église appaparaît comme le milieu social où la vie religieuse et surnaturelle prend naissance et comme l'ensemble des conditions nécessaires au développement de cette vie. Mais en même temps elle est aussi l'expression et la réalisation dans le temps de la vie religieuse et surnaturelle des âmes qui, en s'épanouissant intérieurement avec le concours de la grâce, se rejoignent, s'harmonisent et constituent une communion.

La vérité révélée, qui nous vient par l'intermédiaire de l'autorité enseignante, nous est donnée non pour être subie, mais pour être vécue. Et une inspiration qui illumine tout homme venant en ce monde nous met à même de la vivre. L'action de l'Église au dehors correspond donc à l'action de l'Esprit-Saint au dedans, ou plutôt c'est là une seule et même action sous deux aspects différents. Et, bien loin de s'opposer à notre initiative, elle la provoque ; bien loin de supprimer notre autonomie, elle nous aide à constituer une autonomie surnaturelle par une participation à la vie même de Dieu.

Mais comme c'est par elle et en elle que nous vivons surnaturellement, c'est par elle et en elle aussi que nous devons vouloir vivre. Et en ce sens c'est à obéir même que doit s'appliquer notre initiative. Seulement en obéissant ainsi nous sortons de nous-mêmes, de notre individualisme qui nous isole ; nous nous élargissons, nous prenons un caractère d'universalité, de catholicité, en vertu duquel nous nous unissons à Dieu et aux autres pour former un tout vivant et harmonieux. En cela consiste la vie pleine, l'autonomie parfaite. C'est donc en obéissant de cette façon qu'en définitive nous nous délivrons.

Par conséquent, ce qui distingue sur ce point fondamental le Protestantisme du Catholicisme, ce n'est pas, comme les protestants d'aujourd'hui essaient sans cesse de l'insinuer, que d'une part on reconnaît à chacun le droit d'exercer son initiative individuelle, tandis que d'autre part on méconnaît ce droit-là. Mais ce qui les distingue le voici :

Le catholique en exerçant son initiative cherche à se transformer dans sa manière d'être et dans sa manière de penser, de façon à pouvoir être membre d'une vraie société religieuse ; il travaille à se dépouiller de ce qui, en le particularisant, le sépare et l'isole ; il se désindividualise pour se socialiser, si l'on veut bien me permettre d'employer ces mots. Par l'intention au moins, et si loin qu'en fait il en puisse être, il va vers l'unité. Non seulement par conséquent il ne détruit pas sa personnalité pour ne pas la dresser contre Dieu et contre les autres, mais il la constitue en s'enrichissant de Dieu et des autres et en les enrichissant de lui, par cette pénétration et cette vivification mutuelles qui font que le multiple, tout en restant multiple, devient un.

Le protestant au contraire, en exerçant son initiative, se cantonne en lui-même ; il abonde dans son propre sens ; attaché à ses pensées il veut qu'elles soient, au moins pour lui, l'expression adéquate de la vérité. Ainsi il se sépare, il s'isole, il s'individualise de plus en plus ; et si par une heureuse inconséquence il s'arrête sur la pente, il tend toujours néanmoins vers la dissolution et l'anarchie. Sous prétexte de garder intacte sa personnalité, il l'appauvrit en la fermant. Il forme avec les autres une multiplicité pure.

Ceci étant posé, rien n'est plus facile de voir que l'attitude de Pascal ne ressemble en rien à celle d'un protestant et qu'elle est bien celle d'un catholique. Chez lui le sentiment et la conviction que nous ne devons pas nous mettre à part, pour penser et pour vivre à part, s'expriment de toutes les façons. Il est essentiellement anti-individualiste. « Le moi est haïssable, » dit-il. Pour lui le système chrétien est une réalité vivante dont il fait partie, un organisme moral où il puise sa sève et sans lequel il ne serait rien. Il entend Jésus-Christ lui parler ainsi : « Je te suis présent par ma parole dans l'Ecriture, par mon esprit dans l'Eglise et par les inspirations, par ma puissance dans les prêtres, par ma prière dans les fidèles. » C'est avec tout cela et aussi à tout cela qu'il croit ; c'est par tout cela qu'il espère se sauver. La foi et le salut restent bien son œuvre propre ; mais ce n'est pas une œuvre individuelle, qu'il s'imagine accomplir dans l'isolement. Dieu y concourt avec toute la société des fidèles.

La société des fidèles constituée en Eglise est pour lui l'organe même de Dieu, et il y adhère d'autant mieux qu'il y adhère du dedans, en sachant ce qu'il fait et en voulant y adhérer.

Son catholicisme se montre aussi en ce qu'il a profondément senti la solidarité humaine. Il a compris que pour croire et se sauver lui-même il lui fallait aider les autres à croire et à se sauver. Ceux qui nous ont présenté un Pascal romantique, penché sur sa propre misère et se lamentant en rêveur sur l'incertitude de sa destinée, se sont mépris totalement sur son compte. Il ne s'arrête jamais à déplorer sa misère pour le plaisir de la déplorer et pour intéresser les autres au sort de son chétif individu. On dirait que sa misère ne le touche qu'autant que se répercute en elle la misère de tous ; et dans l'émotion de son accent on devine que c'est l'humanité qui crie en lui sa détresse ou ses espérances.

Il a une grande pitié au cœur ; mais c'est une pitié énergique et agissante et qui ne se contente pas de gémir. Ce n'est pas un docteur qui nous enseigne : il est avec nous dans le rang, il est l'un de nous ; c'est un frère en humanité qui nous prend par la main et par le cœur pour nous mener avec lui à la recherche de Dieu. Personne peut-être n'a eu le souci de mettre autant de précision, autant de rigueur dans ses raisonnements. Et personne cependant n'a mieux compris que les raisonnements à eux tout seuls sont impuissants à communiquer la foi, parce que la foi est un don de Dieu en même temps qu'une adhésion libre de chaque esprit. Mais c'est son âme tout entière qui se lance éperdument à la conquête des autres âmes. Il excelle à les réveiller de toutes les torpeurs par les éclats de lumière qu'il projette. Il raisonne sans cesse, il donne à tout ce qu'il dit la force d'une démonstration ; mais il ne raisonne jamais dans l'abstrait. Ses raisonnements ont toujours le caractère d'arguments *ad hominem*. Et il importe de bien s'en rendre compte pour en saisir la portée. Il regarde les hommes vivre, s'agiter, souffrir autour de lui. Il cherche le côté par où ils donnent prise sur eux pour s'emparer seulement de leur attention. Il sait que là réside la difficulté. Et une fois qu'il les tient, c'est alors qu'intervient ce que nous pouvons appeler sa logique de géomètre : logique pressante, implacable qui les conduit pour ainsi dire jusqu'au bout de la vérité[1].

---

[1]. Il est à remarquer que la plupart de ceux qui ont tenté de s'attaquer à Pascal et d'argumenter contre lui ont abouti à l'accuser de folie. Si le procédé est pitoyable il n'en est pas moins très significatif. C'est encore celui dont se servent MM. Dugas et Riquier dans l'article que nous avons cité tout à l'heure. Ils redisent une fois de plus qu'entre les philosophes comme eux et les croyants comme Pascal il existe un abîme. Ils déclarent « qu'on ne peut entrer en discussion avec lui » parce qu'il faut accepter ou rejeter en bloc sa doctrine ; et ils ne craignent pas d'employer les mots de « monstruosité logique » et d' « énormité morale ». Rien de plus vrai que Pascal ne leur ressemble pas. Mais il ne suffit pas de

Assurément nous ne prétendons pas que Pascal ait dit le dernier mot en apologétique. Ce dernier mot, personne ici-bas ne le dira : car il n'appartient à personne d'épuiser l'infini. Nous avons beau admirer son œuvre, nous jugeons néanmoins qu'il y a toujours lieu de la revivre et de la refaire pour la comprendre, pour la renouveler et pour la compléter. La vérité et la vie ont des profondeurs que l'homme n'achèvera pas de sonder. Nous n'avons pas voulu ici entrer dans le détail des pensées de Pascal pour en faire la critique. Nous avons seulement considéré l'esprit dont il s'est inspiré, le point de vue auquel il s'est placé, la marche qu'il a suivie. Nous ne pouvons nous dissimuler que chemin faisant nous avons soulevé des problèmes considérables. Notre but n'était pas de les résoudre, mais de mettre en lumière le plus clairement possible le vrai caractère de la méthode d'immanence.

Et certes, en préconisant cette méthode, nous sommes loin de croire, comme on semble parfois nous attribuer, que par elle nous pouvons constituer du premier coup une apologétique, achevée et définitive, qui soit telle qu'elle convertisse les gens malgré eux et qu'elle ne laisse rien à faire à ceux qui viendront

---

constater pour déclarer qu'il est un monstre. Pourquoi la monstruosité et l'énormité ne seraient-elles pas du côté de MM. Dugas et Riquier? Ils pourraient toutefois se le demander, à moins qu'ils ne s'imaginent être eux-mêmes la norme de l'humanité. Rien sans doute n'est plus commode que de dire aux autres : il existe un abîme entre votre esprit et le mien, je ne discute pas avec vous. C'est à cela qu'aboutit le dogmatisme intellectualiste. Mais il faut répondre que les esprits sont ce qu'ils se font eux-mêmes et qu'en chacun de nous la manière de penser dépend de la manière d'être. Ce que l'on pense dans l'ordre des choses morales et religieuses, c'est qu'on veut le penser. — Nous avons expliqué ailleurs comment et en quel sens. — On en a donc la responsabilité. Et en conséquence si vivant les esprits consentent à s'ouvrir et à sortir d'eux-mêmes, il leur appartient d'aller au-devant les uns les autres, de franchir les abîmes qui les séparent et de communier dans la vérité.

après nous. Nous élevons au contraire une protestation énergique contre toutes les prétentions de ce genre. Mais ce que nous croyons, c'est que, par cette méthode, la vérité religieuse devient la vie de la pensée humaine, au lieu de s'y ajouter simplement comme un surcroît étranger et gênant. Et n'est-ce pas là en effet ce qui doit se produire si réellement le Verbe s'est fait homme, s'il est devenu l'Emmanuel, le Dieu avec nous? Autrement ces mots n'auraient point de sens.

En même temps que la méthode d'immanence suppose que la vérité se donne à nous et nous pénètre, parce que dans son fond elle est bonté et amour, elle suppose également que nous donnons à la vérité notre âme tout entière, non seulement pour qu'elle s'exprime en nous, mais aussi pour qu'elle s'exprime par nous. La vérité a besoin de prendre des accents humains pour se faire entendre. Elle n'a de force d'expansion en ce monde que si elle jaillit d'un cœur d'homme, comme si ce cœur d'homme était sa source. Mais toutes les fois qu'elle jaillit ainsi d'un cœur d'homme, si inadéquate que soit l'expression qu'elle revêt, il en reste toujours quelque chose que le temps n'atteint pas.

Voilà pourquoi l'œuvre de Pascal n'a pas vieilli. Nous disions tout à l'heure que ses raisonnements étaient des arguments *ad hominem*. On pourrait s'imaginer qu'il en est résulté que leur valeur était relative et provisoire. Il n'en est rien, et tant s'en faut! Mais aussi ce que Pascal a visé dans l'homme, ce n'est pas quelque chose d'accidentel, ce ne sont pas des opinions d'un moment, des systèmes caducs, des théories à la mode, c'est la réalité même de sa vie, ce sont les conditions de son existence terrestre qui, sous des changements se produisant à la surface, étaient hier ce qu'elles sont aujourd'hui et ce qu'elles seront demain. Et si son œuvre n'a pas vieilli, c'est qu'elle ne saurait vieillir dans ce qui la constitue essentiellement[1].

Nous nous en apercevrons bien si, la prenant telle que nous l'avons définie, nous la mettons en face de ce qu'on nomme la philosophie moderne en tant qu'elle prétend s'opposer dogmatiquement au Christianisme. On pourrait croire que Pascal a écrit pour y répondre, comme il a écrit pour répondre aux libertins de son temps. A l'heure actuelle, avec une insistance — dont les défenseurs de la Religion ne

---

1. Pascal ne s'adresse jamais à une raison abstraite, mais à l'homme réel et complexe, capable assurément de penser. mais aussi de craindre, d'espérer, d'aimer, de vouloir. Il ne s'agit pas pour lui de résoudre théoriquement un problème, conformément aux règles de la logique. Il s'agit de prendre effectivement un parti. Nous sommes engagés dans un drame. C'est tout nous-mêmes, tout notre être qui est en jeu. Voilà le point de vue auquel Pascal s'est toujours placé. Et si on ne se place pas à ce point de vue-là, on ne comprendra jamais rien à ce qu'il a dit.

Le fameux argument du pari, par exemple, qui sans doute se rattache à sa grande thèse des infinis incommensurables, reste toujours, quoi qu'on en puisse penser au point de vue du calcul des probabilités, un coup porté aux libertins. Et c'est aux libertins qu'il s'adresse, aux libertins qui vivent autour de lui en chair et en os. Et en leur exprimant, dans son langage mathématique, que la réalité la plus certaine des choses du temps est infiniment moindre que la simple possibilité la plus incertaine des choses de l'éternité, Pascal ne cherche pas seulement à leur démontrer une vérité à la manière d'un géomètre ; mais il cherche à les faire rentrer en eux-mêmes pour leur inspirer, en face du mystère de leur existence, un peu de cette crainte salutaire qui est le commencement de la sagesse.

Il ne pense jamais avec des abstractions. Bien qu'on ait une tendance à abuser de ce mot, il conviendrait de dire de lui qu'il est une sorte de positiviste, mais un positiviste pour qui la réalité intérieure, la réalité vivante, est le fait essentiel et primordial. Et c'est précisément pourquoi nul plus que lui n'a suscité des appréciations diverses et opposées. On n'arrive pas à le juger froidement. La *Critique*, qui de nos jours a affiché si hautement des prétentions à une neutralité chimérique, comme si pour apprécier les choses humaines elle était en dehors et au-dessus de l'humanité, la *Critique* devant lui perd sa sérénité artificielle. On l'aime ou on le hait ; et on ne peut s'empêcher de le laisser voir. C'est que, dans son œuvre, ce ne sont pas seulement des idées qu'on trouve, ni un système plus ou moins fortement élaboré, c'est lui-même avec son âme de feu, avec son ardeur de prosélyte, servie par une puissance de penser formidable, lui-même qui s'acharne à démasquer nos illusions, à mettre à nu nos misères, et qui nous presse en tous sens pour nous convertir à la vie chrétienne. Bon gré mal gré, il faut lui dire oui ou lui dire non.

tiennent pas assez compte et dont peut-être en général ils n'ont pas suffisamment saisi la portée — on nous met bruyamment en demeure de choisir entre le Catholicisme où l'on obéit à une autorité et l'individualisme moral et religieux où l'on est censé penser et vivre librement. De ce que chaque homme relève de lui-même on veut qu'il ne relève que de lui seul et que, pour garder son autonomie, il n'ait rien à recevoir du dehors. Et en même temps, de ce que dans le Catholicisme il existe une autorité extérieure et une organisation matérielle qui englobe l'individu, on refuse d'y voir autre chose et on déclare que le Catholicisme est une servitude pour les âmes. Avec Pascal nous sommes complètement au-dessus de ces oppositions factices ; nous les dépassons et nous les dominons. Et c'est là au moins ce que présentement nous en voudrions retenir. Personne n'est moins que lui enclin à faire de la Religion un rêve individuel, à la façon des protestants libéraux de notre temps. Mais personne non plus n'est moins que lui enclin à en faire une superstition asservissante, un système de soumission passive et de pratiques sans vie intérieure. La religion est essentiellement pour lui une vie de l'âme et de l'esprit, mais une vie qui doit se développer dans des conditions déterminées dont on ne peut impunément faire abstraction : « Qui veut faire l'ange fait la bête », dit-il énergiquement. Chez lui le Catholicisme, avec tout ce qui le constitue, nous apparaît nettement comme un moyen parfaitement adapté à notre situation réelle pour nous permettre de nous transformer, de nous surnaturaliser, de nous diviniser et d'arriver en définitive à cette autonomie tant réclamée par nos philosophes modernes. Et c'est bien là en effet ce qu'il est. Si dans l'Église, comme en nous, il faut distinguer le corps et l'âme, en fin de compte et malgré les apparences, c'est par l'âme et pour l'âme que le corps existe. Pour ceux du dehors qui persistent à ne pas le comprendre et pour ceux du dedans qui seraient tentés de l'oublier, nous ne saurions trop le redire. Mais ainsi envisagée la Religion est vraiment une philosophie de la vie, une Sagesse au sens antique du mot, ou plutôt la Sagesse. Mais elle n'en est pas moins surnaturelle, parce qu'elle est de toute façon l'œuvre de Dieu agissant dans l'humanité et la pénétrant librement de son amour pour s'en faire aimer librement.

Février 1901.

THÉORIE DE L'ÉDUCATION

RAPPORT DE L'AUTORITÉ ET DE LA LIBERTÉ

THÉORIE DE L'ÉDUCATION

RAPPORT DE L'AUTORITÉ ET DE LA LIBERTÉ

L'idée qu'on se fait de l'Éducation et du rôle de l'Éducateur dépend évidemment de l'idée qu'on se fait de l'homme et de sa destinée. Selon qu'on admet en effet que l'homme est ceci ou qu'il est cela, qu'il doit être ceci ou qu'il doit être cela, pour rester conséquent avec soi-même, on ne peut se comporter de la même manière quand il s'agit de travailler à former des hommes. D'autre part aussi, les procédés qu'on emploie pour élever des enfants, l'intention dont on s'inspire et l'orientation qu'on leur donne, quand même on ne s'en rendrait pas compte, contiennent toujours, au moins implicitement, une conception de l'homme et de sa destinée. Et du reste, pour ceux qui sont capables de réfléchir, rien ne peut les aider davantage à préciser cette conception que les nécessités avec lesquelles ils se trouvent aux prises et les observations qu'ils sont à même de faire en Éducation. Il y a donc là une relation qu'on ne devrait pas pouvoir contester.

Néanmoins nous avons vu surgir et nous voyons subsister la prétention d'instituer une *Éducation indépendante*, c'est-à-dire une Éducation qui ne suppose aucune croyance chez ceux qui la donnent et qui n'en doive développer aucune chez ceux qui la reçoivent. Les partisans de cette Éducation l'appellent *neutre*, pour faire entendre qu'elle laisse le champ libre à une autre Éducation et que, si elle ne favorise aucune croyance, au moins elle n'en contrarie aucune. Mais en même temps aussi ils l'appellent *laïque* et en l'appelant laïque il arrive qu'au lieu de la distinguer de l'Éducation religieuse ils l'opposent tout simplement à elle. Par une ironie très significative, comme si un instinct méconnu se vengeait en eux, ils élèvent même la *laïcité* à la hauteur d'une religion ; et cette religion nouvelle, ils la dressent contre l'autre en lui donnant justement les allures mêmes qu'ils reprochent à l'autre. C'est ainsi qu'en prenant contact avec la réalité pour s'y appliquer, les théories fausses et spécieuses manifestent leur impuissance ou le venin qu'elles recèlent. Sous la prétention d'instituer une Éducation indépendante se cache donc — et c'est à peine si on peut dire qu'il se cache — un dessein très arrêté de substituer des croyances nouvelles, des croyances laïques, aux croyances anciennes[1].

Cette inconséquence, depuis longtemps on ne cesse de la signaler, et on a raison; et on a lieu de s'étonner que ceux qui la commettent ou ne s'en aperçoivent pas ou en prennent leur parti. Mais il nous semble qu'il y a autre chose à faire et qu'on n'a pas fait suffisamment : c'est de montrer l'extrême con-

---

[1]. Pour se renseigner sur ce point, il faut lire *l'École d'aujourd'hui*, par Georges Goyau. C'est une étude de philosophie sociale positive, comme l'auteur sait en faire, où, par le moyen d'une documentation très riche et parfaitement bien mise en œuvre, se révèlent très nettement l'état d'esprit et les tendances d'un certain nombre de nos contemporains. — Nous signalerons également *Au sortir de l'école* et *l'Éducation populaire*, par Max Turmann. Bien que faits à un autre point de vue et dans un autre but, ces deux livres contiennent dans le même sens d'intéressantes indications.

fusion d'idées et la singulière incohérence dans laquelle ils s'embarrassent et s'entretiennent comme à plaisir, sans même se rendre compte du caractère et des difficultés de la question. C'est donc là tout d'abord ce que nous nous proposons de faire. Et nous en prendrons occasion, après avoir précisé quel est ici le problème à résoudre, pour esquisser une théorie de l'Éducation.

I

INDIVIDUALISME ET POSITIVISME. — LE PROBLÈME DE L'ÉDUCATION

Les théoriciens de l'Éducation laïque[1] considèrent généralement qu'en Éducation, comme en politique, il y a deux systèmes en présence et qui s'opposent : le *système autoritaire* et le *système libéral*. Or, pour faire cette distinction et pour opposer le système libéral au système autoritaire, ils s'en réfèrent plus ou moins consciemment à la philosophie individualiste du XVIIIe siècle. Une manière de penser en effet, et encore plus de parler, nous est venue de là qui est passée à l'état d'habitude et dont les esprits de notre temps, malgré des influences contraires, gardent toujours profondément le pli.

De ce point de vue on admet que chaque homme est, absolument parlant, un être à part qui se suffit à lui-même pour être ce qu'il est et dont le caractère essentiel, dans sa réalité intime et constitutive, est de

[1]. Il est bien entendu qu'Éducation *laïque* ici signifie tout autre chose qu'Éducation donnée par des *laïcs*. Le mot *laïc* a changé de sens : il ne désigne plus seulement des personnes comme autrefois, il désigne une doctrine, une conception de la morale, de la sociologie, etc.

ne relever que de lui, de manière que par nature et primordialement il s'appartienne et se possède sans réserve. Voilà ce qu'on exprime en disant qu'il est libre, qu'il a des droits. C'est un individu qui tombe en quelque sorte du ciel, au milieu des autres individus, avec une personnalité toute faite ou ayant au moins en lui tout ce qu'il faut pour la faire. Ainsi posé dans son individualité indépendante, chaque homme n'a à recevoir que ce qu'il veut librement recevoir et à donner que ce qu'il veut librement donner. En conséquence, exiger de lui autre chose, au nom d'une autorité qui s'impose à lui du dehors, c'est lui faire subir une contrainte, c'est porter atteinte à ses droits, à sa liberté, à sa personne. Et c'est là le mal, le mal dont l'humanité a toujours souffert et dont il importe avant tout de la délivrer. Si pour se développer, pour vivre, chaque homme a besoin de faire des emprunts au milieu qui l'entoure, il faut qu'il les fasse spontanément, de telle sorte que rien n'entre en lui qui ne soit conforme à ses aspirations. Et il n'y a pas à craindre, s'il est laissé à lui-même, qu'il agisse mal pour son compte, car sa volonté ne peut être que la manifestation des virtualités de sa nature. Et pourvu qu'on ne lui impose pas artificiellement de vouloir autre chose que ce qu'il veut naturellement — on pourrait dire par instinct — arrivé au terme de son développement, il sera ce qu'il doit être et il fera ce qu'il doit faire.

Or, en partant d'une telle conception clairement avouée ou secrètement acceptée, la conclusion à laquelle on doit aboutir est celle-ci : qu'en Éducation on n'a qu'à s'abstenir ou que, si l'on intervient, ce ne doit être que pour écarter de l'enfant, de l'homme en formation, les influences extérieures qui pourraient fausser le libre jeu de ses facultés et arrêter l'épanouissement spontané de sa nature. Cette conclusion, qui est en quelque sorte purement négative, on ne la formule sans doute pas toujours d'une façon aussi explicite, mais on s'en inspire. Et il semble bien que la *neutralité* qu'on prétend introduire dans la pratique n'en soit qu'une conséquence, car on fait de la neutralité non pas une condescendance, mais la condition même de la liberté ; et c'est comme telle qu'on la préconise. Or, la neutralité ainsi entendue, si elle était pratiquée, ce serait évidemment l'abstention, ce serait l'enfant laissé à lui-même pour le développement de sa vie morale et religieuse. Il est vrai que dans le système établi l'enfant, pour le développement de sa vie morale et religieuse, est toujours censé relever de sa famille, et on accorde à la famille le droit de n'être pas neutre. Mais si la neutralité, comme on le dit pour la justifier, est la condition même de la liberté de l'enfant, comment la famille peut-elle avoir ce droit ? Et de ce point de vue il est si précaire en effet qu'il n'est pas rare de l'entendre contester ; et plus d'un — nous n'en pouvons pas douter — serait disposé, au nom de la liberté et pour délivrer l'enfant, à le soustraire autant que possible à l'influence de la famille. C'est tout à fait dans la logique du système.

Mais, quoi qu'il en soit, ce qui est certain en tout cas, c'est que les théoriciens de l'Éducation laïque obéissent à cette tendance dans les critiques qu'ils adressent à ce qu'ils appellent le système autoritaire.

Ces critiques en effet ne visent pas à régler l'usage de l'autorité, ni à dire quel en doit être le caractère pour que l'exercice en devienne légitime, mais elles visent à faire apparaître l'autorité comme étant par essence même une tyrannie qui ne peut avoir d'autre résultat que de comprimer et de déformer. Le système autoritaire, tel qu'ils l'entendent, consiste à s'imposer par force ou par ruse, à employer la contrainte sous ses formes diverses pour étouffer chez l'enfant toutes les initiatives, pour introduire en lui, sans lui et même contre lui, des idées, des croyances, des habitudes, en un mot pour le façonner du dehors, pour le dresser comme on dresse un animal sans tenir compte de sa personnalité. Et de quel droit, demandent-ils, pareille chose peut-elle se faire? N'est-ce pas d'abord une absurdité de vouloir ainsi transformer la nature et de la supposer mauvaise pour se donner la tâche de la rendre bonne? Et ensuite n'est-ce pas un abus odieux que de capter des esprits qui sont faits pour penser par eux-mêmes et des volontés qui sont faites pour vouloir librement?

Voilà ce qu'ils disent et ce qu'ils répètent, sans se lasser, en termes indignés et généreux. Il est évident qu'ainsi ils opposent de telle sorte la liberté et l'autorité qu'elles apparaissent comme absolument inconciliables. Ce sont deux ennemies entre lesquelles ils nous mettent en demeure de choisir; et ils ne songent même pas à se demander si cependant il n'y aurait pas autre chose à faire que de prendre tout simplement parti pour l'une contre l'autre. Une fois les droits des individus reconnus et affirmés, il leur semble que le reste doit s'arranger tout seul. Chacun en effet n'a-t-il pas sa conscience et sa raison pour se diriger? Et quand on se dirige d'après sa conscience et sa raison, n'est-on pas dans l'ordre et la vérité? Que faut-il de plus? Et quiconque ne parle pas tout à fait comme eux devient immédiatement à leurs yeux un blasphémateur de la liberté.

Nous ne faisons qu'exposer ou plutôt nous résumons brièvement des idées connues. Pour le moment nous n'avons pas à en examiner la valeur. Toutefois, nous avons hâte de dire qu'à cette manière de voir correspond au moins un sentiment de la dignité humaine et du respect qui lui est dû que nous nous garderons bien de méconnaître et dont nous sommes convaincus qu'il ne faut jamais se départir.

Mais justement nous trouvons que les nouveaux théoriciens de l'Éducation s'en départissent d'une étrange façon quand, après avoir critiqué le système autoritaire et avoir pris parti pour la liberté contre l'autorité, ils en viennent enfin à essayer de dire comment ils entendent procéder pour leur propre compte.

On a beau être partisan de la liberté, dès lors qu'on a la charge d'un enfant et qu'on a conscience d'en être responsable, il devient impossible de le « laisser faire ». Il faut intervenir dans sa vie, s'opposer à ses désirs et à ses idées ; il faut le faire travailler contre son gré pour le faire devenir ce qu'il ne deviendrait pas s'il était abandonné à lui-même ; en un mot il faut se dresser devant lui comme une autorité. Voilà le fait. On dira peut-être qu'il n'y a pas à s'opposer à tout ce qui se manifeste spontanément chez l'enfant, et qu'il y a au contraire à favoriser certaines tendances pour les utiliser contre d'autres tendances. C'est vrai. Mais, outre qu'il ne s'agit pas seulement d'obtenir que certaines tendances l'emportent sur d'autres, cela même exige une direction, et on n'arrive pas à diriger sans contrarier. Qu'on emploie l'habileté ou qu'on emploie la force, le résultat est le même ; c'est toujours de la domination. On ne saurait l'éviter. Aussi, en face d'un enfant, la question qui se pose est de savoir par quels moyens on pourra exercer une action sur lui pour le diriger. Et la question devrait aussi se poser de savoir comment on a le droit d'exercer cette action, car tout à l'heure on supposait précisément que ce droit n'existe pas. Mais il semble maintenant que ce sont des considérations dont on n'a plus à s'inquiéter. Pressé par les nécessités de la pratique, on ne se préoccupe plus que des moyens d'agir sur l'enfant. Et, sans même s'en apercevoir, par une volte-face des plus singulières, on s'en réfère alors à une autre conception de l'homme qui est absolument différente de la première.

C'est qu'en effet à la manière de penser qui se rattache à la philosophie individualiste du XVIIIe siècle est venue s'en ajouter une autre : nous voulons dire la manière de penser positiviste. D'après le *Positivisme* la Nature, dans sa totalité, n'est qu'un ensemble de faits ou de phénomènes liés les uns aux autres, dépendants les uns des autres, de telle sorte que rien n'existe à part ni n'agit à part et que tout se produit selon des lois déterminées. La science a pour objet de découvrir ces lois. Mais, les lois une fois connues, nous savons comment et à quelles conditions les phénomènes se produisent. Par suite, nous acquérons un vrai pouvoir sur la Nature et en obéissant à ses lois comme dit Bacon, nous devenons capables d'en diriger et d'en utiliser les forces. C'est ce qui se réalise dans l'industrie sous mille formes diverses. Or l'homme nous dit-on, est une chose comme les autres dans le tout de la Nature. Les phénomènes qui se produisent en lui sont soumis au même déterminisme ; et il appartient également à la science d'en découvrir les lois et d'en indiquer les conditions. C'est l'objet particulier de la *Psychologie expérimentale*. Grâce à la *Psychologie expérimentale*, l'Éducateur peut donc connaître les lois de l'activité humaine et en conséquence la diriger comme on dirige les autres forces de la Nature. Et il se trouve ainsi en mesure d'instituer un véritable système d'Éducation scientifique. Rien n'est plus simple. Et qui donc oserait ne pas se féliciter d'un pareil progrès ?

Et, en parlant de la sorte, on continue plus que jamais de répudier le système autoritaire. On veut qu'il reste bien entendu que c'est au nom de la liberté et pour la liberté qu'on travaille. Seulement on a la science à son service ; et on met la science au service de la liberté. — Il est toutefois regrettable qu'on ne se demande pas si, entre la fin qu'on poursuit et les moyens qu'on préconise, il n'existe pas une irrémédiable contradiction.

Ces idées-là, nous devons encore le reconnaître, on ne les exprime pas non plus toujours aussi explicitement que nous venons de le faire. Mais journellement néanmoins, ceux qui parlent d'Education s'en inspirent. Nous en voyons qui déplorent que la croyance au libre arbitre paralyse encore l'action de l'Educateur. Quelques-uns sont allés jusqu'à proposer l'emploi de la suggestion hypnotique. Il paraît que d'autres comptent sur des procédés analogues à la vaccination pour corriger certains vices. Et il en est qui écrivent tranquillement des phrases comme celle-ci : *Si l'Education était ce qu'elle pourrait être, elle serait dans la plupart des cas* (pourquoi pas dans tous?) *maîtresse de la forme que prendrait l'activité de l'enfant*[1].

Ainsi donc, pendant que d'une part on fait de l'enfant un *être* tellement sacré, une *personne* tellement inviolable, qu'il devient interdit d'y toucher si délicatement que ce soit, d'autre part on en fait une *chose* qu'on se propose de manipuler comme de la *matière* chimique, ou une *force* qu'on se propose de diriger en employant les mêmes procédés scientifiques que pour diriger la force d'un animal ou d'un cours d'eau. En vérité ce n'était pas la peine de se récrier si fort contre le système autoritaire pour aboutir à de

---

1. *Revue philosophique*, décembre 1899, p. 602 ; article de M. Payot.

telles conclusions ; ce n'était pas la peine de se dire *libéral* pour assigner comme but à l'Education de se rendre *maîtresse* de l'activité de l'enfant.

Voilà la confusion d'idées, l'incohérence que nous tenions à signaler sous la phraséologie qui la dissimule. Il y a là deux conceptions qui se heurtent. Si l'on admet que l'enfant est une personne ou qu'il doit en devenir une, on ne peut, sans se contredire, l'assimiler aux choses qui nous entourent ; et c'est l'assimiler aux choses qui nous entourent que de vouloir user des procédés scientifiques pour le diriger. On use des procédés scientifiques pour dompter un cheval ou faire travailler la vapeur. Mais le résultat c'est qu'on les asservit à ses propres fins et qu'on les domine en maître absolu : on en fait des instruments, des moyens pour satisfaire ses besoins ou ses caprices. Et si ce n'est point un résultat comme celui-là que doit chercher l'Educateur ; si l'on a conscience qu'en Education l'homme se trouve en face de l'homme et non plus en face des choses, ce qui est tout différent ; si, malgré toutes les théories déprimantes, on garde au moins le sentiment du respect qui est dû à la personne humaine, même quand elle n'existe encore qu'en germe, qu'on ne dise donc pas, ou au moins qu'on ne laisse pas entendre, que le rôle de l'Education c'est de se rendre *maîtresse* de l'activité de l'enfant. Non, ce n'est pas le rôle de l'Education, mais son rôle au contraire, c'est de faire que *l'activité de l'enfant devienne maîtresse d'elle-même*. Et nous nous étonnons d'avoir à rappeler ces choses à des gens qui ont toujours à la bouche le mot de liberté. Ne savent-ils donc pas ce qu'ils disent ?

Mais en cela, et il importe de le bien voir, réside la difficulté. Qu'on s'y prenne comme on voudra, on n'arrivera pas à se passer de l'autorité. Il ne sert de rien d'employer des mots sonores pour se mentir à soi-même. Il y a des nécessités pratiques inéluctables. A vouloir s'y soustraire, au lieu de les accepter, on n'aboutit qu'à les subir. Il faut maintenir hardiment que faire l'éducation d'un enfant, c'est nécessairement exercer sur lui une autorité et lui demander d'obéir. Et l'enfant qu'on « laisserait faire », sous prétexte de respecter sa liberté, risquerait fort de devenir un être malfaisant contre lequel ensuite on devrait employer la force brutale pour se défendre. C'est tout ce qu'on aurait gagné. Et nous n'avons pas à nous inquiéter ici de savoir s'il convient de dire que la nature est bonne ou s'il convient de dire qu'elle est mauvaise. Nous constatons seulement, comme un fait, que les enfants ne sont pas spontanément et qu'ils ne deviennent pas par eux-mêmes, sans qu'on les aide, ce qu'ils doivent être. Et en conséquence nous disons qu'il y a nécessité d'intervenir dans leur vie. Ceci, on ne le contestera pas. Mais nous reconnaissons en même temps qu'il y a là pour nous un problème à résoudre; et on ne paraît pas s'en douter. Ce problème cependant a d'autant plus de gravité que, bon gré mal gré, dans la pratique il faut lui donner une solution. Il nous semble que nous pouvons assez bien le poser dans ces termes : *Comment l'enfant peut-il être ou pourra-t-il devenir une personne humaine, dont le caractère essentiel est de s'appartenir à elle-même et dont l'idéal par conséquent est la liberté, s'il est nécessaire que l'autorité s'exerce sur lui et le fasse agir par obéissance ?*

On s'imagine parfois se tirer d'embarras en disant que l'autorité doit faire appel à la conscience et à la raison, et qu'ainsi elle cesse d'être contraignante pour la personne dont le droit est de n'agir que par elle-même. C'est facile à dire. Mais quand l'Education commence, l'enfant est comme s'il n'avait ni conscience ni raison ; et pendant qu'elle se continue, il n'a encore qu'une conscience et qu'une raison insuffisamment formées ; et il s'agit justement pour l'Educateur de les aider à naître et à se former. Ce qu'on dit n'a donc pas de sens. Si l'enfant avait une conscience et une raison auxquelles on pût en appeler et avec lesquelles il fût en état de se diriger, son éducation ne serait pas à faire, elle serait faite.

Tout ce qu'on peut dire par conséquent, c'est que le rôle de l'autorité en Education est d'aider une conscience et une raison à naître et à se former. Mais comment l'autorité peut-elle obtenir un tel résultat? Ne doit-elle pas au contraire aboutir à les empêcher de naître ou à les étouffer? Agir par soumission à une autorité, c'est être dirigé; agir par conscience et par raison, c'est se diriger soi-même. Comment l'un peut-il mener à l'autre? est-ce qu'on tue pour faire vivre? Si étrange que paraisse ce problème, n'oublions pas cependant qu'il n'a rien d'artificiel et que c'est la réalité elle-même qui le pose.

Nous n'osons pas dire que nous entreprenons ici de le résoudre : car il y aurait à instituer une théorie complète de l'Education, et par conséquent toute une théorie de l'autorité et de la liberté. Mais si nous avions réussi à marquer nettement en quoi il consiste et à faire sentir la difficulté, nous n'aurions pas perdu notre temps. On s'apercevrait enfin que l'opposition qu'on établit — telle qu'on l'établit — entre le système autoritaire et le système libéral, est vraiment trop simpliste. Et on s'apercevrait aussi que le recours à la science, au sens positiviste du mot, pour lui demander des procédés d'Education, n'est qu'un leurre et un trompe-l'œil.

Toutefois, sans entreprendre une théorie complète

de l'Education ou une théorie de l'autorité et de la liberté, nous essaierons, aussi brièvement que possible, ne serait-ce que pour mieux poser encore la question, d'indiquer en quel sens il faut chercher une solution.

II

L'AUTORITÉ ÉDUCATRICE ; SON CARACTÈRE ET SON ROLE

Quand on considère l'enfant comme une personne et qu'on se demande de quel droit un autre intervient dans sa vie pour lui faire penser et lui faire vouloir ce qu'il ne penserait pas et ce qu'il ne voudrait pas spontanément, on croit reconnaître que ce droit n'existe pas ; et de ce point de vue, uniquement préoccupé de sauvegarder la personnalité de l'enfant, comme si déjà elle était pleinement existante et qu'il n'y eût qu'à la protéger, on repousse l'autorité tout simplement. Quand d'autre part au contraire on considère l'enfant comme un germe qui a besoin d'être dirigé dans sa croissance, ou comme une force qui a besoin d'être dirigée dans son action, on ne pense plus qu'aux moyens à employer ; et de ce point de vue, uniquement préoccupé maintenant de conserver ou d'acquérir l'autorité qu'on est obligé d'exercer sur lui, on perd le souci de sa personnalité. Il semble ainsi qu'il n'y ait pas de milieu entre abandonner l'enfant à lui-même ou l'opprimer. Or il est à remarquer que, dans les deux cas, ce qui se dégage de ce qu'on dit ou des attitudes qu'on prend, c'est que l'autorité est conçue uniquement comme une *puissance* qui s'impose ou par contrainte ou par savoir-faire et qui, par essence même, se trouve irrémédiablement extérieure et étrangère à celui sur lequel elle s'exerce.

Que l'autorité puisse en effet prendre ce caractère-là, il n'y a certainement pas lieu de le contester. Telle est l'autorité du maître antique sur son esclave et du monarque oriental sur ses sujets ; telle est en un mot l'autorité de ceux, quels qu'ils soient, qui abusent des autres par la force ou la ruse. Et de ceux-là il s'en trouve toujours et partout, hélas ! dans l'humanité. Mais l'autorité a-t-elle nécessairement ce caractère-là ? Ne peut-elle pas en prendre un autre, et même un autre absolument opposé ? L'autorité qui agit n'est pas une abstraction. Elle est incarnée dans une personne qui vit ; elle est une personne. En s'exerçant elle se dirige d'après des intentions. Son activité est une activité morale. Et il en résulte qu'*elle change complètement de nature selon l'intention qui l'anime.*

Il y a l'autorité qui use du pouvoir et du savoir-faire dont elle dispose pour subordonner les autres à ses fins particulières et qui ne cherche qu'à s'emparer d'eux pour les mettre à profit : celle-là est asservissante.

Il y a l'autorité qui use du pouvoir et du savoir-faire dont elle dispose pour se subordonner elle-même en un sens à ceux qui lui sont soumis, et qui, liant son sort à leur sort, poursuit avec eux une fin commune : celle-là est libératrice.

Entre ces deux manières de concevoir et de pratiquer l'autorité il n'existe pas seulement une différence, il existe une contradiction. La plupart du temps on n'a pas l'air de se douter que cette distinction soit à faire. On parle de l'autorité, pour ou contre, sans préciser. Il faudrait pourtant savoir ce qu'on attaque comme il faudrait savoir ce qu'on défend. Et puisqu'il n'est pas possible de se passer d'autorité, si l'on veut maintenir la distinction de système autoritaire et de système libéral, voilà sur quoi il faut la faire reposer. C'est à l'autorité elle-même qu'il faut demander d'être libérale, c'est-à-dire d'agir avec des intentions désintéressées.

Assurément on pourra toujours craindre que l'autorité n'use, pour tyranniser les autres, du prétexte qu'elle veut leur bien; on pourra toujours craindre qu'elle ne se dise libératrice et qu'elle n'en prenne les apparences que pour en faire accroire aux autres, et peut-être s'en faire accroire à elle-même, en dissimulant ses intentions asservissantes. Mais toutes les craintes qu'on exprimera à ce sujet n'iront toujours qu'à réclamer d'elle qu'elle soit animée d'intentions désintéressées qui la rendent libératrice. Et ainsi on ne fera rien de plus qu'abonder dans notre sens. Nous ne voulons pas dire qu'il n'y a pas de garanties à prendre. Tant s'en faut! et nous croyons que l'autorité qui en ce monde a conscience de sa responsabilité, sachant sa faiblesse et la grandeur de sa tâche, doit en s'organisant chercher elle-même des garanties contre elle-même au lieu de les repousser. Toutefois, qu'on ne prétende pas lui imposer les intentions qu'elle doit avoir : car les intentions ne s'imposent pas; et ce serait vouloir la traiter comme justement on ne veut pas qu'elle traite les autres. Qui du reste les lui imposerait? Une autorité placée au dessus d'elle? Mais qui les imposerait à cette autorité-là? On remonterait ainsi à l'infini. Il n'y a pas d'organisation, il n'y a pas de système qui puisse remplacer la bonne volonté. Et en dernière analyse, c'est toujours à l'initiative de la bonne volonté que sont dus les bonnes organisations et les bons systèmes.

Ajoutons maintenant que, comme il existe deux

formes d'autorité, il existe aussi deux formes d'obéissance : car l'obéissance non plus n'est pas une abstraction qu'on peut définir et fixer dans un concept ; elle est l'acte d'un être vivant, mobile et complexe, et elle prend aussi un caractère différent selon l'intention qui l'anime. Il faut donc distinguer l'*obéissance servile* qui correspond à l'autorité autoritaire, s'il est permis de s'exprimer ainsi, et l'*obéissance libre* qui correspond à l'autorité libérale. Si dans un cas obéir c'est *subir*, il n'en est pas du tout de même dans l'autre cas où obéir c'est au contraire *accepter*.

Et il apparaît ainsi comment le problème posé peut être résolu. Il ne s'agit pas de savoir — nous n'insisterons jamais trop sur ce point — comment se concilient des notions abstraites, conçues contradictoirement et fixées une fois pour toutes en des définitions. Mais il s'agit de savoir comment peuvent se concilier des êtres vivants qui sont capables de se mouvoir, de changer et de se transformer.

Qu'on ne s'imagine pas toutefois que l'Educateur n'a qu'à chercher l'obéissance libre pour la rencontrer : car son rôle, c'est précisément de l'engendrer, de la faire naître. Mais bien loin que son autorité, si elle est ce qu'elle doit être, soit en opposition avec la liberté de l'enfant, nous disons qu'elle en est, au moins dans une certaine mesure, la condition. La liberté de l'enfant en effet n'est pas une donnée d'où l'on part ; c'est un idéal à atteindre. Ceux mêmes qui, comme M. Payot, par exemple, reprochent au Catholicisme d'enseigner que « la nature humaine est foncièrement mauvaise [1] » — ce qui du reste n'est pas exact —

---

[1]. *Revue philosophique*, décembre 1899, p. 601. — Cette doctrine de la perversion foncière de la nature humaine est proprement celle de Luther et de la Réforme. A chacun ce qui lui appartient. Or elle est condamnée, explicitement et formellement condamnée

reconnaissent néanmoins que l'enfant est tout d'abord « une anarchie d'appétits et de penchants [1] ». Et ceci revient à dire qu'il est comme emprisonné dans son égoïsme, qu'il n'est pas maître de lui, qu'il ne se possède pas, qu'il n'est pas libre. Pour devenir libre, il faut par conséquent qu'il s'élève au-dessus de ses instincts et qu'il domine cette anarchie intérieure. Or c'est pour coopérer à cette œuvre d'humanisation que l'intervention de l'Education est nécessaire : car, si ce n'est pas pour subordonner l'enfant à son égoïsme propre que l'Educateur intervient, ce ne peut pas être non plus pour se subordonner, lui, à l'égoïsme de l'enfant. Sa condescendance n'est pas une abdication : autrement il n'y aurait rien de gagné. L'enfant a besoin d'être défendu contre lui-même, il a besoin qu'on l'aide à se conquérir. L'autorité de l'Educateur est le secours qu'il attend et qu'il réclame pour devenir ce qu'il doit être. Et cette autorité ne peut être efficace qu'en gardant son caractère d'autorité. Il faut donc que l'Educateur commande, il faut qu'il intervienne par la volonté : car son œuvre est pratique et non spéculative. Mais il doit intervenir de telle sorte que, dans la crainte même qu'il inspire, lorsqu'il est obligé d'en inspirer, il y ait déjà du respect, pour que le respect amène la confiance et la confiance l'acceptation ; et de telle sorte enfin qu'au terme l'opposition se trouve résolue dans un amour réciproque. Seulement il n'obtiendra ce résultat que s'il est animé d'une intention désintéressée.

A supposer en effet que l'égoïsme de l'enfant pût être dompté et utilisé par un égoïsme plus fort ou

---

par l'Eglise catholique. N'importe, on s'obstine à la lui attribuer. Si ce n'était de l'ignorance, ce serait évidemment de l'impudence. Mais pourquoi reste-t-on dans cette ignorance ?

1. *Ibid.*, p. 602.

plus habile, le but ne serait pas atteint : car il ne s'agit pas de dompter cet égoïsme, il s'agit de faire qu'il se rende, qu'il se fonde et qu'il se transforme. Et s'il ne rencontrait en face de lui qu'un autre égoïsme semblable à lui-même, ce ne serait qu'une raison de plus pour lui de rester ce qu'il est en s'armant pour se défendre. Mais si l'Educateur, par toute son attitude, montre que ce n'est ni pour son plaisir, ni pour son profit, ni par caprice, ni par orgueil, qu'il use de son autorité; s'il commande de manière à donner l'impression que lui même obéit en commandant, il devient alors pour l'enfant comme la révélation d'une vie supérieure où, sous le règne de la justice et de la bonté, l'opposition des égoïsmes disparaît. En cessant d'être un simple individu, il lui apprend à sortir de son individualité ; il lui en fournit l'occasion, et il le réchauffe de sa générosité pour qu'il s'ouvre et qu'il s'épanouisse.

Et qu'on ne demande pas à quels procédés techniques il faut avoir recours. Nous répondrions volontiers qu'ils sont tous bons pourvu qu'ils soient vraiment animés d'une intention désintéressée. Mais aussi avec cette intention-là l'Educateur sera amené à se faire tout à tous. Il sera vivant, souple, large, condescendant, bien autrement que s'il prétendait s'enfermer dans une neutralité factice. Il saura varier ses procédés et les adapter aux circonstances comme aux individus. Et s'il est des moyens dont il faut dire qu'ils sont absolument mauvais, c'est qu'ils ne peuvent s'accorder avec une intention désintéressée. C'est le cas ou jamais de répéter que tant vaut l'homme tant vaut la méthode : car ici on vaut non par ce qu'on dit ou ce qu'on fait, mais par ce qu'on est. C'est l'âme qui est tout[1].

---

1. Qu'on nous permette de signaler ici une conférence de Mgr **Spalding**, évêque de Péoria, sur *la Mission vitale de l'Université*

En conséquence, l'Éducation n'a rien de commun avec un métier. On peut très bien réussir dans un métier quel que soit le motif dont on s'inspire. Ce n'est qu'affaire d'habileté. En Éducation au contraire c'est le motif dont on s'inspire qui compte et qui agit. Et ce motif, pour que l'action de l'Educateur soit à la fois légitime et bienfaisante, doit être d'un autre ordre que celui des intérêts et des ambitions où les individus sont en concurrence les uns contre les autres. S'il convient d'être habile, c'est à la condition d'avoir plus et mieux que de l'habileté. Il ne s'agit pas ici de se faire une situation en l'emportant sur les autres ; il ne s'agit pas non plus de capter pour s'en servir des forces naturelles ; il s'agit de coopérer à former des personnes qui s'appartiennent à elles-mêmes intérieurement et qui soient responsables de ce qu'elles pensent et de ce qu'elles veulent. En aucune façon il ne peut être permis de les prendre comme moyens. Ce qu'on fait avec elles, il faut le faire pour elles. Et il ne servira jamais de rien de bien payer l'Educateur soit en argent, soit en honneurs, si, pour accomplir sa tâche, il ne poursuit pas un but absolument différent de toutes les récompenses de ce genre. Aussitôt que sa fin, d'une manière quelconque, devient extérieure à son œuvre, il en perd le sens.

Et à cette occasion nous dirons que ce n'est pas non plus le fait d'avoir la vérité ou de croire qu'on l'a

---

On y trouve, avec des vues hautes et larges, un sentiment très vif de ce qui constitue vraiment l'œuvre de l'Education. Les devoirs qu'elle impose, les résultats auxquels elle doit aboutir, l'esprit qui doit l'animer y sont indiqués avec une décision et une fermeté saisissantes.

Cette conférence fait partie d'un volume qui a pour titre : Opportunité — traduit par M. l'abbé Klein, *Lethielleux, Paris* — et sur lequel nous sommes heureux d'attirer l'attention. Rien ne peut mieux donner l'idée de la liberté, de la sérénité, de la largeur de vues qui règnent dans l'âme de celui en qui la foi chrétienne s'est unifiée avec la vie.

et de vouloir la donner qui peut légitimer l'intervention de l'Educateur et justifier les moyens qu'il emploie. Celui en effet qui voudrait exercer son autorité au profit d'une doctrine ou d'une institution abstraitement conçues perdrait, lui aussi, le souci des personnes. Il les prendrait, lui aussi, comme des moyens pour réaliser une fin conçue indépendamment d'elles ; et ainsi il les traiterait encore comme des choses qu'on a le droit de dominer et de façonner du dehors. Tandis que ce qu'il doit vouloir c'est que par son concours, elles réalisent elles-mêmes leur fin. Et cette fin n'est pas différente de la sienne. Ce n'est pas une abstraction, ce n'est pas non plus un idéal extérieur à la vie. C'est l'union des esprits et des volontés dans un même foyer de lumière et dans un même foyer d'amour.

Mais, et nous nous empressons de le faire remarquer, pour que l'Educateur prenne l'attitude qui convient, pour qu'en usant de son autorité il se dévoue et se sacrifie en définitive, pour qu'il ne se prenne pas lui-même pour fin dans son individualité, il faut qu'il s'inspire d'une doctrine de vie qui donne un sens et une valeur à sa manière d'agir. Son action ne peut être qu'une croyance mise en œuvre, qu'une conception qui s'élabore et qui s'affirme. Il faut qu'il ait ou qu'il acquière cette conviction que, par son origine comme par sa destinée, il est solidaire de ceux qui lui sont confiés et qu'il ne peut sans prévarication séparer son sort de leur sort, soit en les abandonnant à eux-mêmes, soit en se servant d'eux pour une fin extérieure à eux. Au fond ce sont eux qu'il doit vouloir et qu'il doit vouloir pour eux-mêmes, sans rien vouloir par eux qui lui soit propre. Et pour les vouloir ainsi il faut qu'il les veuille par Dieu et pour Dieu, c'est-à-dire dans l'Unité vivante qui est leur principe commun et leur fin commune. Or il serait facile de montrer qu'une telle doctrine est celle-là même que contient l'Évangile. Et rien sans doute ne serait plus instructif que de retrouver ainsi le Christianisme engagé et impliqué en quelque sorte dans la réalité même, si bien que tout ce qui s'y fait de bon, malgré les apparences, ne se fait que par lui et pour lui. Mais nous n'avons entrepris ici que de donner des indications.

Au point de vue individualiste, quand on se demande de quel droit l'Éducateur exerce son autorité, on ne trouve pas de réponse. C'est qu'il y a là bien plus qu'un droit, il y a un devoir. Si ce n'était qu'un droit, il pourrait s'abstenir impunément de l'exercer. Mais l'Éducateur qui a conscience de sa tâche, qui ne veut ni abandonner les enfants à eux-mêmes, ni les asservir en faisant d'eux des instruments, se sent comme identifié avec eux, de telle sorte que leurs ignorances, leurs misères, leurs fautes pèsent sur lui comme si elles étaient siennes et comme s'il en était responsable ; de telle sorte encore qu'en les corrigeant par devoir — et non certes pour exercer un droit — il souffre avec eux, comme s'il se corrigeait lui-même, des punitions qu'il leur inflige et des efforts qu'il leur demande. En réalité il intervient dans leur vie comme il intervient dans la sienne et pour la même raison. C'est une foi qui le fait agir, une foi qui l'élève au-dessus de lui-même, au-dessus des choses du temps et des intérêts individuels. Il n'y a pas d'Éducation sans cela. Et cette foi qui le fait agir est celle aussi qu'il inspire aux autres pour les élever également au-dessus d'eux-mêmes, pour les faire monter avec lui et leur faire atteindre une fin qui soit la leur aussi bien que la sienne. Par la sincérité de sa vie l'homme et l'Éducateur en lui ne font qu'un.

Dans ces conditions, et dans ces conditions seulement, s'il use encore de menaces et de punitions — et bien qu'il faille toujours tendre à s'en passer, il reste toujours indispensable d'en user plus ou moins — les menaces et les punitions n'ont plus que les apparences de la contrainte, comme les châtiments que quelqu'un s'imposerait à lui-même. Tout en les subissant l'enfant peut commencer à y consentir. A lui tout seul il ne se les infligerait pas ; et c'est précisément pour cela qu'elles sont nécessaires. Mais par elles, si l'Educateur est ce qu'il doit être, une conscience vient parler en lui, une conscience qui d'abord supplée la sienne et qui, en la suppléant, l'éveille et l'éclaire. Encore une fois, c'est toujours une autorité et une autorité qui reste ferme pour ne pas faillir à sa mission. Mais ce n'est pas un maître sans cœur et sans entrailles ; ce n'est pas non plus une loi sèche et raide, sans souplesse et sans vie, un impératif catégorique et rébarbatif. Sa fermeté est imprégnée de pitié et de bonté. Si en un sens son intervention constitue néanmoins une violence, c'est une violence seulement pour la partie inférieure, pour les instincts égoïstes. Et ceux mêmes qui y résistent l'approuvent en y résistant. Pour toute bonne volonté, si rudimentaire qu'elle soit, elle cesse d'être une ennemie pour devenir une alliée.

Comme elle sait bien qu'en définitive elle ne peut s'emparer intérieurement de ceux qui ne veulent pas se rendre, comme elle sait aussi du reste que si elle s'en emparait elle n'aurait plus en face d'elle, au lieu de personnes qui se donnent, que des choses qui se laissent prendre, elle introduit dans ses ordres les plus impérieux comme une sorte de supplication ardente qui les transforme en un appel pressant. Ce n'est plus un individu qui se dresse contre d'autres individus. C'est une âme à travers qui Dieu passe, une âme qui s'ouvre, qui sort d'elle-même et qui, portant Dieu avec elle, s'en va vivifier d'autres âmes. En se faisant pénétrante par désintéressement elle peut entrer en elles sans porter atteinte à leur autonomie. Elle cesse de leur être extérieure et étrangère. Tout en leur commandant du dehors, elle leur parle et elle agit en elles du dedans comme une grâce. Il n'y a donc plus là une volonté qui s'impose à d'autres volontés pour les dominer; mais il y a une volonté qui se prête à d'autres volontés pour les aider à vouloir, pour vouloir avec elles. Et finalement il se trouve que l'autorité de l'Educateur c'est sa conscience même qui vit, sa conscience où Dieu est, qui se manifeste en vivant, qui rayonne autour de lui et qui se communique en agissant chez les autres en même temps qu'elle agit chez lui.

On s'en va répétant sans cesse que l'Education doit développer chez l'enfant l'initiative personnelle; on redit sur tous les tons que faire l'Education de quelqu'un c'est lui apprendre à penser, à vouloir, à vivre en un mot par lui-même. Et sans aucun doute on a raison. Mais on ne s'occupe pas assez des conditions à remplir pour obtenir ce résultat. Et si c'est facile à dire, il faut bien reconnaître que c'est moins facile à pratiquer : car il ne s'agit pas ici de commander, de diriger, de façonner à son gré, en ne tenant compte que de sa force ou de son habileté. L'autorité éducatrice n'est pas la maîtrise qu'on exerce sur les choses, sur les animaux ou sur les esclaves. Nous disions tout à l'heure qu'elle doit toujours tendre à inspirer la confiance par le respect, pour que finalement l'opposition se résolve dans un amour réciproque. Mais il faut pour cela qu'elle voie dans l'enfant un homme en germe, une âme, quelque chose de sacré qui, par son origine, sa nature, sa destinée, l'oblige elle aussi et tout d'abord au respect et à l'amour.

En conséquence, si vraiment elle remplit son rôle si elle travaille réellement à développer l'initiativ[e] personnelle, à former des hommes capables de penser de vouloir, de vivre par eux-mêmes, au lieu de s[e] substituer à eux et de les subordonner à ses fins par ticulières, au lieu de chercher à les dominer pour s'e[n] servir d'une façon quelconque, et sous un prétext[e] quelconque, elle aboutit au contraire à se rendre inu tile auprès d'eux, elle fait en sorte qu'ils sachent e[t] qu'ils puissent se passer d'elle. Mais il apparaît clai rement ainsi qu'elle ne reste fidèle à sa mission qu[e] si elle s'exerce en *se sacrifiant.* Et il faut donner [à] ce mot tout son sens dans ce qu'il a de pratiquemen[t] dur et mortifiant. Et voilà précisément la difficulté d[e] la tâche en Education. Il ne sert de rien de ferme[r] les yeux pour ne pas la voir ou de chercher des expé dients pour l'éviter. Si l'on ne veut pas s'y heurter e[t] s'y meurtrir inutilement, il faut avoir le courage de l[a] regarder en face et de l'affronter. Le maître n'a pa[s] à travailler sur l'élève; il a à travailler pour lui. Ma[is] c'est avec lui qu'il doit le faire malgré les opposition[s] qu'il rencontre en lui. C'est une œuvre commune à l[a] quelle chacun d'eux coopère, et chacun d'eux, peu[t]-on dire, en a la responsabilité totale. Si indispensable en effet que soient les secours apportés par le maît[re] à l'élève, ce que celui-ci devient n'en est pas moi[ns] son œuvre propre. Il faut donc que le maître non seu lement consente, mais encore qu'il veuille positive ment que l'élève s'appartienne à lui-même et qu[i] s'appartienne le plus complètement possible, avec [le] sentiment haut et ferme de sa personnalité. C'est ain[si] du reste qu'il pourra obtenir de lui le retour auqu[el] en un sens il a droit. Pour mériter, en effet, le respec[t] la confiance et l'amour, il importe essentiellement [de] ne pas prétendre les imposer.

Il ne s'agit pas, comme on le dit trop simplement quelquefois, de façonner des personnes : car cette expression pourrait signifier que l'Educateur travaille sur une matière malléable qui subit du dehors son action. Il ne s'agit pas non plus, comme on le dit entre également, de respecter seulement des personnes dans leurs droits et leur liberté : car on n'a tout d'abord devant soi que des libertés en puissance et des droits qui s'ignorent. Mais il s'agit d'aider des personnes à prendre conscience d'elles-mêmes, de leurs devoirs, de leur responsabilité. Il s'agit de les susciter à la vie intellectuelle et morale, en un mot de les faire naître. L'Education en effet est véritablement un enfantement.

Or, comme l'enfantement, elle est œuvre d'amour, mais d'amour réfléchi et voulu, par lequel on aime quelqu'un pour lui et non pour soi, d'amour qui n'est soumis à aucune fatalité et qui atteint son but librement en sachant ce qu'il fait. C'est parce qu'elle est essentiellement aimante que l'autorité éducatrice évite d'être opprimante. Et nous exprimions tout à l'heure la même vérité en disant qu'elle ne doit s'exercer qu'en se sacrifiant. Mais en se sacrifiant elle n'évite pas seulement d'être opprimante, elle devient libératrice, elle communique la vie. Elle ne se concilie pas seulement avec la libre initiative de l'élève, elle lui fournit le concours dont elle a besoin pour se produire. Et s'il convient de dire que c'est un enfantement, c'est un enfantement à une vie supérieure par l'action d'une vie supérieure.

L'Education ne peut donc être *qu'une œuvre de charité*. Sans la charité une antinomie irréductible subsiste ici. Mais, qu'on le remarque bien, nous donnons à ce mot son sens pleinement chrétien, le sens que lui donnait St Paul. On s'est évertué, il est vrai, à lui faire signifier autre chose; on voudrait entendre par là je ne sais quelle pitié orgueilleuse qui ne rend de services que pour se faire valoir ou pour affirmer sa domination. On met ainsi le simulacre à la place de la réalité. Il n'y a charité que s'il y a vraiment sacrifice de soi à autrui. Et dès lors qu'on intervient dans la vie des autres — et c'est bien là ce que suppose l'Education — pour ne pas se comporter comme si on avait à s'emparer d'eux, il faut les aimer en s'oubliant soi-même. A cette condition ce qu'on leur fera faire et ce qu'on leur fera penser sera toujours bon et vrai au moins par l'intention. Et même, dans le cas où ils seraient ensuite amenés à le rectifier, ils ne seraient pas amenés pour cela à désapprouver l'influence qu'ils auraient subie, parce qu'ils sentiraient encore que cette influence dans son principe était libératrice.

Si l'autorité de l'Educateur a parfois l'apparence d'une force qui violente, elle n'en a que l'apparence. Au fond, quand elle est ce qu'elle doit être, sous ses formes diverses, elle est toujours une âme qui se donne. Elle n'intervient pas dans la vie d'autres âmes pour les posséder, mais au contraire pour leur fournir les moyens de prendre pleinement possession d'elles-mêmes. C'est une âme qui nourrit d'autres âmes de sa propre substance pour les faire vivre et grandir, pour les mettre à même de se donner à leur tour et d'accomplir à leur tour œuvre de personnes humaines.

En tant que l'Education est une influence subie, elle s'impose avec l'inéluctabilité d'une loi naturelle. Nous ne pouvons échapper à l'action de la société dans laquelle nous naissons et dans laquelle nous vivons. Pour son bien ou pour son mal personne ne peut éviter de recevoir une Education. La tentative même d'y soustraire quelqu'un n'est qu'une autre manière de la lui faire subir, puisque c'est toujours, indépendamment de lui, le mettre encore dans des conditions qui contribueront à déterminer ce qu'il deviendra. La chose vaut la peine qu'on y fasse attention. Les partisans les plus décidés de l'individualisme protestant ou rationaliste ne peuvent nier cette vérité de fait. Et quand ils y réfléchissent ils doivent trouver qu'elle est singulièrement gênante pour eux.

La question n'est pas de savoir si, oui ou non, il faut avoir recours à l'autorité. En vertu même de la constitution des choses, l'autorité s'exerce nécessairement d'une manière ou d'une autre, qu'on le veuille ou qu'on ne le veuille pas. Et quand on prétend ne pas le vouloir on se dupe soi-même en dupant les autres. Mais la question est uniquement de savoir ce que doit être l'autorité, quel but elle doit poursuivre et de quel esprit elle doit être animée en s'exerçant. Ce point-là au moins nous semble maintenant parfaitement éclairci.

III

LE CATHOLICISME ET L'ÉDUCATION

Mais la théorie de l'Education qu'ainsi nous avons été amenés à esquisser et par laquelle se trouve résolu le problème qui se pose impitoyablement dans la réalité, nous croyons pouvoir dire que c'est la théorie chrétienne ou plutôt, pour éviter toute amphibologie, la théorie catholique de l'Education. Une des idées fondamentales du Catholicisme, en effet, c'est que d'une part nous sommes étroitement solidaires les uns des autres et que d'autre part, néanmoins, chacun de nous est une personne qui relève d'elle-même, responsable de ce qu'elle est et appelée à reproduire la parfaite liberté de Dieu.

Selon le Catholicisme, tout dans l'humanité se fait par coopération. La vie morale et chrétienne de l'homme est une coopération de la grâce divine et de la volonté humaine. Et d'autre part aussi la vie morale et chrétienne de chacun de nous est une coopération de son activité individuelle et de l'activité des autres dont il subit l'influence ou dont il reçoit la direction. Ce que nous sommes moralement et surnaturellement, nous le sommes par le concours de Dieu et par le concours de la société dans laquelle nous naissons. Par nous-mêmes nous n'avons rien, nous ne sommes rien. Et en même temps cependant, au point de vue moral et surnaturel nous ne sommes toujours au fond de nous-mêmes que ce que nous voulons être. Une volonté qui ne veut pas se rendre est une citadelle imprenable. Personne n'est chrétien par soi-même ; mais personne non plus n'est chrétien malgré soi.

Cette double vérité le Catholicisme l'a toujours maintenue à travers les siècles. Il a toujours affirmé, non seulement la dépendance de l'homme par rapport à Dieu, mais la solidarité des hommes entre eux, solidarité qui, bon gré mal gré, les rend dépendants les uns des autres. Et il a toujours affirmé aussi le libre-arbitre et par conséquent l'autonomie de la personne humaine.

Or c'est également cette double vérité que, sous une autre forme, nous avons énoncée et mise en relief dans ce qui précède, en constatant d'une part la nécessité de l'Education, et en reconnaissant d'autre part que l'Education doit se proposer comme but le développement de l'initiative personnelle et la réalisation de la liberté.

Il apparaît donc que la façon même dont se pose le problème, ou plutôt que la façon dont il est posé par les nécessités de la vie — cette espèce d'antinomie ou de conflit qui tout d'abord existe entre le maître et l'élève — suppose la conception catholique de l'humanité, à savoir : des hommes solidaires ayant la responsabilité les uns des autres, et en même temps autonomes ayant chacun la responsabilité de soi-même. Et il apparaît aussi que, pour résoudre ce problème et faire évanouir l'opposition, pour concilier l'autorité du maître et la liberté de l'élève, il faut avoir recours à la vertu que le Catholicisme préconise comme essentielle et fondamentale, à savoir : la charité.

A chaque homme qui vient en ce monde incombe le devoir de se conquérir lui-même sur l'anarchie des appétits et des besoins inférieurs et d'arriver à se délivrer par la vérité et la bonté. Mais il se trouve que pour cette œuvre-là nous sommes en fait associés les uns aux autres. Nous ne nous délivrons qu'en aidant les autres à se délivrer ; nous ne faisons notre salut qu'en aidant les autres à faire le leur. Nos actions se répercutent de nous sur les autres comme celles des autres sur nous. Nous ne pouvons accomplir nos devoirs envers les autres sans accomplir nos devoirs envers nous-mêmes, ni nos devoirs envers nous-mêmes sans accomplir nos devoirs envers Dieu, et réciproquement. Tout se tient, tout se mêle, non en se confondant, mais en s'unifiant.

L'exercice de l'autorité en général n'est qu'une des formes de ce que nous avons à faire les uns par les autres et les uns pour les autres en vue de notre destinée commune. Ceux qui commandent et ceux qui obéissent ont donc la même fin à atteindre et ils doivent s'inspirer du même esprit. Les premiers ont seulement une responsabilité plus grande : ils ont à répondre spécialement des autres dans la mesure où les autres leur sont spécialement confiés.

Et dès lors qu'on a recours à l'Education on se prononce par le fait même contre l'individualisme ; on admet que l'individu ne se suffit pas à lui-même et que moralement, aussi bien que physiquement, il a besoin pour vivre d'un secours extérieur. Bon gré mal gré on attribue ainsi un rôle positif à l'autorité, rôle qui ne consiste pas seulement à faire respecter des droits et à protéger des personnes, mais qui consiste encore et surtout, comme nous l'avons dit, à aider des personnes à naître et à se former.

Le Catholicisme, à ce point de vue, se présente donc à nous comme une organisation sociale qui, prenant l'humanité telle qu'elle est dans sa misère native, a pour objet de la délivrer, de la *sauver*. Il se présente en même temps, il est vrai, comme résultant d'une intervention spéciale de Dieu, avec par conséquent un caractère surnaturel. Néanmoins, il n'a rien d'arbitraire ; et ce n'est pas quelque chose de surérogatoire imposé à l'humanité par un caprice supérieur. Assurément, dans son principe, l'intervention qu'il suppose est libre. C'est Dieu accordant à l'humanité une surabondance d'amour. Mais chez un être capable d'aimer et sachant répondre à l'amour dont il est l'objet, il n'y a pas de surabondance d'amour qui puisse lui sembler un fardeau dont on le chargerait arbitrairement. Dans cet ordre de choses, le trop n'existe pas. On n'en a jamais assez. Et peut-être arrivons-nous à entrevoir ainsi comment le naturel et le surnaturel se rejoignent dans l'âme humaine et se pénètrent de façon à former un tout vivant.

Il ressort d'autre part de ce que nous venons de dire que le Catholicisme, considéré comme organisation sociale, est parfaitement en rapport et avec l'état dans lequel en fait se trouve l'humanité et avec l'idéal qu'elle doit réaliser. C'est avec ce que nous sommes réellement qu'il entreprend de faire de nous ce que nous devons être et ce que nous pouvons devenir. Il nous met en garde également et contre les désespoirs d'un pessimisme lâche ou révolté, et contre les prétentions d'un optimisme orgueilleux et niais. Mais ce qu'il nous propose, disons-le bien haut pour qu'on l'entende et qu'on ne l'oublie pas, c'est la *délivrance*, c'est le *salut*. Et le salut qu'il nous propose, pour être l'œuvre de Dieu, n'en est pas moins notre œuvre. Il est en nous. Il ne peut résulter que d'une transformation de notre être s'accomplissant par le dedans. Et c'est librement que nous avons à nous délivrer.

Bien loin donc que le Catholicisme, à cause du rôle qu'il attribue à l'autorité, soit une négation de l'autonomie personnelle et de la liberté, comme on aime tant à le lui reprocher, il en fait au contraire son idéal. L'homme vraiment homme, le chrétien pleinement chrétien, d'après le Catholicisme, c'est celui qui, vivifié par la grâce, maître de toutes ses énergies, dominant toutes ses passions, se fixe librement dans l'amour de Dieu et dans l'amour des autres hommes. Si l'autorité intervient et s'il faut qu'elle intervienne dans sa vie, c'est uniquement pour l'aider dans cette œuvre, et la raison dernière qu'il a de lui obéir, c'est qu'elle le mène à sa fin. Elle ne lui *commande* donc en définitive et elle ne le *dirige* que pour le *servir* dans la réalisation de sa destinée éternelle. *Servus servorum Christi.*

L'erreur des protestants et des rationalistes n'est pas de croire à la liberté et de la vouloir : car la liberté vraie et complète ce n'est pas autre chose que le salut. Et les catholiques y aspirent autant qu'eux. Mais leur erreur c'est de ne pas reconnaître que pour être libre il faut d'abord se délivrer et que la liberté est un idéal que nous avons à conquérir et non pas seulement à proclamer[1]. Avant d'être sauvé il faut, comme on dit, faire son salut. Et tant que nous sommes en ce monde il n'est pas fait. Au lieu de chanter la liberté sur tous les tons, à tort et à travers, il faudrait se demander en quoi elle consiste et s'enquérir des moyens pour la réaliser : car sur ce point on entretient comme à plaisir d'énormes malentendus. Au lieu de crier à la façon d'esclaves révoltés : nous sommes libres ; il faudrait travailler à le devenir, et en le devenant concourir réellement à la délivrances des autres.

C'est là justement ce que suppose le Catholicisme. Il nous convie à nous unir pour travailler au salut commun. Le salut avec tout ce qu'il comporte, c'est le but qu'il indique à tous nos efforts, le terme qu'il assigne à toutes nos espérances. Et qu'on ne s'y méprenne pas, si le salut en question ne peut jamais être définitif et complet en ce monde, néanmoins c'est bien en ce monde et par la vie de tous les jours qu'il doit se réaliser. La délivrance pour nous ne s'achève ailleurs que si, dès maintenant, en usant des secours qui nous sont accordés, nous commençons et nous continuons jusqu'au bout à nous délivrer. Et sans doute nous ne saurions trop le redire, la délivrance dont il s'agit ici est une délivrance par le dedans. Se sauver ce n'est rien de plus, ni rien de moins que grandir intérieurement dans la vérité et dans la bonté. Le salut est essentiellement chose spirituelle et morale. Ce n'est pas un changement de lieu ou un changement quelconque dans les conditions extérieures qui le produit ; c'est un changement

---

[1]. Est-il nécessaire de faire remarquer qu'en parlant de la sorte nous distinguons nettement le libre-arbitre et la liberté ? L'un est un *pouvoir*, le pouvoir même de se délivrer ; l'autre est un *état*, c'est la délivrance conquise, la délivrance dont on jouit.

du cœur. Et le cœur ne peut changer que par une action propre et intérieure. Voilà pourquoi, bien que nous soyons radicalement impuissants à nous sauver à nous tout seuls, le salut néanmoins est œuvre personnelle. Quelque secours que les autres peuvent et doivent nous donner, il incombe toujours à chacun de nous de se sauver lui-même. Si le salut s'imposait il ne serait plus le salut. Comme on l'a fort bien dit, la liberté ne se donne pas, elle se conquiert. Ainsi, selon la remarque que nous avons déjà faite, on ne concourt à délivrer les autres qu'en se délivrant soi-même. Et on ne se délivre soi-même qu'en s'améliorant. Et quand on cherche à se délivrer autrement qu'en s'améliorant, on se dresse par le fait même en ennemi contre les autres ; on s'érige en maître au sens antique du mot ; on introduit ainsi la tyrannie dans le monde au lieu de la liberté, et une tyrannie dont en définitive on est toujours soi-même victime : car en étant contre les autres on fait que les autres sont contre soi. Ceux-là seuls, tout en les subissant, échappent aux fatalités impitoyables de l'existence terrestre qui savent se dégager des apparences fugitives et des appétits ou des passions qui les *matérialisent*, pour se poser et s'affirmer intérieurement dans l'éternité. Et ceux-là seuls aussi, dans la mesure où par là ils se délivrent et se *spiritualisent*, peuvent pénétrer dans l'intimité des autres et les aider à se soulever de terre au lieu de peser sur eux et de les opprimer. Pour agir spirituellement il faut avoir les qualités de l'esprit. Mais quand on est matière on se comporte comme la matière qui est toujours heurtante ou heurtée, écrasante ou écrasée.

L'Éducateur catholique mentirait à son titre et à sa mission si, perdant de vue les conditions dans lesquelles nous vivons, il pratiquait la maxime du

« laisser faire », et s'asbtenait, sous un prétexte quelconque, d'intervenir dans la vie des enfants qui lui sont confiés. Mais il mentirait également à son titre et à sa mission si, d'autre part, perdant de vue l'idéal sublime du salut chrétien, il tendait à façonner des automates sans initiative qui ne penseraient et n'agiraient que sur un mot d'ordre venu du dehors. Il a bien mieux à faire qu'à respecter des libertés de conscience, et bien mieux à faire aussi qu'à s'emparer des âmes en leur imposant, par force ou par habileté, des pensées et des croyances. Sa tâche est infiniment plus délicate et plus noble, puisqu'il doit concourir à former des consciences libres, de telle sorte que les pensées et les croyances qu'il leur inspire se produisent en elles comme des fruits de vie qui leur appartiennent en propre.

IV

L'ENSEIGNEMENT DE LA DOCTRINE RÉVÉLÉE

Toutefois, une difficulté se dresse ici à laquelle il est nécessaire encore de s'arrêter pour laisser entrevoir au moins l'ampleur et la portée que peut prendre la solution du problème. — C'est très bien de dire que l'Education doit développer l'initiative et qu'à ce titre elle ne peut se faire que par coopération ; c'est très bien de lui assigner comme but la délivrance, le salut des âmes et d'entendre par là une vie de l'esprit s'épanouissant dans la vérité et dans la bonté. Mais comment l'Education catholique peut-elle obtenir ce résultat, étant donné qu'elle a pour objet et pour moyen l'enseignement d'une doctrine révélée qui vient d'en haut toute faite, de par une autorité extérieure et absolue. Dans ces conditions, semble-

t-il, il ne peut être question d'initiative et de coopération. Essayer de penser par soi-même ne serait-ce pas se révolter ? L'initiative et la coopération ne pourraient qu'altérer la vérité révélée en y mêlant des éléments étrangers. Or ce qui résulte de là, ce qui s'impose comme conséquence, ce n'est pas la vie de l'esprit, c'est la mort de l'esprit; c'est le contraire même de l'idéal que nous préconisions tout à l'heure.
— Le Catholicisme ainsi conçu et ainsi pratiqué serait simplement un *Césarisme spirituel* qui, par l'intervention d'une puissance dominatrice, viendrait dompter nos énergies natives et nous façonner artificiellement du dehors. Et c'est bien sous cette forme que de nos jours surtout se le représentent ceux qui s'en éloignent ou qui l'attaquent. Et en vérité ils se font la partie belle. Mais peut-être ne sont-ils pas seuls responsables de l'erreur qu'ils commettent. Car il arrive certainement, il faut bien le reconnaître, que, soit en défendant, soit en pratiquant le Catholicisme, on parle et on agit de façon à laisser croire qu'en effet il n'est pas autre chose qu'une autorité qui a pour but, en les remplaçant, de supprimer les initiatives intellectuelles dans l'ordre moral et religieux.

Ce n'est pas notre affaire, pour le moment, d'indiquer à chacun sa part de responsabilité. Mais cherchons quelle est, à ce point de vue spécial, l'attitude que prendra l'Éducateur catholique et comment il se comportera s'il veut rester fidèle à l'idéal du salut qu'il doit se proposer. La difficulté qui vient d'être soulevée s'évanouira d'elle-même : car il apparaîtra qu'elle résulte tout entière de ce que le Catholicisme est mal compris ou mal pratiqué, et qu'en conséquence il n'y a rien de plus à faire qu'à le mieux comprendre et qu'à le mieux pratiquer.

Le problème reste toujours le même. Il s'agit encore, en intervenant dans la vie de quelqu'un, non seulement de ne pas l'asservir, mais de l'aider à se délivrer, à prendre possession de soi. Il s'agit donc ici spécialement, en faisant l'Education des enfants, de les amener à croire à la vérité chrétienne d'une façon personnelle et vivante, de telle sorte qu'ils croient du fond de leur âme, par une adhésion voulue, et non seulement par inertie en subissant l'enseignement d'un maître.

Mais, outre que là comme ailleurs la loi du moindre effort tend à prévaloir, on est sujet à des défiances qui deviennent paralysantes. Il en résulte trop souvent que sur ce point on se comporte comme si l'initiative en effet n'était pas de mise, et qu'en même temps on trouve toutes sortes de raisons pour se justifier.

On considère que l'enseignement religieux, parce qu'il a pour objet une doctrine révélée, est simplement affaire d'autorité pure. Plus ou moins explicitement on admet comme un principe que, dans cet ordre de choses, il n'y a qu'à recevoir la vérité et en aucune façon à la conquérir. Et cette vérité on se la représente comme un bien extérieur qu'on se transmet de génération en génération dans son intégrité première. Et la seule chose à laquelle on semble se croire en devoir de veiller, c'est à conserver cette intégrité. Assurément, — est-il besoin de le dire? — nous reconnaissons que le souci de l'intégrité est non seulement légitime, mais absolument nécessaire. Néanmoins, il importe de ne pas confondre l'intégrité d'une doctrine vivante qui, considérée dans les âmes qui en vivent, peut incessamment s'y renouveler, avec l'intégrité d'une doctrine morte qui ne serait susceptible, chez ceux qui l'admettent, d'aucune croissance intérieure. Et nous ne pouvons nous empêcher de remarquer que, si on se laisse dominer exclusivement par le souci de l'intégrité, en laissant échapper l'esprit du Christianisme, on n'en garde que la lettre. Et il a été dit énergiquement que la lettre tue.

Le Christ est la vérité, la vérité qui demeure éternelle et immuable; mais, ne l'oublions pas, il est aussi la vie qui se meut, qui marche et qui monte. Assurément ce n'est pas nous qui faisons la vérité. Et nous ne la faisons pas plus dans l'ordre naturel que dans l'ordre surnaturel. Mais, quelle qu'elle soit, elle ne se fait toujours en nous qu'avec notre concours; quelle qu'elle soit, pour la posséder, nous avons toujours d'une certaine façon à la conquérir.

Du reste, si dociles que nous soyons, nous ne pouvons la recevoir sans y mêler quelque chose de nous-mêmes, sans l'adapter plus ou moins à notre manière d'être et à notre manière de penser. Et il faut qu'il en soit ainsi; et la Vérité s'y prête et elle s'est faite homme pour cela. Car c'est ainsi qu'en devenant nôtre elle nous permet de vivre d'elle; c'est ainsi que nous croissons en elle pendant qu'elle croît en nous. Et si quelqu'un prétendait la recevoir du premier coup dans sa plénitude et que, par suite, en l'adaptant à lui, il ne fît plus d'efforts pour s'adapter à elle, il n'aboutirait qu'à abuser d'elle en la dénaturant en lui.

Quand il s'agit de l'enfant qui n'est guère capable que de mémoire et de sentiment, il peut sembler au premier abord que l'autorité seule de ceux qui sont chargés d'enseigner la doctrine chrétienne doive entrer en jeu. N'est-ce pas là ce que l'on entend et ce que l'on pratique ordinairement sous le nom de méthode catéchistique? Il n'en est rien cependant. Chez l'enfant, malgré tout, il y a déjà une raison et une volonté en germe qui ne tardent pas à devenir une raison et une volonté naissantes. Et si l'on n'y fait pas appel de la manière et dans la mesure que comporte son âge, on pourra bien remplir sa mémoire de formules et le dresser à certaines pratiques; mais on ne contribuera pas à l'initier à la vérité chrétienne, on ne l'aidera pas à en saisir le sens et à s'en pénétrer. Même pour l'enfant à l'apparition de la vie, la méthode d'autorité pure, qui supposerait chez lui une passivité pure, est donc radicalement insuffisante. Elle ne cultive pas dans son âme le germe que Dieu y a déposé.

Mais à mesure qu'il grandit, qu'il devient capable de raisonner et de vouloir; quand, en vertu même du développement naturel et inévitable de ses facultés humaines, ce qu'il avait cru d'abord en quelque sorte naïvement doit, un jour ou l'autre, d'une manière ou d'une autre, se trouver pour lui mis en question, une telle méthode d'enseignement n'est plus seulement insuffisante, elle devient franchement mauvaise; et elle devient mauvaise parce qu'elle méconnaît simplement l'autonomie de la personne humaine, de laquelle il résulte que finalement, ainsi que nous l'avons dit, on ne peut être chrétien que si on veut l'être. Car c'est par le dedans qu'on est chrétien; et la foi n'est pas une empreinte qu'on subit, mais un acte qu'on fait.

Ce que cette méthode peut produire d'abord c'est, chez les uns, la révolte. « Il y en a, dit Pascal, qui n'ont pas le pouvoir de s'empêcher de songer et qui songent d'autant plus qu'on leur défend. Ceux-là se défont des fausses religions et de la vraie même s'ils ne trouvent des discours solides. » Leur défendre de songer, pour parler le langage de Pascal, c'est à leurs yeux leur défendre d'être hommes. Et s'ils n'y peuvent consentir, qui donc les en blâmerait?

Ce qu'elle peut produire ensuite c'est, chez les autres, la compression et l'étouffement de la vie intérieure. Ceux-là, soit par crainte d'assumer la responsabilité d'eux-mêmes — comme si jamais ils pouvaient l'éviter! — soit par indolence et torpeur, s'habituent à considérer que l'autorité a pour fin de penser à leur place, d'avoir à leur place des convictions et de décider pour eux de leur destinée. Ils en viennent ainsi à tout attendre du dehors passivement, et à faire de la Religion une sorte de succédané de la vie morale, par lequel ils s'imaginent en obtenir les résultats sans avoir à en fournir les efforts. Avec de telles dispositions ils seraient turcs tout aussi bien que chrétiens.

Or, quand même on ne le voudrait pas explicitement, ce sont ces dispositions qu'en fait on exige lorsque, en enseignant la doctrine chrétienne, au lieu de faire appel aux initiatives intellectuelles, on les refoule par défiance, par peur ou par paresse.

Mais bien loin qu'il faille exiger de telles dispositions, nous dirons qu'il faut les combattre et les combattre énergiquement, si l'on veut se conformer au véritable esprit du Catholicisme : car un des points fondamentaux du Catholicisme, nous l'avons vu, c'est que chacun reste responsable de lui-même dans l'œuvre du salut; c'est que chacun, par conséquent, pour avoir réellement en lui la vérité qui délivre et qui sauve, doit y adhérer par une initiative qui vienne de lui-même et non pas seulement la subir en la recevant. Sans doute, dans cette initiative même, il n'est pas seul; mais, si la grâce y est avec lui, on pourrait dire que c'est uniquement pour qu'il la produise.

Et l'on comprendra que cette initiative soit, non seulement possible, mais encore indispensable, si l'on se rend compte du vrai caractère de la doctrine chrétienne et de ce qu'elle doit être pour nous. C'es[t] parce qu'elle est surnaturelle qu'on prétend qu'ell[e] ne peut pas être une doctrine de vie. Or c'est tout l[e] contraire : elle est essentiellement une doctrine d[e] vie parce qu'elle est surnaturelle. *Veni ut vitam ha[beant] et abundantius habeant.* Les dogmes en effe[t] ne sont pas simplement — comme les uns le supposen[t] toujours et comme trop souvent peut-être les autre[s] ont l'air de le dire — des formules énigmatiques e[t] ténébreuses que Dieu promulguerait au nom de s[a] toute-puissance pour mater l'orgueil de notre espri[t.] Ils ont un sens moral et pratique ; ils ont un sens vi[-]tal plus ou moins accessible pour nous, selon le degr[é] de spiritualité où nous en sommes. Ils expriment l[a] vie de Dieu en elle-même et dans ses rapports ave[c] la vie de l'humanité. A ce point de vue ils expliquen[t] donc et ce que nous sommes et ce que nous devon[s] être et comment nous le deviendrons. Ils constituen[t] donc pour nous dans leur ensemble une conceptio[n] complète de la vie. Et c'est à ce point de vue qu'i[l] faut les envisager, si l'on ne veut pas les dénature[r] et en faire des abstractions vides, sans lien avec l[a] réalité.

Dans ces conditions, pour y croire au sens plei[n] du mot, de manière à être informé par la vérit[é] chrétienne au plus intime de soi-même, il ne suffi[t] pas évidemment de les apprendre par ouï-dire et d'e[n] fixer l'énoncé dans sa mémoire. S'en tenir là, ce se[-]rait en effet se charger d'un poids mort et ne faire d[e] la doctrine révélée qu'une superfétation encombrant[e.] Les dogmes ont à être pensés parce qu'ils ont à êtr[e] vécus. Et à vrai dire ils ne sont vraiment pensés, e[t] par suite ils ne sont vraiment crus, qu'autant qu'ils son[t] vécus. Mais aussi ceux qui les pensent, qui les croien[t] et qui les vivent aboutissent ou à les retrouver ou es mettre dans la réalité de leur vie. Et il en résulte que, au lieu de les subir comme une vérité étrangère qui s'imposerait à eux despotiquement, ils y trouvent au contraire la vérité qui est leur vérité et à laquelle, en définitive, ils peuvent et doivent adhérer du fond du cœur. Sans doute les dogmes ne cessent pas de leur apparaître comme des mystères : ils n'exprimeraient pas l'infini s'il en était autrement. Mais tout en restant pour eux des mystères et si impénétrables qu'ils soient par un côté, ils n'en deviennent pas moins la lumière qui les éclaire du dedans et par laquelle leur vie, en prenant un sens précis, acquiert une valeur éternelle.

Néanmoins, quoique rien de tout cela ne se fasse en nous sans nous, c'est aussi, il est vrai, d'une certaine façon contre nous que tout cela se fait. Et c'est là, il faut bien le dire, ce qui donne lieu à toutes les difficultés et prétexte à toutes les résistances. Entre ce que nous sommes tout d'abord en effet par notre solidarité avec l'humanité pécheresse et la conception chrétienne de la vie, il existe assurément une opposition. Non seulement il importe de ne pas la dissimuler, comme on l'a fait quelquefois par complaisance inavouée pour le naturalisme, mais il importe encore de la bien mettre en relief. Toutefois, ce n'est pas une opposition logique comme celle de deux concepts contradictoires qui se repoussent et s'excluent. C'est une opposition morale entre *ce qui est* et *ce qui doit être*. Et cette opposition peut se résoudre par la transformation de *ce qui est*. Mais pour que la transformation s'accomplisse il faut que *ce qui est* vive et agisse; et il faut qu'en vivant et en agissant il se dégage de sa propre réalité et s'élève au-dessus d'elle. C'est ce qu'on appelle un langage chrétien *sortir de soi*. Il y a donc là un effort à faire, une conquête à réaliser. La conception chrétienne ne peut nous informer intérieurement sans qu'une lutte s'engage au cœur même de notre être. C'est la lutte entre la *chair* et l'*esprit*. Cette lutte, personne ne peut l'éviter pour soi ni la faire éviter aux autres. Elle est essentielle à la vie humaine et elle en constitue la dignité[1].

Voilà un point que l'Éducateur ne doit jamais perdre de vue. Et en conséquence, s'il voulait donner un enseignement religieux qui soit reçu sans résistance, comme chose toute naturelle, il se méprendrait et sur ce que nous sommes et sur le caractère de la vérité chrétienne. Pour ceux qui le reçoivent ainsi avec une docilité de cire molle qui se laisse pétrir, sans qu'aucune opposition apparente ne surgisse du fond de leur âme, sans qu'un cri de leur nature ne leur révèle à eux-mêmes qu'il y a en eux quelque chose à meurtrir, pour ceux-là, dis-je, il y a tout lieu de craindre qu'ils ne le reçoivent qu'à la surface de leur être, qu'ils ne s'en pénètrent pas et qu'ils n'en comprennent ni le sens ni la portée. Leur docilité en effet n'est-elle pas de l'inertie? N'ont-ils pas l'impénétrabilité de la matière? Il peut sembler qu'ainsi la

---

1. On reproche au Catholicisme de déprécier le travail parce qu'il en fait un *châtiment*. Mais il faut bien qu'on reconnaisse néanmoins que le travail est une *peine*. C'est là un fait psychologique. L'humanité, hélas! s'en plaint trop et cherche trop à l'éviter pour qu'on puisse le nier. Ce qui déprécie le travail, ce qui le ravale à n'être plus qu'une nécessité qu'on subit, par la fatalité des choses, sans savoir pourquoi, c'est de s'en tenir à cette simple constatation.
Ce n'est pas le lieu d'exposer sur ce point la doctrine catholique. Nous dirons cependant que si, en vertu de la solidarité humaine, le travail nous est présenté comme un *châtiment*, c'est seulement en tant qu'il est une *peine*. Et encore nous est-il présenté comme un *châtiment* qui peut et qui doit être magnifiquement fécond, un châtiment rédempteur imposé par une bonté qui aime et non par une puissance qui se venge. Et rien qu'à ce titre il a la noblesse et la valeur de l'expiation, du repentir, de la victoire remportée sur le mal. Il est donc vraiment divin pour quiconque le comprend et l'accepte au sens catholique.

tâche est facile ; mais elle n'est facile que parce qu'elle ne produit rien. Et dans ce cas, au lieu de se féliciter d'une telle docilité, au lieu de chercher à l'entretenir comme une disposition qui simplifie la besogne, il est évident que le rôle de l'Éducateur c'est de faire en sorte d'y substituer une initiative vivante, dût cette initiative être gênante pour lui et dût-elle aussi tout d'abord être inquiète et troublée.

Son but, en enseignant, c'est d'amener les autres à croire ou, quand ils croient déjà, de les amener à renouveler leur foi ; mais ce doit être toujours de telle façon que la foi jaillisse comme du fond de leur âme et qu'elle soit tout autre chose qu'une habitude passive imposée par le milieu et les circonstances. A proprement parler il n'a pas à les faire croire, mais à faire qu'ils croient. Et, se souvenant qu'il a été dit qu'en ce monde il ne fallait appeler maître personne, il comprendra que personne non plus n'a le droit de vouloir être appelé maître et que, s'il a reçu mission d'enseigner, ce n'est pas pour dominer les autres et les mettre à sa remorque. Il résulte de là, pour le but qu'il poursuit, que son enseignement aura d'autant plus d'autorité qu'il sera moins autoritaire.

Et certes cela ne veut pas dire qu'il doit le donner mollement comme s'il y croyait à peine, ou avec froideur et indifférence comme s'il jugeait qu'il lui suffit à lui de croire sans avoir à s'inquiéter des autres. Tant s'en faut ! La question pour nous en effet n'est plus de savoir si, oui ou non, en enseignant il doit s'efforcer de faire partager sa foi : car pourquoi enseignerait-il ? En réalité il ne croirait pas s'il ne voulait pas d'une volonté agissante que les autres croient également. Mais la question est seulement de savoir comment il doit s'y prendre pour que son action soit conforme à son objet. Et s'il a une discrétion à observer, ce n'est point pour modérer l'ardeur de son prosélytisme, c'est pour le rendre vraiment efficace. Avec une foi lui remplissant l'âme et à laquelle prennent part toutes ses énergies et toutes ses facultés, il en arrive, lui aussi, à enseigner *tanquam auctoritatem habens*. Mais son autorité alors vient de la lumière qu'il projette, de la chaleur qu'il communique, de la bonté qu'il diffuse. Ce n'est pas une autorité qui se fait subir, c'est une autorité qui se fait accepter. Et, ne l'oublions pas, si les moyens à employer peuvent varier selon les circonstances, c'est toujours à cela qu'il faut viser. On n'enfonce pas la vérité dans les âmes malgré elles ; mais on ne la leur donne pas non plus comme on donne un morceau de pain. Dans l'ordre moral et religieux il n'y a point de forçats ; mais il n'y a pas non plus de rentiers ou de mendiants vivant uniquement du travail des autres. Sans doute on reçoit tout ce qu'on a, mais en même temps aussi on n'a vraiment que ce que l'on gagne. C'est que la vérité n'est pas une chose qu'on prend ou qu'on reçoit simplement : elle est la vie de Dieu se reproduisant en nous et par nous.

En conséquence, celui qui enseigne, pour avoir précisément l'autorité qui convient ici, au lieu de vouloir qu'on l'écoute passivement, sous prétexte de docilité à la parole divine, celui qui enseigne, dis-je, devra se mettre à même de provoquer à la discussion, dans la mesure où ils en sont capables, ceux auxquels il s'adresse. Bien plus — car il faut aller jusqu'au bout dans cette voie -- pour que son enseignement porte aussi loin que possible et atteigne l'erreur jusque dans sa racine, il tâchera même, tout en s'adaptant à la diversité des esprits et des situations, d'éveiller chez eux les énergies opposantes qui dorment au fond de leur nature et qui tôt ou tard s'éveilleraient d'elles-mêmes, pour qu'en apparaissant au grand jour et en entrant en lutte avec la vérité elles puissent être vaincues et transformées par elle.

C'est uniquement de cette façon en effet que s'accomplit la christianisation foncière de leur humanité. Par le concours qu'ils sont amenés à y apporter, la parole entendue devient la lumière dont ils se pénètrent ; et la vérité chrétienne, qui autrement resterait un accident de surface et sans consistance, s'intègre dans leur vie et ne fait plus qu'un avec eux de manière qu'ils croient avec tout leur être. Et c'est là l'idéal, puisque St Paul a pu dire : *Mihi vivere Christus est.* Il n'y a pas d'autre moyen que celui-là de faire disparaître radicalement la dualité primitive et l'opposition que nous avons signalées entre *ce qui est* et *ce qui doit être.*

Le rôle de l'Éducateur catholique en enseignant, c'est donc de préparer et de provoquer dans les âmes la rencontre intérieure et surnaturelle de Dieu. Et quand, de même qu'autrefois Jacob, dans la nuit de leur existence ici-bas, elles entrent en lutte avec lui comme avec un inconnu, c'est son rôle encore de les aider à reconnaître la main qui les touche et la voix qui les appelle. Il lui appartient, par sa charité en même temps que par ses explications qui se corroborent réciproquement, de leur montrer que la révélation chrétienne ne fait rien de plus que d'exprimer, sous ses divers aspects et avec sa richesse infinie, la charité divine qui vient les chercher dans leurs ténèbres et dans leur misère. Et ainsi s'élabore en elles cette soumission intime et vraie dans laquelle par l'amour se trouve pour nous la liberté, cette obéissance du cœur, éclairée et pleinement consentie, qui est celle des enfants et qui n'a plus rien de commun avec celle des esclaves.

Mais quelques-uns prétendront peut-être qu'il est dangereux de procéder de la sorte ; que, sous prétexte de susciter les âmes à la vie, c'est le trouble et l'inquiétude que nous leur apportons, et qu'au lieu de faire s'enraciner en elles plus profondément la foi, nous nous exposons à la leur faire perdre en cultivant chez elles, sous forme d'initiative, comme un esprit de présomption et de révolte. N'est-ce pas les mettre aux prises avec la vérité quand il s'agirait au contraire de leur apprendre à s'y soumettre simplement? — A ceux qui nous feraient ce reproche nous ne pourrions tout d'abord nous empêcher de reprocher à notre tour leur manque de confiance dans le Christianisme. N'auraient-ils pas l'air de croire en effet qu'en le regardant trop et qu'en l'examinant de près on ne le voie s'évanouir comme une illusion? Or ce qu'il faut craindre, ce n'est pas qu'on le regarde trop ni qu'on l'examine de près ; ce qu'il faut craindre, c'est qu'on ne le regarde pas assez et qu'on ne l'examine pas d'assez près. Oui, sans doute, dirons-nous ensuite, il peut résulter de là une crise ; mais justement il faut que, d'une manière ou d'une autre, une crise en résulte. A ce prix seulement s'accomplit la transformation désirée. Si la lutte ne s'engageait pas, la chair et les pensées qui viennent de la chair ne seraient pas vaincues par l'esprit. Qu'on s'y prenne du reste comme on voudra, on ne fera jamais que la vie humaine ne soit pas un danger à courir, puisque ce n'est pas vivre en homme que de ne pas vivre à ses risques et périls. Et ici, je le demande, que faut-il craindre le plus ? L'opposition inerte et sourde des passifs et des irréfléchis, qui ne sont chrétiens que par des habitudes extérieures, est-elle moins contraire au règne du Christ que la révolte ouverte et consciente des orgueilleux qui se dressent contre la vérité ? On a raison de se tenir en garde contre les témérités des uns; mais qu'on se tienne également en garde contre la torpeur des autres. Et s'il est vrai que ceux dont la pensée se meut et se renouvelle sont exposés à commettre des erreurs, qu'on veuille bien considérer au moins que seuls aussi, avec la grâce de Dieu aidant leurs efforts, ils peuvent grandir dans la connaissance de la vérité. Et n'est-ce pas d'eux qu'il a été dit qu'ils sont le sel de la terre? Mais ceux dont la pensée est morte, devenus des êtres de routine, pour qui le Catholicisme n'est qu'une sorte de superstition qu'ils accommodent tant bien que mal aux goûts et aux préoccupations de leur vie bourgeoise ou aristocratique, de quoi sont-ils capables et que faut-il attendre d'eux? Ils ne traversent pas de crise sans doute; mais c'est qu'au fond, et quelles que soient les apparences, la chair en eux ne s'est jamais laissée entamer par l'esprit. Et nous savons bien en effet, et si c'était nécessaire nous en pourrions donner mille exemples à l'appui, que la foi au Christianisme n'est vraiment vivante et agissante que chez ceux qui, d'une manière ou d'une autre, mais toujours à la sueur de leur front, ont réalisé une conversion et coopéré par leurs efforts à la conquête de la vérité chrétienne. « Celui qui a trop craint les périls de l'erreur, dit éloquemment Lacordaire, ne craindra jamais assez les périls de l'indifférence. » Il n'y a pas lieu de distinguer la foi du savant et celle du charbonnier. Il y a la foi qui vit et la foi qui ne vit pas.

Et qu'on ne nous objecte pas non plus que nous subordonnons la foi à la raison, parce que nous disons que la vérité révélée ne doit pas être subie mais acceptée. Ce serait encore se méprendre étrangement sur le sens de l'initiative que nous devons apporter ici et sur le caractère de l'adhésion que nous sommes appelés à donner. Cette adhésion en effet ne se produit pas naturellement et spontanément. Il y faut la grâce agissant en nous, et nous agissant dans la grâce. Elle est chose vivante. En conséquence, il y a toujours à l'entretenir, à en renouveler les motifs, à la rendre plus profonde, plus complète, plus sincère. En ce sens elle apparaît comme un idéal à atteindre. Et il s'agit si peu de subordonner la foi à la raison — proposition du reste qui n'a pas de sens — qu'il s'agit tout au contraire d'ouvrir de plus en plus la raison à la vérité surnaturelle pour qu'elle soit illuminée, pénétrée, informée par elle. S'il semble qu'en faisant appel à l'initiative intellectuelle de ceux auxquels la doctrine est enseignée, nous les invitons à s'en faire juges, qu'on ne s'y trompe pas cependant ; ce n'est pas en définitive à juger la doctrine que nous les invitons, mais bien plutôt à se juger eux-mêmes à la lumière de la doctrine. C'est qu'en effet pour rester ouvert à la vérité, pour la faire descendre en soi ou pour monter vers elle, il faut commencer par ne pas croire qu'on est soi-même, avec ce qu'on pense, la vérité intégrale ; il faut savoir sortir de soi et se déprendre de ses idées. Et ce qui doit résulter de là c'est qu'au lieu de défigurer ou de nier la vérité en voulant la ramener à sa propre mesure, on s'éclaire à sa lumière et on l'affirme en se ramenant soi-même à elle et en s'y adaptant. L'initiative que nous réclamons n'a donc rien de commun avec l'esprit de présomption et d'orgueil ; elle suppose essentiellement au contraire la défiance de soi. Les présomptueux et les orgueilleux sont ceux qui s'imaginent qu'ils peuvent avoir la vérité sans qu'il leur en coûte rien.

Ce qui est vrai, c'est que pour enseigner efficacement dans ces conditions, pour secouer la torpeur des esprits et les amener à vivre par eux-mêmes de la vérité, il faut commencer par se donner à soi-même la peine d'en vivre. Et c'est en effet une peine à se donner, c'est un effort à faire et à renouveler incessamment. Et le vrai danger à redouter, c'est de manquer de courage. Ici comme ailleurs la vie seule communique la vie. *Omne vivens ex vivente.* Il peut sembler que c'est plus simple, et assurément, nous le savons bien, c'est moins gênant, de s'en tenir aux explications livresques, aux formules courantes et toutes faites, résidu mort et décoloré de pensées qui furent jadis vivantes, et de les présenter en disant : Acceptez cela, ne discutez pas, ne cherchez pas autre chose ; étouffez les objections qui naissent en vous et ne courez pas inutilement le risque de tomber dans l'erreur. — Oui, mais par ce procédé plus simple et moins gênant on se dérobe à sa tâche d'éducateur et d'apôtre ; on laisse les croyances se momifier dans les âmes.

Ce qui est vrai encore c'est que celui qui a reçu et accepté la mission d'enseigner ne prendra jamais assez de précautions contre lui-même. Il doit à ceux qui l'écoutent l'exemple de la sincérité intellectuelle et de la défiance de soi. Il s'efforcera donc de toujours s'oublier davantage pour vivre réellement devant eux de l'amour de la vérité. C'est ainsi, par l'impression qu'il fera sur eux, qu'il les aidera à prendre à leur tour une attitude loyale et sincère. Toujours préoccupé d'appeler la vérité dans son âme, et aussi de mettre son âme dans la vérité qu'il enseigne pour, en la vivifiant de son souffle, la faire pénétrer dans les autres âmes, il cherche, il cherche infatigablement afin de toujours mieux voir pour mieux faire voir. Son oreille reste ouverte à toutes les voix. Il s'intéresse à tous les efforts de l'esprit humain ; et en même temps qu'il fait aux autres, autant qu'il peut, la charité de les comprendre, il en profite. Il sait que les airs de triomphe facile, qu'on rencontre, hélas ! trop fréquemment, n'ont rien de commun avec la véritable force et la véritable vie de la pensée, pas plus qu'avec la véritable fermeté dans la foi. Il sait que croire au Christianisme, c'est tout autre chose que d'avoir confiance en soi et de s'attacher avec entêtement à l'idée plus ou moins inadéquate qu'on s'en est faite. Il n'est pas de ceux pour qui les difficultés n'existent pas et n'ont jamais existé parce qu'ils n'ont jamais rien compris. Et qu'on nous permette de dire à cette occasion qu'il est temps d'en finir avec le procédé commode, mais désastreux, qui consiste à traiter de haut les doctrines qu'on entreprend de réfuter, à les dénaturer par le fait même et à les rendre ineptes pour les écraser ensuite de ses sarcasmes et de son dédain. On prend prétexte, pour se comporter ainsi, qu'on a la foi, comme d'autres prennent prétexte qu'ils ont la science. Mais ce n'est pas plus légitime dans un cas que dans l'autre. En ce monde, qui que nous soyons, nous n'avons jamais à triompher ; nous n'avons toujours qu'à lutter pour conquérir ce qui nous manque, à lutter pour nous-mêmes en même temps que pour les autres, mais jamais contre personne.

Tant qu'on est sur la terre, ne craignons pas de le dire, l'attitude de la recherche est la seule qui convienne à ceux qui enseignent comme à ceux qui sont enseignés : car les uns et les autres ont un Maître de qui ils doivent toujours apprendre ; et il n'y en a qu'un et il est le même pour tous. C'est la seule attitude aussi qui s'accorde avec la véritable foi : car la foi est l'état de l'âme voyageuse ici-bas et en marche vers Dieu. Mais qu'on ne s'y trompe pas, malgré ce qu'il peut y avoir en elle de vie et de mouvement, elle ne ressemble en rien à l'attitude des sceptiques qui s'agitent dans le vide et qui tournent misérablement sur eux-mêmes sans jamais faire un pas. C'est l'attitude de ceux qui se meuvent en avant et qui progressent vers un but. Et, pour rappeler encore un mot de Pascal d'une profondeur merveilleuse, ils ne chercheraient pas si déjà ils n'avaient trouvé.

Et tout ceci revient à dire que, pour résoudre à ce point de vue l'opposition que nous avons signalée, il faut enseigner le Christianisme chrétiennement, conformément à l'esprit du Christ qui est un esprit de vie, de liberté, de rénovation. Il peut sembler que nous énonçons ainsi un simple truisme. Et cependant c'est ce truisme d'une part qu'on oublie quand on prétend que le Catholicisme est, par essence même, un système oppresseur des esprits. Et c'est ce truisme aussi d'autre part qu'on méconnaît quand il arrive qu'on entreprend d'enseigner sans s'inquiéter avant tout d'enseigner chrétiennement.

Il se dégage donc de tout ce qui précède, et cela nous suffit pour le moment, que si l'on veut bien considérer le surnaturel comme une vie qui se communique par le moyen d'un enseignement, on comprendra qu'au lieu d'être la mainmise d'une autorité extérieure sur les esprits pour les asservir, il est au contraire une force et une lumière qui les élève au-dessus d'eux-mêmes, au-dessus de ce qui les particularise et les sépare temporellement pour les harmoniser dans une existence supérieure.

Mais toutes les fois, il est vrai, qu'on fait du surnaturel autre chose que cela, soit en le défendant, soit en l'attaquant, on met à la place de la réalité un fantôme, à la place du Dieu vivant une idole ; et c'est pour ou contre une idole qu'on se bat. Voilà l'illusion qu'il importait de démasquer ; et l'illusion une fois démasquée, toutes les attaques dont la Religion est l'objet apparaissent mesquines et sans portée.

V

ACCORD DE LA PRATIQUE ET DE LA THÉORIE DANS LE CATHOLICISME

Nous pouvons maintenant, pour conclure, préciser et en même temps élargir la solution du problème. On s'en prend à l'Éducation religieuse, sous prétexte qu'elle est incompatible avec l'initiative intellectuelle et morale. Nous venons de voir qu'on se fait ainsi une idée absolument fausse et de la doctrine chrétienne en elle-même et de la manière dont il convient de l'enseigner. Avoir à donner une Éducation religieuse et à enseigner une doctrine révélée qui est une doctrine de vie ne constitue pas un problème nouveau à résoudre ni une difficulté nouvelle à surmonter. Qu'on soit religieux ou laïc, croyant ou incroyant, dès lors qu'il s'agit d'Éducation on voit apparaître l'opposition du maître et de l'élève ; et dans tous les cas, sous des formes multiples et à des degrés divers, c'est une lutte qui s'engage entre eux. Voilà précisément en quoi consiste la difficulté, et c'est toujours la même. Il est bien évident que, pour la faire disparaître, il ne suffit pas — comme on l'a naïvement imaginé — d'éliminer la Religion de l'Éducation : car une fois la Religion éliminée le maître et l'élève n'en restent pas moins en présence, l'un ayant à commander et l'autre à obéir, antinomie vivante où se trouve représenté en conflit *ce qui doit être* et *ce qui est*.

Mais ce n'est pas assez dire. En éliminant de parti pris la Religion, non seulement les partisans de l'Éducation laïque n'ont rien gagné sur la difficulté à surmonter, mais ils ont tout perdu au contraire. Et en effet pourquoi ont-il rejeté la religion ? Ils l'ont rejetée tout d'abord et principalement parce qu'elle suppose une autorité s'exerçant sur les âmes et cherchant à former une société d'âmes. Ils l'ont rejetée aussi à cause de certains dogmes fondamentaux dont ils ont affecté de se scandaliser, comme le dogme du péché originel et celui de la Rédemption, qui expriment et qui expliquent que, tout en gardant chacun notre autonomie propre, nous sommes solidaires les uns des autres dans le mal qui se commet comme dans le bien qui s'accomplit. Or c'est cela même exactement qui est impliqué dans l'Éducation. Quand on se demande pourquoi l'Éducation est nécessaire, quel but il y faut poursuivre et quels moyens y employer, c'est à cela même qu'on est obligé de revenir. Et si, en vertu du parti pris initial on ne veut pas y revenir, on ne sait plus alors ni ce qu'on dit, ni ce qu'on fait. Et la preuve en est dans l'incohérence et dans la confusion d'idées que nous avons signalée en commençant. Et ce qui y met le comble, c'est que, malgré soi, on revient à ce qu'on a rejeté, tout en prétendant le rejeter encore ; mais on le dénature par l'abus qu'on en fait. C'est ainsi qu'on nous parle de piété sans foi ou de foi sans dogmes. C'est ainsi qu'on réclame l'*unité morale des esprits* par l'unité d'Éducation qu'imposerait l'État. Il en est d'autres qui, pour cette besogne, demandent avec candeur des *missionnaires laïcs*[1]. On ne peut plus ouvrir la bouche sans faire appel à la solidarité, comme si c'était une découverte récente. Et, chose

---

1. M. Evellin, *Revue de Métaphysique et de Morale*, août 1900.

absolument inouïe! voilà qu'on s'avise de reprocher au Christianisme de ne pas avoir un caractère social et de développer uniquement chez les hommes la préoccupation du salut individuel[1]. Et on ne voit pas que le Catholicisme avec son organisation, sa hiérarchie, son culte, son dogme de la communion des saints est là pour protester, comme un fait qui crève les yeux. Le grand reproche qu'on lui faisait naguère — et l'occasion s'offrant on ne manquera sans doute pas de le lui faire encore — c'était de supposer des *intermédiaires* entre Dieu et les individus et de ne pas laisser chacun faire son salut isolément. Que n'a-t-on pas dit à ce sujet? Et personne ne peut ignorer que ce grief est comme le fond du vieux Protestantisme et du Rationalisme qui l'a suivi. Mais on s'aperçoit maintenant que la doctrine individualiste a tout simplement avorté. Et au lieu de se contenter de la renier on l'attribue au Catholicisme et on cherche en même temps à se parer d'un peu de vérité qu'on lui dérobe subrepticement. Comment ne se rend-on pas compte que ce sont là des palinodies? S'imagine-t-on qu'on peut disposer de la vérité à son gré, en prendre ce qu'on veut et s'en servir pour les besoins de sa cause, la rejetant un jour et l'acceptant le lendemain?

Avec le Catholicisme nous évitons ces inconséquences. Nous pouvons mettre d'accord jusqu'au bout ce que nous pensons et ce que nous faisons. Les nécessités de la pratique ne nous forcent pas, nous, de mentir à nos théories. En entreprenant de faire de l'Education, nous reconnaissons que dans l'humanité une œuvre de délivrance doit s'accomplir solidairement. Autrement il n'y aurait pas de raison d'en faire. nous nous rendons compte qu'ainsi c'est toute une

---

1. M. Darlu, *Revue de Métaphysique et de Morale*, mai 1900.

doctrine que nous acceptons sur la nature de l'homme, ses conditions d'existence, sa destinée. Et c'est cette doctrine même que nous enseignons ; de telle sorte que notre manière d'agir corrobore notre enseignement, et que notre enseignement justifie en l'expliquant notre manière d'agir.

Nous savons que pour accomplir cette œuvre de délivrance une autorité est nécessaire, et nous n'avons pas peur de le dire. Mais nous savons aussi, et nous n'avons pas peur de le dire non plus, que cette autorité pour être libératrice doit se revêtir d'un caractère désintéressé. Il faut qu'elle se présente comme une *autorité spirituelle* s'exerçant au-dessus des motifs temporels et terrestres. Nous signifions par là qu'elle est essentiellement dans son principe une *Bonté* et non une *Puissance*, et que pour elle l'usage de la puissance n'est légitime en tout cas, et par suite efficace, qu'autant qu'il est subordonné à la bonté.

Nous admettons ainsi que c'est une loi de sacrifice qui préside à l'Éducation. Mais nous savons quel en est le sens et quelle en est la portée. Nous savons que le sacrifice fait par le moindre d'entre nous n'est pas un acte isolé et perdu dans le temps, mais une participation féconde à l'œuvre éternelle de la Rédemption commune.

Nous travaillons à former une *société des âmes* ou, si l'on veut, une *unité morale des esprits*. Mais nous savons qu'une société des âmes ne peut exister que si chacun s'unit aux autres librement par un amour réciproque. Nous savons que les âmes ne se prennent pas du dehors, et que, quand on veut les prendre, au lieu de pénétrer en elles, on les ferme en les opprimant. Nous savons que l'amour s'inspire et qu'il ne s'impose pas.

Voilà pourquoi nous disons que l'Éducation n'a rien

de commun ni avec l'habileté vulgaire que donn[e] l'expérience des hommes pour se tirer d'embarras, ni avec le savoir-faire que peut donner la science. O[n] aura beau instituer des cours de pédagogie, si u[n] esprit de foi vivifiante ne circule pas au travers, o[n] perdra sa peine et son temps. Sans doute il y a un[e] science de l'Éducation. Mais l'Éducation n'est pa[s] une science, c'est un apostolat. Et pour être apôtr[e] il faut croire, il faut aimer, il faut se donner san[s] compter, il faut se livrer à la réalité crucifiante de[s] besognes journalières qu'exige la vie pour les autres, éclairé, soutenu, dirigé par l'espérance ferme et précise que tout ce qu'on laisse prendre et tout ce qu'o[n] livre de soi entre toujours pour quelque chose dan[s] ce que Dieu prépare avec l'humanité.

Mais, je l'avoue, une pudeur me prend à dire ce[s] choses. Où donc est-il l'éducateur tel que je viens d[e] le définir et qui donc prétendra en réaliser le type[?] Je n'en sais rien. Mais ce que je crois savoir c'est qu'[il] ne se fera jamais rien de bon en Éducation si ceu[x] qui s'en mêlent ne sont pas au moins soulevés de ter[re] par cet idéal, et si, tout en prévoyant qu'en réalité i[ls] resteront bien au dessous, ils ne s'efforcent pas sa[ns] cesse de s'en rapprocher. Et ce que je constate auss[i] c'est que les théoriciens de l'Éducation qui cherche[nt] à mettre autre chose à la place ne trouvent rien q[ue] des incohérences, rien que des mots vides et menteur[s]. Et ils oscillent pitoyablement entre l'abandon et l'o[p]pression de l'enfant. S'il en est parmi eux — et je [ne] doute pas qu'il y en ait — qui ne pratiquent ni l'aba[n]don ni l'oppression, c'est qu'ils valent mieux que [ce] qu'ils disent, c'est que, malgré toutes leurs prétentio[ns] à faire de l'Éducation laïque, ils ont gardé au cœ[ur] une générosité chrétienne, un respect religieux d[es] âmes, un culte secret pour un idéal divin et le sen[s] ment d'un devoir qui prime tous les intérêts. Mais qu'ils prennent bien garde qu'en disant ce qu'ils disent, ils blasphèment ce qu'il y a de bon en eux. Et ils ne sauraient le faire impunément. Ils ne veulent, disent-ils, que la liberté. Et par une ironie vengeresse, comme conséquence de leurs revendications libertaires, nous voyons apparaître et s'exprimer, même cyniquement, le désir mauvais d'une domination césarienne sur les esprits. C'est la banqueroute ridicule et odieuse du faux libéralisme. Les esprits n'appartiennent à personne et personne n'a le droit de chercher à les prendre. On ne les conquiert qu'en se donnant à eux pour obtenir qu'ils se donnent à leur tour. Dieu se comporte ainsi avec l'humanité. Il peut sembler que la tâche est ardue. Mais il ne servirait à rien de s'en plaindre : il faut la prendre telle qu'elle est. Elle est ardue en effet, puisqu'elle est essentiellement affaire de dévouement et de sacrifice. Mais aussi elle est grande et belle ; disons le mot, elle est divine. Et malgré tout elle porte avec elle sa récompense, puisqu'en y travaillant, on a la joie de travailler à l'avènement même du règne de Dieu qui est le règne de la liberté et de la paix par la charité.

Mars 1901.

UN MYSTIQUE AU XIXᵉ SIÈCLE

UN MYSTIQUE AU XIXᵉ SIÈCLE

I

Ce n'est pas d'un inconnu que nous voulons parler, mais de quelqu'un que deux volumes de correspondance nouvellement publiés viennent de nous mieux faire connaître[1]. Il s'agit de Mᵍʳ Gay. D'autres volumes, paraît-il, suivront ceux-là. Et nous croyons pouvoir dire, d'après ce que nous en avons déjà vu, qu'ils formeront un ensemble d'une valeur exceptionnelle. Et ce que nous souhaitons en les signalant, c'est qu'ils puissent au moins conquérir une place au milieu de cette multitude de livres qu'on nomme en bloc des livres pieux et où trop souvent ne se trouve qu'une phraséologie vide et banale.

Sous l'auteur, qui est encore un des guides spirituels les plus en renom de notre temps, il était sans doute assez facile de deviner l'homme, et dans l'homme l'âme de chrétien et l'âme d'apôtre merveilleusement éprise des choses d'en haut. Mais quel que soit le mérite de ses livres — et sans le méconnaître — nous pouvons bien dire qu'on s'y trouve un peu trop en présence d'un auteur. Pour s'exprimer à un public

---

1. *Correspondance de Mᵍʳ Gay*, 2 vol. in-8, H. Oudin, 1899.

avec qui il n'était pas en contact immédiat, sa pensée s'apprêtait, et, en s'apprêtant, elle perdait de sa simplicité, de sa chaleur et de sa vie.

Homme de sentiment et d'intuition, artiste par tempérament, ayant rêvé pendant sa première jeunesse, avec son ami Ch. Gounod, de se consacrer à la musique, il manquait en quelque sorte naturellement des qualités nécessaires pour organiser méthodiquement des idées et pour les constituer fortement en système. Certes, il était capable de penser, mais de penser en poète plus qu'en philosophe. Sa pensée qui s'alimentait incessamment à la réalité vivante de son expérience intime répugnait à prendre la forme abstraite que lui avait fournie, comme à nous tous, son éducation scolastique. Et en même temps elle restait trop engagée dans le sentiment qui lui correspondait — et il avait trop hâte et trop besoin de la vivre — pour qu'elle pût s'exprimer didactiquement en une forme qui lui fût propre et adéquate. Née dans le cœur, en montant au cerveau elle trouvait des moules trop étroits et trop rigides pour la contenir. Elle s'en accommodait du mieux qu'elle pouvait, non cependant sans les faire éclater par endroits. Il en est résulté que, quand c'était l'auteur qui écrivait pour faire un livre ou un traité, il se trouvait gêné et tendu.

Dans ces conditions, il était surtout fait pour chanter et pour s'épancher. « Au dehors, j'ai quitté la musique, disait-il à la fin de sa vie, mais la musique ne m'a jamais quitté. » Et il disait vrai. Et on en est tout de suite frappé en lisant ses lettres. Là, n'ayant plus à s'inquiéter des formules, ni des procédés, ni des méthodes reçues, il est complètement lui-même. Et on ne saurait exprimer plus naturellement des pensées et des sentiments surnaturels. C'est son être intérieur qui jaillit au dehors avec une liberté et une candeur d'enfant, sous la poussée calme d'une plénitude qui déborde. Ce sont des méditations, des harmonies, des effusions : c'est une musique d'âme très douce, très pénétrante, très simple, une musique d'âme qui exprime sans fin des tendresses sans cesse renouvelées, des élans toujours renaissants, une joie qui ne s'épuise pas, une confiance que rien n'altère et des espérances que tout illumine et fortifie. Les tristesses et les misères humaines n'y ont un écho que par les consolations qui les dépassent et qui les dominent. « Je ne regrette rien, et si je pleure je le fais devant Dieu sans inquiétude[1]. » — « Je n'habite qu'une tente, mais je n'ai aucune envie de me bâtir une maison. » C'est paisible et pacifiant comme les œuvres des Primitifs. On y trouve la même sérénité et la même sincérité. Rien n'exprime mieux la paix intérieure, une immense et profonde paix. « Reprends courage, écrit-il à sa sœur; ne dis pas : ceci arrivera, ceci n'arrivera pas. Tout l'avenir est au bon Dieu : nul ne le lui a dérobé jusqu'à ce jour; et c'est, de vrai, bien heureux, car nous gâtons tout. Laissons-lui donc le soin de ce qui nous regarde... Ainsi, petite sœur, tu ne te désoleras pas; tu prendras les moyens de rétablir ta santé ; tu ne voudras pas vivre à la fois demain et aujourd'hui : aujourd'hui suffit et demain ne t'appartient pas[2]. » Et ailleurs, dans une lettre datée de Chamounix : « J'avais de la musique plein l'âme, plein le cœur, plein la tête; et encore une musique morale bien autrement belle que celle qui se peut formuler par des sons! Dieu était au fond et au sommet de tout cela; car c'est par lui que tout commence et que tout s'achève. Il est donc bon de lui tout rapporter : c'est justice et c'est bonheur aussi, car, grâce à sa sagesse, bonheur

1. T. I, p. 40.
2. T. I, p. 14.

et vérité, satisfaction et vertu, récompense et devoir ne sont qu'une même chose[1]. »

Et la paix qui règne ici n'est pas la paix de la mort ou du sommeil, mais la paix de la vie qui au-dessus « des hommes qui changent et des choses qui meurent » s'épanouit déjà dans l'éternité : vie de cœur et vie de pensée qui, riche de Dieu en dedans, répand sur tout l'amour et la lumière d'en haut, allant du créateur à la créature et revenant de la créature au créateur, unifiant la multiplicité des phénomènes et la multiplicité des êtres dans ce qui est le principe et la fin de tout. Et cela se fait, non sans effort assurément, mais sans contention, simplement par la bonne volonté d'une âme qui, en s'ouvrant pour remplir le vide infini de sa nature créée, reçoit Dieu et, avec Dieu, tout le reste dans une harmonie grandissante.

Ce qui peut nous déconcerter dans une certaine mesure, nous surtout, hommes d'un siècle troublé, c'est qu'ici on ne sent jamais les angoisses de la lutte. Élevé dans un milieu où le christianisme est méconnu, Charles Gay encore tout jeune se convertit. Mais, autant qu'on en peut juger, il n'éprouve aucune de ces secousses et de ces inquiétudes si fréquentes en pareilles circonstances. Du premier coup, semble-t-il, Dieu a pris possession de lui et il a pris possession de Dieu. Il est évidemment une de ces natures privilégiées dont il dit « qu'un seul mouvement de leur cœur les porte plus loin que les longues analyses d'un esprit délié[2] ». Quelques années après, il entend l'appel mystérieux qui le convie à être prêtre. Il aura des obstacles à surmonter. Mais tout s'aplanit devant sa confiance forte et tranquille. Et à aucun moment on ne le voit passer par les incertitudes d'une crise.

1. T. 1, p. 22.
2. T. 1, p. 11.

Sa vie a le caractère d'une idylle et non d'un drame, mais d'une idylle qui se déroule dans des régions supérieures. Il convertit successivement les membres de sa famille. Mais il agit sur eux comme par contagion, plus par ce qu'il est que par ce qu'il dit ; et ce qu'il dit ne fait toujours que manifester ce qu'il est[1]. Son âme rayonne dans leur âme et les envahit ; et à son contact ils deviennent chrétiens, eux aussi, sans heurt, sans crise, comme par un progrès naturel.

Qu'on ne s'y méprenne pas cependant : nous sommes bien en présence de la vertu au sens chrétien du mot ; et la grâce est là, visible et tangible pour ainsi dire. Et si elle n'a plus l'air de violenter la nature, c'est que la nature s'est laissé pénétrer par elle et qu'elle s'est harmonisée avec elle pour former une seule et même vie qui, tout en restant humaine, est devenue divine.

II

Mgr Gay est incontestablement de la famille des grands mystiques chrétiens. Les lettres qu'on vient de publier — lettres à ses proches, à sa sœur surtout — constituent comme une autobiographie intime. Et ce qui leur donne un intérêt tout particulier, c'est précisément qu'elles mettent sous nos yeux l'âme d'un mystique, c'est-à-dire une âme éprise de Dieu, dans la simplicité de sa vie quotidienne, à travers les événements et les relations ordinaires qui sont la trame temporelle de toute existence ici-bas. On peut voir là ce que c'est qu'un cœur et qu'un esprit à qui Dieu

---

[1]. « Prie avec moi et restons dans la paix, faisant aimer la religion en nous... Soyons les ministres, les instruments de Dieu... Mais pour cela, c'est soi-même qu'il faut continuellement travailler, surveiller, transformer. » *A sa sœur*, t. I, p. 87.

est toujours présent. Et quant à ceux que le mot mysticisme effarouche, ne sachant pas trop ce qu'il signifie, qu'ils se rassurent : ils ne trouveront ni extases, ni visions, ni prétentions chimériques, ni extravagances d'aucune sorte.

Les préventions qui se manifestent à ce sujet de divers côtés ne sont pas plus fondées les unes que les autres.

Pour certains philosophes, le mysticisme est une abdication de la raison et de la volonté par désespoir ou par inertie. Et quelques-uns de nos psychologues contemporains en font une névrose. Mais, abdication ou névrose, il se ramènerait toujours à une perte de la personnalité. Or c'est exactement le contraire qui est vrai ; car c'est à prendre pleinement possession d'eux-mêmes que les mystiques tendent et aboutissent, en dominant par leur union à Dieu le tumulte et le désordre de la vie inférieure. Ils achèvent ainsi, peut-on dire, leur personnalité ; ils la solidifient ; ils la soustraient aux atteintes du temps, aux caprices des nerfs et de l'imagination. Philosophes et savants sont donc bien mal venus de reprocher aux mystiques d'avoir perdu ce qu'ils ont justement conquis. Croient-ils donc qu'on cesse de penser parce qu'on ne pense pas comme eux, et qu'on ne voit plus les choses parce qu'on les regarde d'en haut au lieu de les regarder d'en bas, et qu'on ne sait plus vouloir parce qu'on ne veut plus ce qu'ils veulent ?

Mais, d'autre part aussi, les mystiques sont souvent suspects aux théologiens de profession. Et ce que ceux-ci redoutent en eux, c'est précisément une trop grande liberté de pensée et d'allure, une personnalité trop accentuée. Les théologiens en général font partie d'une école. A ce titre ils sont exposés à n'être que des conservateurs, à ne considérer la vérité que comme une notion qui, trouvée dans un livre, se met et se garde dans un livre ; à en faire une chose extérieure, objective au mauvais sens du mot, et tenant tout entière dans des formules abstraites[1]. Or, comme les abstractions qui gisent dans les livres ne sont jamais adéquates à l'infini de la réalité, ceux qui se renouvellent, en puisant incessamment à la source intérieure qui jaillit en eux, ne peuvent consentir à s'emprisonner dans les livres et dans les formules. Tels sont les mystiques. Ils ont toujours besoin de plus d'air, de plus d'espace et de plus de lumière. Travaillant décidément à sortir d'eux-mêmes, à dépasser le fini et le relatif, ils sont surnaturellement indépendants vis-à-vis de ce qui est purement humain. Et qui donc oserait les en blâmer, puisque, selon la promesse faite dans l'Evangile, la vérité doit non pas nous asservir, mais nous délivrer? Cette sainte indépendance, cette liberté des enfants de Dieu n'a rien de commun avec l'orgueil du jugement propre, par lequel on se concentre en soi-même en s'exaltant indûment dans sa manière de voir individuelle. Et, si les théologiens d'école sont trop souvent portés à les confondre et à prendre pour insubordination du sens propre, ce qui n'est qu'obéissance vraie et de plus en plus profonde à la voix de Dieu qui parle au dedans, n'est-ce point parce qu'il leur arrive d'être plus préoccupés de l'orthodoxie de la lettre que de l'orthodoxie de l'esprit?

Ainsi se produit une opposition qui plus ou moins ouvertement s'est manifestée de tout temps dans l'Eglise. Cette opposition, Mgr Gay, en qui il y avait surabondance de vie intérieure, ne pouvait manquer de la ressentir, au moins dans une certaine mesure.

---

[1]. Evidemment ceci ne saurait s'appliquer aux grands théologiens qui ont été des initiateurs, comme St Augustin, St Thomas, Duns Scot.

« Les livres, disait-il, ne vont au fond de rien [1]. » — « La formule est une maison que notre condition terrestre rend précieuse (peut-être indispensable); mais que de gens tendent à changer cette demeure en prison! Il faudrait l'élargir toujours pour se rapprocher de l'état céleste, et eux vont la rétrécissant sans cesse. Que faire alors? ou briser la muraille ou étouffer. Dieu ne pose point de tels dilemmes [2]. » Et au sujet de son traité *la Vie et les Vertus chrétiennes*, exprimant la crainte d'être un peu chicané « par quelques théologiens partisans exclusifs de telle ou telle école », il ajoutait : « J'ai passé droit mon chemin, ou du moins je l'espère, appuyé sur la sainte Ecriture et suivant pas à pas ce qui me semblait être Jésus-Christ [3]. » M. Faillon ayant publié un livre extrait des manuscrits de M. Olier, ce livre avait été déféré à l'Index « par un de ces esprits malveillants qui se trouvent, hélas! partout [4] ». Mgr Gay accepta de le défendre. Or il laisse entendre à cette occasion que M. Faillon a eu tort de vouloir « justifier scolastiquement ce que son patriarche avait écrit dans un ordre purement mystique [5] ». Ceci semble impliquer qu'il y a là, selon lui, deux domaines distincts et qu'il doit exister une séparation radicale entre la pensée systématisée et la pensée vivante. Que cette distinction soit bonne ou non à maintenir, c'est un point sur lequel nous n'avons pas à insister pour le moment. Mais, en tout cas, il est évident que, dans la circonstance, elle est encore une manière de réclamer le droit de penser et de parler, comme par abondance du cœur, en dehors des procédés conventionnels et des formules

1. T. II, p. 50.
2. T. II, p. 69.
3. T. II, p. 14.
4. T. II, p. 64.
5. T. II, p. 67.

reçues. Tout cela est d'autant plus significatif que nous avons affaire à un homme qui s'est toujours montré très traditionnel, même au sens un peu étroit qu'on donne souvent à ce mot, très respectueux de la chose établie et ayant, peut-on dire, la religion de l'autorité. N'est-ce pas la preuve qu'il est possible de concilier des choses que trop souvent, de part et d'autre, on semble s'acharner à rendre inconciliables ? Il s'agit simplement en effet de comprendre que la vérité est vivante, et que, pour être vivante, elle n'en est pas moins éternelle. Mgr Gay le comprenait merveilleusement. Dans une lettre inédite que nous avons sous les yeux, nous trouvons à ce sujet une page tout à fait remarquable. « La vérité dans son fond, dit-il, n'est pas un axiome : c'est un être et, pour tout dire, c'est Dieu. Les vérités particulières ne sont que des dérivations et comme des rayonnements de cette lumière primordiale, éternelle, universelle et unique ; et si nous voyons ces vérités particulières (j'appelle ainsi même les plus hautes, comme toutes les vérités de la religion), c'est seulement par l'action libre, par la bienfaisante condescendance, par le secours puissant de cette Vie-Vérité. En somme, c'est la vérité seule qui enseigne la vérité. A elle seule appartient qu'on la voie. Elle n'est pas un trésor déposé quelque part dont les voleurs mêmes puissent forcer l'ouverture ; elle est une personne vivante qui confie ses pensées intérieures. »

Voilà comment, tandis que pour les théologiens d'école le Christianisme est plutôt un système d'idées, pour les mystiques il est essentiellement une vie. Et ceci ne veut pas dire que les mystiques s'abstiennent de penser : car la pensée fait partie intégrante de la vie. Mais la pensée, détachée de l'action et de l'expérience intime, leur paraît vide. A quoi sert, disent-ils avec l'auteur de l'*Imitation*, de savoir la définition de la componction, si on ne l'éprouve pas? Pour celui qui ne l'éprouve pas, en effet, la définition n'a pas de sens : ce ne sont que des mots. Et pour celui qui l'éprouve, la définition devient naturellement secondaire, et d'autant plus qu'elle ne peut exprimer qu'imparfaitement la réalité intérieure où il y a toujours du mouvement pour aller plus loin. Si l'on veut bien considérer d'une part l'énoncé des dogmes dans les traités didactiques de théologie, et d'autre part ce que sont ces mêmes dogmes vécus dans une âme de vrai chrétien, dans l'âme d'un St François d'Assise ou d'une Ste Thérèse par exemple, on se rendra compte de la différence que nous signalons ici[1].

Nous ne prétendons nullement néanmoins — est-il besoin de le dire ? — que les théologiens ont tort de chercher à systématiser la vérité chrétienne. Mais c'est à la condition qu'ils ne s'imaginent pas l'enclore tout entière irrémédiablement dans leurs formules. Et en définitive, si leur système vaut, c'est moins comme système que par l'esprit qui l'anime.

Nous avons dit, en parlant des mystiques, que la vérité les délivre ; mais nous pouvons dire aussi qu'ils délivrent la vérité. Ils l'incarnent en eux. Elle prend possession de tout ce qu'ils ont et de tout ce qu'ils sont. Et par eux elle devient vivante dans le monde. Dès lors, au lieu d'apparaître sèche et raide, limitée et exclusive comme dans les formules abstraites où elle semble ne viser qu'à se défendre, elle se montre à la fois souple et forte, toujours ancienne mais aussi toujours nouvelle, accueillante et pénétrante, toujours prête à recevoir ceux qui viennent et à aller chercher ceux qui ne viennent pas.

[1]. Qu'on nous permette de mentionner à cette occasion un article tout à fait remarquable de M. le baron Fr. von Hügel sur Ste Catherine de Gênes : *The Hampstead annual 1898. London.*

A ce point de vue on pourrait comparer le rôle des mystiques à celui des prophètes. Ils sont l'esprit qui vit et qui vivifie. Certes, ils ne cherchent en aucune façon à échapper à l'autorité de l'Église, ni à se mettre en dehors de son organisation, ni à s'affranchir des définitions dogmatiques. Mais tout ce système extérieur, au lieu de peser sur eux, au lieu de s'imposer à eux comme des chaînes dont les chargerait une puissance étrangère, tout ce système extérieur, dis-je, devient un moyen dont ils se servent et qu'ils utilisent pour la réalisation de leur fin surnaturelle. Aussi, bien loin de subir l'Église, ils y adhèrent du fond de leur cœur. C'est en elle que leur vie spirituelle prend naissance, en elle qu'elle s'alimente, en elle qu'elle trouve son achèvement. L'Église en est tout d'abord la condition, puis elle en devient comme l'extériorisation et le prolongement. Elle est voulue pour elle-même, aimée pour elle-même, à la fois comme le symbole et comme l'ébauche dans le temps de la cité éternelle des esprits. Et c'est ainsi que tout se concilie et que tout s'harmonise.

III

Ce qui en effet caractérise les mystiques, c'est qu'en eux les oppositions de toutes sortes tendent à s'évanouir. En vertu de leur transformation intérieure, les oppositions de la liberté et de l'autorité, de la raison et de la Révélation, de la nature et de la grâce vont toujours s'atténuant. C'est ce qui faisait dire à Thaulère : « Ne cherchez point par des raisonnements curieux quelle est en vous-mêmes, ô âmes fidèles, la lumière de la grâce et quelle est celle de la nature[1]. »

---

1. *Institutions*, XXIII.

Et, en même temps, les amours dont leur cœur humain est capable arrivent à ne plus se contrarier. Et ce n'est pas qu'ils cessent d'aimer, pas plus qu'ils ne cessent de penser. Ils ne font pas le vide en eux, comme on le suppose quelquefois; ils font le plein au contraire. Mais aimant de haut et pensant de haut, leur cœur et leur esprit deviennent assez larges pour tout contenir. Ils ne connaissent plus les partages et les contradictions intérieures. Pour eux Dieu est en tout et tout est en Dieu. Et en s'élargissant à l'infini, leur vie devient aussi infiniment intense. Ils s'unifient; ils se libèrent du multiple, non en l'oubliant dans une extase orgueilleuse comme ont essayé de le faire certains philosophes, mais en l'intégrant pratiquement dans la volonté de Dieu.

Voilà ce qu'on trouve chez tous les mystiques; St Bonaventure, Ste Thérèse, St Jean de la Croix, Thaulère, Rusbrock, Ste Catherine de Gênes, etc. Leurs écrits ne sont que l'expression variée d'une vie qui s'unifie. C'est ce qu'on trouvera également dans les lettres de Mgr Gay; et on l'y trouvera d'une façon d'autant plus intéressante qu'il n'a pas visé à l'y mettre. Rien, en un sens, n'est plus simplement humain; mais c'est de l'humain divinisé. On sent que Dieu est toujours en train de tout envahir. Il n'est plus seulement présent dans l'esprit comme une notion, ou dans la mémoire comme un souvenir; il est présent dans le cœur comme un être concret et vivant, qui entend et qui répond[1], qui aime et qui est aimé. La foi n'est plus seulement une adhésion de l'esprit à des vérités abstraites : elle est la confiance en Dieu, une confiance d'enfant en la bonté de son père. Les épreuves et les joies de la vie, mais

---

1. « Il ne s'agit pas là évidemment d'une parole sensible, d'une révélation particulière se faisant par des signes, sons ou images. » St Jean de la Croix, *Nuit obscure*, t. II, ch. xvii.

les épreuves encore plus que les joies, ne font que l'accroître et la fortifier. « L'âme qui a bien le sens de Jésus-Christ sourit à ces apparences pénibles qui enveloppent une bonté infinie...; elle dit : Je sais bien quel il est celui à qui je me suis confiée[1]. » Tous les événements deviennent des manifestations de la volonté de Dieu. Dès lors, plus de fatalité, plus de hasard. Par l'acceptation de tout, tout devient un appel de Dieu et un moyen de répondre à cet appel. Il n'y a qu'à se livrer à lui, qu'à se remettre entre ses mains paternelles. Grâce à l'abandon ainsi pratiqué, la paix s'établit, cette paix, dont parle St Paul, qui surpasse tout sens.

Mais ce n'est pas l'abandon de l'inertie, c'est l'abandon de l'amour. Et il n'est pas de déploiement d'activité plus grand que celui-là, puisque c'est l'acte par lequel, au milieu des contradictions et des heurts qui entament l'existence humaine par tous les côtés à la fois, malgré toutes les déceptions, malgré la fuite des choses et de la vie, à travers le désordre apparent des événements extérieurs où chacun s'agite comme dans les ténèbres, en opposition avec l'expérience journalière de ce qu'on nomme la réalité, malgré la sensation d'isolement et de délaissement inhérente à l'existence terrestre, malgré la souffrance et malgré la mort, on croit que derrière tout cela et que dans tout cela même se cache une infinie bonté qui tient en réserve des trésors éternels de bonheur et de vie. Et d'une telle attitude librement prise il résulte que cette infinie bonté devient sensible au cœur et qu'elle donne un avant-goût de ce qu'elle est en elle-même. L'invisible prend le caractère du réel, d'un réel plein et solide dont le visible n'est plus que le symbole transitoire. « Lorsque, avec ce

---

1. T. I, p. 154, xvii.

regard inquiet (sans défiance pourtant) qu'inspire une profonde douleur, on le regarde, lui qu'on est accoutumé d'appeler père, et lorsqu'on l'interroge pour lui demander comment l'enfant si aimé d'un père bienheureux et tout-puissant est condamné à souffrir ainsi, on sent, en contemplant son divin visage, que la colère n'y est point apparue, que la sérénité y règne, que le sourire de la bonté n'y cesse pas [1]. »

C'est le retournement complet, l'effort surhumain par lequel s'opère le passage du temps à l'éternité. Mais ce n'est rien d'extraordinaire ni de merveilleux, si l'on entend par extraordinaire et merveilleux ce qui frappe les sens et l'imagination. Le mysticisme de Mgr Gay, comme celui de tous les grands mystiques dont nous avons cité les noms, pourrait très bien se définir : Dieu devenant une réalité intérieure dans la vie humaine par l'acceptation sans cesse renouvelée de sa présence et de son action. C'est donc quelque chose de très simple, de si simple même que beaucoup de ceux peut-être qui liront ces lettres n'y prendront pas garde, et d'autant moins qu'elles restent d'un d'un bout à l'autre une explosion continue de sentiments humains, de tendresses humaines [2] où se mêlent plus ou moins les préoccupations inévitables et vulgaires de l'existence. Mais, si l'on veut bien y faire attention cependant, on devra s'apercevoir sans peine qu'au contact de Dieu tout se transforme; et rien ne fera mieux comprendre comment le surnaturel, qui pénètre la nature au lieu de la détruire, lui fournit les

---

1. T. I, p. 145.
2. « Oh! ma chère enfant, laisse-moi d'abord te dire une chose et pour maintenant et pour toujours; mon affection pour toi ne peut changer. Ces tendresses-là, vois-tu, ne sont pas seulement dans le cœur, elles sont aussi le cœur : or le cœur, c'est la vie. Tant que je vivrai, je t'aimerai donc, ma bonne petite sœur; et je sais bien que je vivrai toujours. » T. I, p. 63.

moyens de se dépasser elle-même. « Tout ce qui est mauvais, Dieu l'enlève ; mais tout ce qui est bon, il se plaît à le purifier... Il ne veut pas seulement que ces chères créatures soient bonnes ; il veut qu'elles soient parfaites. Ce ne lui est point assez que les affections légitimes par lesquelles il les lie ici-bas durent tout le temps du pèlerinage ; il lui plaît d'y semer une vertu qui les éternise[1]. » Ainsi, comme disait St Paul, c'est le corruptible même qui se revêt d'incorruptibilité.

Et cette transformation, c'est l'amour qui l'accomplit. « Quand l'amour vit, le reste meurt... L'amour seul agit dans le monde : il faut croire à cela plus qu'à tout. Qui ne le croit pas ne comprend rien et ne peut garder la paix[2]. » Avoir la foi, c'est donc, à proprement parler, croire à l'amour. L'amour est l'objet de la foi : car l'objet de la foi en effet c'est Dieu dans sa vie intime se communiquant au monde. Et « Dieu est l'amour universel, l'amour éternel, l'amour infini. Mais ces vérités-là, comme toutes les vérités sublimes, se voient mieux du dedans que du dehors : c'est-à-dire que c'est par l'expérience et la possession qu'on les comprend tout à fait[3] ». En d'autres termes, on ne peut vraiment croire à l'amour qu'en aimant. Et il apparaît ainsi que la vraie foi, c'est déjà l'amour, un amour qui n'a pas encore atteint pleinement son objet.

Et comme, en définitive, tout de la part de Dieu est œuvre d'amour, ce n'est qu'en croyant à l'amour qu'on peut tout comprendre et qu'on devient cet homme spirituel, dont parle St Paul, qui juge de tout sans pouvoir être jugé par personne. « Dieu ne refuse l'in-

1. T. I, p. 258.
2. T. I, p. 232.
3. T. I, p. 147.

telligence qu'à ceux qui n'ont pas la foi ou qui ne vont pas jusqu'aux œuvres [1]. » De cette façon, tout peut et tout doit servir à découvrir le sens du christianisme, en même temps que le christianisme peut et doit servir à découvrir le sens de tout. « La création tout entière est la sainte complice de Dieu pour nous instruire. Elle nous confirme et nous commente chacune de ses paroles. Les lois apparemment les plus exorbitantes du Christianisme sont des lois essentielles, écrites partout et qui régissent tout. Si nous savions lire à fond dans le monde, nous pourrions nous passer de l'Evangile ; car c'est un même livre écrit en deux langues [2]. » Evidemment, nous sommes loin ici de ce Christianisme superficiel qu'on nous présente parfois comme s'ajoutant après coup à une nature donnée par simple superposition. Le surnaturel ne cesse pas d'être transcendant, autrement il ne serait plus le surnaturel ; mais pour être transcendant, ce n'est point quelque chose de séparé et d'extérieur que Dieu imposerait despotiquement. C'est Dieu lui-même pénétrant librement et par amour jusque dans les dernières profondeurs de la nature pour la diviniser, et dont les manifestations sensibles, quand il s'en produit, ne sont que le rayonnement. Ce n'est pas un vêtement de surface jeté sur nos misères pour seulement les dissimuler, une écorce enveloppant un bois pourri, comme le voulait Luther ; c'est une sève vivifiante qui circule au dedans et qui informe les énergies mêmes de la nature pour une fin supérieure à elle, de telle sorte que cette fin devient sa fin et qu'elle ne peut, sans manquer sa destinée, ne pas répondre par l'amour à l'amour éternel.

Ce qui ressort de tout ce que nous venons de dire,

---

1. T. I, p. 17.
2. Lettre inédite.

c'est que pour faire évanouir les antinomies, les oppositions dans lesquelles tant d'esprits s'embarrassent, il faut s'élever au-dessus d'elles. Et pour s'élever au-dessus d'elles, il ne suffit pas de penser, il ne suffit pas d'agir. Il faut en même temps agir et penser. Voilà justement ce que font les mystiques. Ils pensent leur vie et ils vivent leur pensée. Ce sont à la fois des réfléchis et des agissants. Ils ne pensent pas à vide, seulement avec des mots; et ils n'agissent pas à l'aventure voulant tantôt ceci, tantôt cela. Ils veulent Dieu et ils pensent Dieu. Ainsi apparaît Mgr Gay dans ses lettres. On a là, prise sur le fait, une vie qui dans ses détails se donne un sens et une portée éternelle. On pourrait sans doute y signaler des lacunes, des défiances exagérées vis-à-vis de certains hommes et de certaines idées, un attachement trop grand peut-être à certaines formes du passé. Extérieurement au moins Mgr Gay a fait partie d'une école qui a eu ses étroitesses. Mais peu nous importe en ce moment. Ce n'est point par le dehors que nous le considérons, c'est par le dedans. Et quelles que soient les influences qui s'y fassent sentir, malgré les infirmités qui plus ou moins subsistent toujours, en le considérant par le dedans, nous assistons à ce spectacle, plus grand et plus beau que tout ce que nous pouvons concevoir, d'une âme qui sort du temps, qui se met au-dessus des accidents et des péripéties de l'existence humaine, qui s'établit dans la paix, dans la plénitude de l'être et de la vie, et en qui rayonnent vraiment la lumière et la bonté du Dieu vivant. Ce spectacle ne valait-il pas la peine d'être signalé?

Août 1899.

APPENDICES

APPENDICES

I

RÉPONSE A M. L'ABBÉ GAYRAUD

En des articles nombreux parus dans les *Annales de philosophie chrétienne* et dans la *Revue du clergé français*, M. l'abbé Gayraud a particulièrement reproché à la méthode d'immanence d'impliquer la *nécessité* du surnaturel. Ayant lu dans M. Blondel le mot « nécessaire » il ne s'est pas demandé en quel sens il était pris, ni si à un certain point de vue — qui est justement celui de M. Blondel — il ne faut pas dire en effet que le surnaturel est nécessaire. Sans hésiter il l'a entendu dans le sens d'une nécessité métaphysique ou logique qui s'imposerait à Dieu lui-même, de manière que le surnaturel serait inséparablement lié à la nature. Et ceci constitue selon lui une sorte de naturalisme. C'est qu'en effet on ne voit pas comment celui qui penserait ainsi pourrait encore parler de surnaturel. Et aussi, avant d'attribuer à quelqu'un qui en parle une telle manière de le concevoir, il faudrait plutôt lire entre les lignes.

Mais M. Gayraud tient à sa découverte. Et après avoir cité un texte de la *Lettre sur l'apologétique*, où il croit voir l'affirmation de cette nécessité, il ajoute, pour appuyer son opinion, que ceux qu'il appelle les partisans de M. Blondel l'affirment également, puisqu'ils disent que « dans la nature même se trouvent des *exigences* au surnaturel¹ ». Bien que je ne sois pas nommé je dois reconnaître que cette phrase m'appartient. Et il est évident qu'ainsi isolée elle paraît assez claire et assez catégorique pour signifier la nécessité dont parle M. Gayraud. Seulement il y a un contexte qui la rend non moins claire et non moins catégorique pour signifier exactement le contraire. « On ne peut, ai-je écrit, posséder Dieu malgré lui, comme on possède une chose ; il faut que Dieu se donne. Et si l'homme désire posséder Dieu et être Dieu, c'est que déjà Dieu s'est donné à lui. Voilà comment, dans la nature même, peuvent se trouver et se trouvent des exigences au surnaturel. *Ces exigences n'appartiennent pas à la nature en tant que nature, mais elles appartiennent à la nature en tant que pénétrée et envahie déjà par la grâce*² ». Le texte cité par M. Gayraud est donc affreusement tronqué, et on ne contestera pas, je pense, qu'ainsi tronqué il est absolument détourné de son sens. J'admets volontiers — et j'en suis convaincu — que c'est là une inadvertance d'homme qui se hâte. Mais en ces matières on n'a pas le droit de se hâter. C'est de la même façon qu'on arrive à prendre les objections qu'un auteur expose pour les idées mêmes qu'il soutient. Et de telles méprises, dans ces conditions, sont toujours plus ou moins des méfaits.

Or, si M. Gayraud s'était aussi moins hâté en citant M. Blondel, il aurait pu sans peine se rendre compte également qu'il l'interprétait à contre sens. Et il lui eût encore suffi de regarder simplement le contexte. Après avoir parlé de nécessité, en termes qui du reste, même isolés, sont assez clairs³, M. Blondel ajoute, comme pour prévenir la

---

1. *Revue du clergé français*, 15 novembre 1901, p. 629.
2. Cf. ci-dessus, *le Problème religieux*, p. 171.
3. Voici le texte incriminé par M. Gayraud. — La relation que la théologie requiert entre l'ordre surnaturel et l'ordre naturel « c'est celle que détermine la méthode d'immanence en considérant le surnaturel, non comme réel sous sa forme historique, non comme simplement possible ainsi qu'une hypothèse arbitraire, non comme gratuit ou comme facultatif à la manière d'un don proposé, sans être imposé, non comme convenable et approprié à la nature dont il ne serait qu'un suprême épanouissement, non comme ineffable au point d'être sans racines en notre pensée et en notre vie, mais selon la précision même de l'esprit scientifique, qui, ne s'occupant

méprise qu'on devait commettre : « Dire que la méthode d'immanence, comme toute méthode d'un caractère scientifique, ne nous doit rien de moins ni de plus que le « nécessaire », ce n'est point prendre ce mot en un sens ontologique comme s'il s'agissait d'existence absolue ou de vérité dont le contraire impliquerait contradiction; c'est simplement faire remarquer que nos pensées s'organisent inévitablement en un système lié... Dire, par suite, que le surnaturel, pour le philosophe, apparaît comme « nécessaire » en même temps qu'inaccessible à l'homme, ce n'est en vérité — ni méconnaître la libéralité du donateur, — ni compromettre la liberté du donataire, — ni supprimer le caractère gratuit du don, — ni même infirmer la possibilité, pour l'homme, d'ignorer la médiation salutaire, et pourtant de participer secrètement à l'efficacité de ce qu'il ne connaît pas, — ni non plus nier qu'un état neutre soit concevable pour quiconque n'a pas été appelé à user de raison ou à recevoir par pure grâce communication de la vertu médiatrice, — encore moins faire rentrer la réalité même de l'ordre surnaturel dans le déterminisme de la nature. Qu'est-ce donc qui est nécessaire?

« Ce qui est nécessaire, c'est que, sous une forme dont il est impossible de fixer la définition singulière et concrète pour chacun, les pensées et les actes de chacun composent dans leur ensemble un drame dont le dénouement ne se produit pas sans que *la décisive question ait tôt ou tard surgi en la conscience*... Car, pour porter la plus simple affir-

---

ni du simple possible ni du réel, ne nous doit rien de plus et rien de moins que le nécessaire), comme *indispensable* en même temps qu'*inaccessible* à l'homme. — *Lettre* p. 36 — Comment M. Gayraud n'a-t-il pas vu du premier coup, même sans réfléchir, que le surnaturel ne saurait être dit *inaccessible* à l'homme si le mot *indispensable* avait le sens qu'il lui donne? Et quel est le métaphysicien ou le logicien qui s'est jamais servi de ce mot pour signifier une nécessité métaphysique ou logique? On ne dit pas que la conclusion d'un raisonnement, une fois les prémisses posées, est indispensable. Mais on dit du pain qu'il est indispensable. Et ce qu'on signifie par là, ce n'est point que le pain ne pourrait pas ne pas être; c'est simplement que pour vivre nous ne pouvons nous en passer. — On m'excusera de cette leçon de grammaire : car je n'en suis pas responsable.

mation réfléchie sur la réalité des objets qui composent notre pensée, pour produire délibérément le plus élémentaire des actes qui entrent dans le déterminisme de notre volonté, il faut implicitement passer par le point où l'option devient possible, et où, faute d'autres lumières, elle *devient nécessaire et décisive entre les sollicitations du Dieu caché et celles de l'égoïsme toujours évident* [1]. »

Il s'agit donc ici d'une nécessité pratique. Je disais tout à l'heure à M. Gayraud qu'avant de prendre le mot dans un autre sens il eût fallu plutôt lire entre les lignes. C'est aussi entre les lignes qu'il a lu, et ç'a été, hélas ! pour y lire, non seulement ce que les lignes ne contenaient pas, mais ce qu'elles désavouaient explicitement. M. Blondel avait déclaré assez nettement et assez haut qu'il se plaçait au point de vue de l'action pour qu'on n'eût pas le droit de l'oublier. Or, à ce point de vue, il faut dire avec lui que le surnaturel en effet est indispensable, et si réellement indispensable qu'on ne peut vouloir s'en dispenser sans manquer sa destinée. Si M. Gayraud l'avait nié dans le sens où M. Blondel l'affirme, c'est lui qui serait hérétique. La méthode d'immanence, qui suppose une philosophie de l'action, consiste à partir du concret vivant, de la vie telle qu'elle nous est donnée, avec les aspirations et les besoins qu'elle comporte, afin de déterminer ce que pratiquement elle requiert pour se réaliser pleinement. Et s'il est vrai, comme la théologie l'enseigne, qu'il n'y a point d'équilibre, point de salut pour nous, sans participation à la vertu du Médiateur, il devient évident qu'ainsi envisagé le surnaturel se présente à nous comme nécessaire. Et il devient non moins évident que cette nécessité n'a rien de commun avec celle qui dans l'abstrait relierait logiquement le surnaturel à la nature. Que le surnaturel soit nécessaire, cela ne signifie donc pas qu'il ne pourrait pas ne pas être, — et pour être surnaturel il faut qu'il soit libre dans son principe ; — mais cela signifie qu'en vivant nous ne pouvons

---

[1]. *Lettre sur les exigences de la pensée contemporaine en matière d'apologétique*, p. 37.

nous en passer et que, d'une manière ou d'une autre, nous en portons la responsabilité.

Et, pour qu'on ne dise pas encore que c'est là une interprétation de la méthode d'immanence qui m'est personnelle, j'ajouterai aux citations que j'ai déjà faites le passage suivant d'une lettre que M. Blondel m'adressait à ce sujet : « Par quel étrange contre-sens s'obstine-on à me noter de naturalisme, comme si j'avais dit que le surnaturel est *exigé* par nous et *nécessité* par notre nature ou même de notre nature, alors que tout au contraire je déclare qu'il est *nécessitant* pour notre nature et *exigeant* en nous ! On raille un écolier qui confond le passif et l'actif : faudrait-il admirer la pénétration des graves interprètes qui, au moment où l'on dit : *Deus dat quod jubet et prœbet ut* POSTULETUR, traduisent : *Homo* POSTULAT *quod Deus naturæ non dedit*. — Et non seulement je n'ai pas dit que le surnaturel est exigé par la nature, mais j'ai même ajouté qu'il ne peut être naturalisé ni fondu dans notre nature et qu'il demeure l'action inaliénable de Dieu. Est-ce à dire que, les choses étant ce qu'elles sont, le surnaturel n'est pas nécessaire à l'homme, nécessaire, non pas au sens logique ou ontologique, mais au sens vital? Non, n'est-ce pas? Et c'est pour marquer cette nécessité vitale, qui n'est ni une nécessité métaphysique, ni une simple nécessité morale au sens où l'on entend d'ordinaire cette expression, mais une question de vie ou de mort, que j'ai employé le mot *indispensable*. Que ceux qui me blâment d'avoir dit que le surnaturel est indispensable, en même temps que naturellement inaccessible à l'homme, osent donc soutenir explicitement la proposition contradictoire : « l'homme peut impunément se dispenser du surnaturel ! » Ou qu'ils osent seulement prétendre que l'obligation d'y adhérer et d'en vivre est fondée uniquement sur les données objectives de la raison ou de l'histoire, sans tenir compte de cette motion intime qui est le principe réel de notre surnaturelle responsabilité ! »

Heureusement le défi ne sera pas relevé. Mais alors on devrait bien reconnaître qu'on s'est assez lourdement trompé. Et en vérité ce serait simplement justice.

II

RÉPONSE A M. LE CHANOINE GOMBAULT

M. le chanoine Gombault[1] conteste la légitimité théologique de notre point de départ, à savoir que Dieu agit par sa grâce sur le cœur de tout homme. Mais ce point de départ c'est saint Paul lui-même qui nous le fournit. Le chapitre v de l'épître aux Romains est très explicite à cet égard. Nous y lisons en particulier cette phrase très significative : « *Sicut per unius delictum in omnes homines in condemnationem : sic et per unius justitiam in* OMNES *homines in justificationem vitæ.* » N'est-ce pas la solidarité de tous les hommes en Jésus-Christ présentée comme corrélative de leur solidarité en Adam ?

M. Gombault, au lieu d'une grâce universelle, répartie universellement dans ce qu'elle a d'essentiel, n'admet qu'une grâce restreinte à un certain nombre d'hommes. Mais s'il restait conséquent avec lui-même, il aboutirait ainsi au prédestinatianisme janséniste. Si tous les hommes en effet ne reçoivent pas d'une manière quelconque la grâce de Jésus-Christ, c'est que Jésus-Christ n'est pas mort pour tous les hommes; et puisque le salut n'est possible que par une participation à cette grâce, c'est qu'il y a des hommes qui sont fatalement damnés.

Pour échapper à cette conséquence et pour expliquer comment les infidèles ne sont pas exclus fatalement du salut, M. Gombault est obligé d'ajouter que l'obéissance à la loi naturelle devient pour eux « la condition dont la réalisation *presse* le Dieu des miséricordes d'agir efficacement par sa grâce salutaire[2] ». Mais n'est-ce pas une autre manière de dire, malgré toutes les distinctions scolastiques qu'on fait

---

1. *Le Problème apologétique.* (La Science catholique, décembre 1902.)
2. *Ibid.*, p. 14.

pour le dissimuler, que les infidèles, qui sont d'abord totalement en dehors de la grâce, peuvent la mériter par leur bonne volonté? Et cela devient alors du Pélagianisme. Que signifie en effet le mot : *presser*, s'il ne signifie pas : exercer une action sur Dieu?

Il semble donc bien que c'est M. Gombault qui est dans une impasse — pour parler son langage — et non pas nous. Si la bonne volonté *presse* Dieu et exige de lui qu'il accorde la grâce, la grâce alors n'est plus gratuite : elle est conquise par l'effort humain. Si au contraire la bonne volonté ne *presse* pas Dieu et n'exige rien de lui, on peut être damné même avec la bonne volonté, c'est-à-dire malgré soi et fatalement.

Sans doute M. Gombault cherchera à se reprendre en prétendant que par le mot *presser* il a voulu signifier qu'il y a là, non pas une exigence, mais une *convenance*. Le mot alors n'est pas heureux. Et s'il l'a employé ne serait-ce pas par besoin de se donner le change à lui-même, en disant plus en un sens qu'il n'aurait voulu dire en un autre? Mais admettons : il y a « convenance ». Il « convient » que Dieu qui est bon accorde la grâce à la bonne volonté, sans que la grâce soit aucunement due. Mais en parlant ainsi songe-t-on vraiment à la gravité de ce qui est en question? Songe-t-on que cela veut dire : il convient que Dieu qui est bon ne damne pas ceux qui ont fait tout ce qu'ils ont pu pour ne pas mériter de l'être? Il convient seulement! En vérité l'expression est singulière! C'est à peu près comme si l'on disait : il convient qu'un bon père de famille ne tue pas ses enfants!

Croit-on réellement que Dieu pourrait agir autrement sans que nous ayons le droit de nous plaindre, ou bien ne le croit-on pas? Or, si on le croit, que deviennent la justice et la bonté de Dieu, que devient Dieu lui-même qui n'est rien pour nous s'il n'est essentiellement justice et bonté? Et si on ne le croit pas, que deviennent la liberté et la gratuité de la grâce, qui n'est la grâce qu'autant qu'elle est libre et gratuite dans son principe? Bon gré mal gré, on fait donc de la convenance dont on parle une exigence, ou bien l'on admet que Dieu sauve les uns et damne les autres selon son bon plaisir.

Avec sa théorie d'une distribution restreinte de la grâce M. Gombault n'évite l'une de ces erreurs qu'en tombant dans l'autre; et ce n'est qu'en oscillant de l'une à l'autre, du Jansénisme au Pélagianisme et réciproquement, qu'il se donne l'illusion d'y échapper.

Si, au lieu de faire intervenir la grâce surnaturalisante comme un accident capricieux qui se produit ici et non pas là, on reconnaît au contraire, avec St Paul, que c'est l'humanité tout entière qui en est touchée, que Dieu ne fait acception de personne et que le sang de Jésus-Christ a coulé sur toute âme et pour toute âme, on arrive à comprendre, sans compromettre ni la bonté de Dieu ni la gratuité de la grâce, que toute bonne volonté puisse et doive être productrice du salut, parce que toute bonne volonté salutaire ne se réalise qu'avec le concours même de la grâce qui est répandue partout et qui ne manque à personne.

Ce n'est pas le lieu d'instituer une discussion sur ce point dont assurément l'importance est capitale. Nous y reviendrons ailleurs.

Dans l'article que nous venons de citer et dans une série d'autres qui l'ont précédé, c'est surtout M. Blondel que M. Gombault à son tour prend à parti. Il ne fait guère que répéter ce que le P. Schwalm et M. Gayraud avaient déjà dit. S'il y ajoute quelque chose, c'est seulement une insinuation assez explicite qu M. Blondel est animé d'intentions perfides plus ou moins dissimulées. Il lui attribue d'être un admirateur de Luther. Il écrit des phrases comme celle-ci : « Kant, qui avait, comme M. Blondel, à ménager le Christianisme encore présent dans les institutions, etc.[1]. » Et Kant, le « Maître Kant », symbole de toutes les erreurs et de toutes les négations, revient à chaque phrase, comme si M. Blondel ne vivait que par lui et menait sous ses ordres une campagne de destruction en cachant son jeu. — Evidemment, à l'heure actuelle, il aurait tant à perdre humainement, s'il dévoilait ses desseins, qu'il est bien vraisemblable en effet qu'il les dissimule! — A cela il n'y a rien à répondre. Si

---

1. *La Science catholique*, mars 1903, p. 322.

M. Gombault veut soupçonner, enviant sans doute la gloire qu'à ce métier s'est acquise M. Maignen, il ne nous appartient pas de l'en empêcher. Mais nous considérons qu'ainsi il fait tout autre chose que de servir la cause de la vérité. Quand, pour juger un auteur, on commence par lui prêter des intentions différentes de celles qu'il manifeste et qu'il exprime, on ne peut aboutir qu'à tout voir de travers. Et c'est ce qui arrive à M. Gombault. Ce sont là des mœurs intellectuelles contre lesquelles il importe souverainement de protester et de réagir. A tous les périls qu'on nous signale il faut ajouter celui-là auquel peut-être on ne songe pas assez; et ce n'est sans doute pas le moins grand.

III

LE KANTISME ET M. BLONDEL

Il serait temps en vérité qu'on laissât Kant dormir en paix, et qu'on ne s'imaginât plus avoir répondu à tout en disant : c'est du kantisme. Par ce mot, sans même s'inquiéter de ce que Kant a bien pu penser et dire, on entend je ne sais quelle doctrine de négation et d'impuissance, et on en fait une injure dont on se sert à tout propos et hors de propos. Cela finit par ressembler au couplet des politiciens contre le cléricalisme. Et c'est puéril, pour ne pas dire plus. Certes, nous avons bien autre chose à faire que de nous mettre à la remorque de Kant! Et la première fois que M. Blondel s'est entendu dire que c'était là son maître, il a dû être bien surpris; car, entre la doctrine contenue dans son livre et celle de Kant, il existe en réalité un abîme. Si Kant a gardé du Christianisme le sens de la vie morale et du rôle de la volonté libre, il n'en est pas moins dans son fond pélagien et nettement individualiste. Selon lui en effet chaque volonté se suffit à elle-même pour agir et pour être bonne. Or personne n'a marqué plus fortement ni plus lumineusement que M. Blondel comment, au contraire, la volonté de chacun de nous se sert et a besoin, pour agir, à la fois de tout ce qui l'entoure et de Dieu ; et on ne saurait être plus antiindividualiste et plus anti pélagien. Pour voir dans l'un la suite de l'autre, il faut donc ne les avoir pas lus, ou, ce qui est pire, s'être imposé en les lisant de ne pas les comprendre.

Il semble que dans certains milieux il se produit comme une hantise. Et des esprits dont on est en droit de mieux attendre se laissent gagner par la contagion. « Nous ne voulons pas, dit solennellement le P. Lagrange, qu'on mêle notre cause à celle du kantisme[1]. » Et il ajoute ailleurs : « J'applaudis aux flèches de sens commun que le P. Fontaine décoche pour dissiper les nuages du kantisme[2]. » Et le P. Fontaine auquel on ne reconnaît pas « un sentiment assez délicat des modalités littéraires et historiques » lorsqu'il s'agit de défendre contre lui les nouveaux exégètes, devient un maître qu'on écoute docilement pour condamner les nouveaux apologistes. On voudrait sans doute ainsi l'adoucir. Mais ne montre-t-on pas simplement que soi-même on n'a pas non plus « un sentiment assez délicat des modalités philosophiques et théologiques ».

Et cette remarque s'adresse également à Mgr Battifol qui attribue « à M. Blondel et à ses amis » de vouloir « concilier le subjectivisme kantien avec le Catholicisme[3] ». Et nous rappellerons à cette occasion qu'il n'est pas de manière d'apologétique contre laquelle nous nous soyons élevé plus énergiquement que celle qui consiste à concilier le Catholicisme avec une philosophie donnée et acceptée d'avance, d'où qu'elle vienne et quelle qu'elle soit[4]. Il conviendrait certainement à des critiques de profession d'être un peu plus circonspects.

Mais à propos de conciliation du kantisme et du Catholicisme, il ne sera peut-être pas inutile de présenter ici

---

1. La *Méthode historique*, p. 34. Lecoffre, 1903.
2. *Ibid.*, p. 47.
3. *Bulletin de Littérature ecclésiastique*, p. 4, janvier 1903.
4. Cf. ci-dessus. *L'Apologétique et la Méthode de Pascal*.

quelques observations au sujet d'un très important article de M. Albert Leclère[1]. L'auteur n'est pas de ceux qui ont peur des mots parce qu'il sait voir par derrière. Mais peut-être n'en a-t-il pas assez peur, parce qu'il ne suffit de voir ce qu'il y a derrière les mots, il faut aussi voir ce que les autres y metttent. Nous ne lui contesterons ni le sérieux de ses informations, ni la pénétration de ses aperçus. Du reste il ne prétend à rien de plus qu'à être historien. Et bien que le conflit dans lequel nous nous débattons n'y soit pas assez nettement caractérisé, son étude suppose beaucoup de souplesse d'esprit et aussi d'ouverture d'âme. Mais en présentant ceux qu'il appelle les Novateurs — un mot regrettable — comme s'inspirant de Kant dans leurs essais d'apologétique, il s'expose à faire commettre à leur sujet la méprise que justement nous signalons. Outre, il est vrai, que le kantisme n'est pas pour lui cette doctrine ténébreuse et destructive qu'imaginent certains de nos théologiens, il est trop avisé et trop renseigné pour nous attribuer en bloc d'être doctrinalement kantiens. Il reconnaît très explicitement au contraire que doctrinalement nous sommes tout à fait séparés de Kant. Sa pensée c'est donc simplement qu'il existe un état d'esprit, une manière de sentir les difficultés et de poser les questions qui relèveraient de Kant et qui seraient nôtres. Evidemment le kantisme qu'ainsi il nous attribue n'a plus rien de commun avec celui dont nous accusent le P. Fontaine et les autres. A nos yeux cependant c'est encore une exagération tout à fait abusive.

Assurément Kant est un des facteurs de l'état d'esprit dans lequel nous nous trouvons. Mais il y en a bien d'autres! Et que nous nous servions de lui, même en nous en séparant, c'est inévitable dès lors que nous le connaissons; et cela vaut mieux sans doute que de passer son temps à l'anathématiser sans le connaître. Néanmoins, qu'on puisse légitimement soutenir, même en ce sens restreint, que nous rele-

---

[1]. *Le Mouvement catholique kantien en France à l'heure présente.* Kanstudien, 1902,

us spécialement de lui, c'est ce que nous n'admettons pas. comme le dit M. Leclère, « l'union de la métaphysique et la morale », et par suite « l'immanentisme » que nous préconisons est chose kantienne — ce que nous ne contestons pas ; — si même par sa critique Kant a contribué considérablement à mettre en relief la nécessité pratique de cette union — ce que nous ne contestons pas non plus, — il n'en est pas moins vrai que c'est là avant tout chose chrétienne. C'est de son Christianisme et du sens de la vie intérieure qu'il a puisé dans le piétisme que Kant a retenu cela. Si donc nous gardons quelque chose de sa philosophie, c'est un élément mystique qui ne lui appartient pas du tout en propre. Cela suffit sans doute, si indépendants de lui que nous nous sentions et quelque reproche que nous ayons à lui faire, pour qu'il nous paraisse beaucoup plus près de nous qu'Aristote avec sa théorie du mouvement éternel et nécessaire, avec son Dieu, pensée pure sans volonté et sans amour et qui ignore le monde, avec sa morale d'esthète qui non seulement s'accommodait de l'esclavage, mais encore le supposait. Kant est évidemment très différent du type de négateur inventé sous son nom par l'école éclectique et accepté tel quel par les théologiens, très différent de cette sorte de Robespierre de la métaphysique qui aurait supprimé Dieu, selon la comparaison d'Henri Heine. Mais l'idée, à l'heure actuelle, ne viendra à personne d'instituer une synthèse quelconque du kantisme et du Catholicisme. Et en vérité il serait étrange que, pouvant être simplement et pleinement chrétien, on s'embarrassât de vouloir encore être autre chose !

*
* *

Et maintenant, pour clore ce livre, nous tenons à adresser à M. Blondel, dans toute la sincérité de notre âme, à travers les attaques dont il a été l'objet, après bientôt dix ans d'intimité étroite et continue avec sa pensée, un témoignage de reconnaissance pour ce qu'il a déjà fait, en attendant qu'il fasse plus et mieux encore. Assurément il ne s'agit pas non plus de l'ériger en maître ; et nous n'y songeons guère ; et nous dirions volontiers encore que nous avons bien autre chose à faire, sans pour cela lui ménager ni notre admiration, ni notre confiance, ni notre sympathie.

C'est qu'en effet il n'y a qu'un Maître dont nous sommes tous également les disciples. Il appartient à tous de se mouvoir, avec la liberté qui est octroyée à tous, en s'aidant les uns les autres et aussi les uns des autres, pour avancer dans le chemin de la vérité. Et rien n'est meilleur en ce monde que de s'y rencontrer en gardant chacun la spontanéité de son effort propre.

Mais ceci n'empêche pas qu'il faille rendre aussi à chacun ce qui lui est dû. Et M. Blondel, nous ne craignons pas de le dire, n'en reste pas moins un initiateur, à la manière dont on peut l'être légitimement dans l'ordre des vérités morales et religieuses ; manière qui consiste, étant donné une situation des esprits, préparée à la fois par les défaillances et les efforts antérieurs, à en dégager nettement un point de vue, d'où les confusions s'éclairent et grâce auquel on retrouve plus profond et plus vivant le sens de la vérité. Et il faut dire aussi, qu'au lieu de s'écarter ainsi de la tradition, il y est au contraire pleinement rentré. En rattachant en effet l'apologétique à la science de l'homme intérieur, ou plutôt même, en en faisant la science intégrale de l'homme intérieur, il l'a ramenée simplement à ce qui a toujours été son véritable objet. Et l'apologétique n'étant plus à la remorque ni des systèmes de philosophie, ni des découvertes historiques ou scientifiques, bien qu'assurément elle doive les utiliser et en profiter, reprend l'indépendance et la primauté auxquelles, à juste titre, elle a toujours prétendu.

FIN

TABLE DES MATIÈRES

	Pages.
Lettre du T. R. P. Nouvelle	VII
Introduction. — Philosophie et Religion	XIII

La Philosophie est un art. — Caractère moral des spéculations philosophiques. — Une métaphysique est un état d'âme.. 3
  II. Impossibilité de se dérober à la nécessité de faire de la métaphysique............ 9

Le Dogmatisme moral. — La question suprême : croire à l'être ou n'y pas croire............ 19
  I. *L'Idéalisme.* — Différents sens du mot Idéalisme. — Les accusations d'Idéalisme. — Comment on est toujours l'idéaliste de quelqu'un. — La question de la *nature* et la question de l'*existence* de la réalité en soi à la fois distinctes et connexes............ 20
  II. *Le Scepticisme.* — Le scepticisme est un dogmatisme égoïstique. — Ce qu'il faut entendre par sortir de soi. — La vraie critique. — Comment on est sceptique : l'attachement au phénomène............ 34
  III. *Le Dogmatisme illusoire.* — Le relatif pris pour de l'absolu. — L'erreur : comment et dans quelle mesure nous en sommes responsables. — Différence entre l'erreur et l'illusion : comment on se dégage de l'une et de l'autre. — Rôle de la bonne volonté. 44
  IV. *L'Affirmation de soi.* — Comment et pourquoi le sceptique se nie lui-même. — Deux manières de vouloir être et de s'affirmer : par le dehors et par le dedans. — A quelle condition nous pouvons dire : je suis, avec certitude. — L'épreuve par laquelle il faut passer. — La liberté dans la certitude............ 57
  V. *L'Affirmation de Dieu.* — Comment, pour nous affirmer nous-mêmes, nous sommes amenés à affirmer Dieu. — Le sens et la portée des preuves abstraites. — Comment on croit effectivement en Dieu....... 74

VI. *L'Affirmation des autres êtres.* — Tout être est sujet. — La question de savoir comment des sujets qui existent en eux-mêmes peuvent se connaître entre eux. — Doctrine de la séparation des êtres : Leibnitz et Kant. — Doctrine de la compénétration des êtres. — Comment se fait l'interprétation des données de l'expérience : l'égoïsme et le désintéressement, le désir et l'amour. — La nature est un système d'*êtres* et non un système de *choses*.... 80

VII. *Caractère moral de nos affirmations.* — Solidarité de nos affirmations dans l'affirmation de Dieu. — Comment c'est moralement que nous arrivons à affirmer avec certitude, et comment la certitude est *absolue* parce qu'elle est morale. — Pas de raison impersonnelle. — La vérité est l'accord des esprits, comme le bien est l'accord des volontés dans l'amour. — Définition du Dogmatisme moral. — L'amour premier et dernier mot de tout.......... 101

ÉCLAIRCISSEMENTS SUR LE DOGMATISME MORAL................ 111

I. *Le Dogmatisme moral considéré comme méthode.* — Le subjectivisme : son caractère et son origine. — Comment le Dogmatisme moral s'y oppose en s'opposant également à l'Intellectualisme, parce qu'il considère la vérité comme une vie. — Principe de rénovation et non d'innovation................. 113

II. *La liberté dans les affirmations de l'être.* — En quel sens nos affirmations sont libres et quel est leur objet. — Le dynamisme logique de la pensée abstraite et le dynamisme moral de la pensée vivante. — La vérité ne se fait pas subir, elle se fait accepter..... 121

III. *Rôle de la volonté dans la connaissance de l'être.* Le Dogmatisme moral n'est ni un volontarisme, ni un dogmatisme du cœur. — Union de la pensée et de l'action. — Comment la volonté joue un rôle non seulement dans l'affirmation, mais aussi dans la formation des idées. — Comment s'accomplit le développement de la pensée : Dieu dans la conscience humaine. — Comment, recevant tout, nous avons tout à conquérir........................... 126

IV. *Solidarité de nos affirmations.* — Corrélativité de l'idée que nous avons de nous-même et des idées que nous avons de Dieu et des autres êtres. — Comment et en quel sens il en résulte que nos affirmations sont solidaires. — Le mouvement de la pensée : comment on sort de soi pour atteindre l'absolu......... 139

Pages.

LE PROBLÈME RELIGIEUX. — Les malentendus. — Le point de vue théologique 151

I. — *Le Double Aspect du problème religieux.* — La foi considérée objectivement dans la vérité surnaturelle. — Nécessité de relier l'ordre surnaturel à l'ordre naturel, et impossibilité de le faire objectivement. — La foi considérée subjectivement dans l'acte de croire. — But de l'apologétique. — Insuffisance de la spéculation abstraite, et nécessité de l'action. — La foi est un acte.. 154

II. *La Méthode d'immanence.* — La synthèse du surnaturel et du naturel dans notre vie par la *grâce* et par la *foi*. — Nécessité d'employer la méthode d'immanence. — Comment et dans quelles conditions l'action humaine postule le surnaturel, et comment la science de l'action humaine doit nous amener à le reconnaître. — A quelles conditions la révélation extérieure prend un sens pour nous. — Nécessité de la grâce et de la bonne volonté. — Le problème se résout pratiquement et non spéculativement. — La méthode d'immanence suppose une philosophie de l'action. — Originalité de l'attitude prise par M. Blondel.. 168

L'APOLOGÉTIQUE ET LA MÉTHODE DE PASCAL. — Rôle de l'apologétique 193

I. — Deux méthodes possibles *a priori*. — Comment la méthode empirique postule un surnaturel extérieur qui serait par suite asservissant. — Echec de toutes les tentatives de concordisme. — Comment la méthode d'immanence pratiquée par Pascal postule un surnaturel intérieur qui, au lieu de nous asservir, nous délivre.. 196

II. — Comment il n'y a pour nous qu'une vérité. — Comment Pascal n'a pas méconnu le rôle de la raison. — Pascal comparé à Descartes. — Autonomie de la pensée religieuse. — Catholicisme et Protestantisme. — Caractère de l'argumentation de Pascal. — La religion est une philosophie de la vie.......... 211

THÉORIE DE L'ÉDUCATION. — *Rapport de l'autorité et de la liberté.* — Comment toute éducation suppose une doctrine 233

I. *Individualisme et positivisme.* — *Le problème de l'éducation.* — Confusion d'idées chez les partisans de la neutralité. — Deux tendances contradictoires. — Les termes du problème : autorité et liberté 235

Pages.

II. *L'Autorité éducatrice, son caractère et son rôle.* — — Comment l'autorité et l'obéissance qui y correspond prennent un caractère moral en s'incarnant dans des personnes. — D'où deux sortes d'autorités et deux sortes d'obéissances absolument différentes. — A quelles conditions l'autorité est éducatrice. — Rôle de la charité..................................... 245

III. *Le Catholicisme et l'Education.* — Comment le problème de l'éducation tel que la réalité le pose implique la conception catholique de l'homme. — Solidarité et autonomie. — Comment l'autorité au sens catholique du mot ne commande que pour servir : *servus servorum Christi*........................... 259

IV. *L'Enseignement de la doctrine révélée.* — Fausse conception de la doctrine révélée. — La méthode d'autorité pure, non seulement insuffisante, mais dénaturante. — Comment en enseignant les dogmes on doit délivrer l'esprit et non l'asservir. — Manière dont la foi se produit. — Son caractère personnel et autonome.. 266

V. *Accord de la pratique et de la théorie dans le Catholicisme.* — Comment on se méprend quand on élimine la religion pour résoudre le problème. — Inconséquences des partisans de la neutralité. — Comment, par le Catholicisme, on met d'accord ses principes et sa conduite en éducation............. 284

UN MYSTIQUE AU XIXᵉ SIÈCLE................................ 293
I. Mgr Gay. — Son tempérament intellectuel et moral.. 293
II. Les préventions des philosophes et des théologiens contre les mystiques. — Le Christianisme est essentiellement une vie et non un système d'idées...... 297
III. Vrai caractère du mysticisme. — La conception mystique du surnaturel............................. 303

APPENDICES... 311
I. Réponse à M. l'abbé Gayraud. — La nécessité du surnaturel.. 313
II. Réponse à M. le chanoine Gombault. — L'universalité de la grâce.. 318
III. Le kantisme et M. Blondel............................ 321

TOURS, IMPRIMERIE DESLIS FRÈRES, 6, RUE GAMBETTA.

www.ingramcontent.com/pod-product-compliance
Lightning Source LLC
Chambersburg PA
CBHW070906170426
43202CB00012B/2220